圖解系列

圖解

五南圖書出版公司 印行

韓國文化

王永一／著

閱讀文字

理解內容

觀看圖表

圖解讓
韓國文化
更簡單

作者序

從韓國文化看韓國文化創意產業

韓國文化創意產業是創造韓國文化的歷史新頁

20世紀末，大韓民國（대한민국）突然遭受到亞洲金融風暴的影響，造成國內經濟危機，於是力挽狂瀾，積極振興。其中，來自民間自動自發的力量最為重要，也就是大眾流行文化大量推陳出新，同時不斷地培養新秀，以及製作新題材、新樣式等。

如此，一股超級的「韓流」（한류）旋風成形，席捲全球。韓國民間力量成功地推動韓流熱潮，使得韓國經濟貿易發展逐漸興盛。於是，在21世紀初，韓國中央政府開始倡導「文化立國」（문화입국）的口號，制定相關政策，獎勵與推廣韓流產業，稱為「文化產業」或「文化創意產業」，並開始流行於全球，掀起了世人競相學習模仿韓國文創產業成功的模式。因此，韓國可說是文創產業的始祖。

韓流也再造「漢江奇蹟」（한강의기적），亦即「韓國經濟奇蹟」（한국경제의기적）的再現。由此可知，韓國民族的團結奮發，使民生社會繁榮進步、國力增強與國家形象提升，創造出韓國文化的歷史新頁。

韓國文化創意產業是發揚韓國文化的新成果

文化創意產業，就是將文化與創意結合在一起的一種產業。而文化，就是將民族文化結合創新的意境，賦予文化一種新風貌與新價值，以產生嶄新的人事物。而韓國文化創意產業就是以如此方式，將韓國文化中的古代人事物及現代人事物，加以研發、改良、加工等創新過程之後，呈現韓國文化的嶄新成果。如此，「文化創意產業」一詞，筆者認為也可稱為「民族（文化）創意產業」或「民族產業」。所以，韓國文化創意產業締造出韓國經濟貿易的奇蹟，意即在經貿發展方面，韓國民間的韓流風潮與韓國政府大力推動文化立國政策的相結合，促使韓國在經貿發展的成功，而其中最重要的原動力，主要是由於韓流的關係，使韓國文化產業發達，進而促進經貿活絡，科技產業與資訊產業也隨之發達。於是，韓國成為全球最先進國家之列，再次締造經濟奇蹟，也使韓國文化受到重視。因此，韓國文化創意產業可說是發揚韓國文化的新成果。

韓國文化創意產業展現了韓國文化的重要性

韓國文化是韓民族從古至今不斷經由形成與發展的過程，而產生一脈相承的民族共同的血統體質、生活方式、語言文字、宗教信仰、思想理念、風俗習慣等。雖然也受到中國文化的影響，但是韓民族亦保有自己的傳統與獨特文化的特質。韓國文化創意產業都呈現韓國民族傳統文化的獨特特質。因此，若要學習韓國、了解韓國、仿效

韓國，甚至到韓國旅遊等活動，認識韓國文化就成為必備的課題了。

　　這對哈韓族而言最為重要。因為哈韓族大多以韓國語文的研習為主，其次會從事體驗韓國文化的活動。若想要體會韓國、親近韓國、認識韓國的國族觀、揣摩韓國的民族文化精神，相信透過韓國文化創意產業，便能滿足哈韓族的求知欲，且更能精準地熟悉韓國、深入韓國。由此可知，韓國文化創意產業可說是展現韓國文化重要性的途徑。

韓國文化創意產業見證了韓國文化立國政策的成功

　　筆者初為國立政治大學民族法學碩士專攻，主修中國東北地區的滿語族系與中國朝鮮族，次為韓國民族，並延伸至濊貊族與肅慎族，以及渤海國與女真族。再者，為了永續先世族屬的興趣與志業，赴韓考取高麗大學校（고려대학교）史學系博士班，專攻韓國史，副專攻中國史。榮獲韓國教育部 BK21（頭腦韓國 21 世紀）優秀獎學金，並取得博士學位後，在大學教授與研究項目，如：韓國學（韓國語文、韓國語文教育、韓國學課程與講座系列）；民族學（文化人類學、國際族群）；史學（韓國史、東亞史、世界史、中國史）；社會科學課程（中山學術思想、東亞文化、東亞現勢、全球化）等。此外，曾經榮獲韓國西江大學校韓國語教師研修課程公費審查通過，取得結業證書，學以致用，應用於教授上述課程中，並將韓國研究與研修生活的經驗，依各課程性質，適時運用韓流動態，即韓國文化創意產業的經緯與成果，來指導啟發，印證韓國文化立國政策的成功。

　　《圖解韓國文化》共分為六個篇章，緒論與結論各一個篇章，本文則有四個篇章，即韓國古代與近代的文化、韓國現代的精神文化、韓國現代的生活文化、韓國現代的民俗文化。以深入淺出的敘述，以及條理分明的圖解，一探韓國文化的全貌。從古代開始，經由近代，直至現今時勢發展，簡明扼要地闡述韓國文化的民族、史地、政治、社會、文藝、語文、民生、經貿、科技、文化產業等項目，內容以主題式重點論述，簡潔易懂，再配合圖示架構的解說方式，更有助於理解，加深印象，增添閱讀興趣。再者，文前撰寫主題的主旨大意，具解題功用；文後皆有小專欄，補充說明韓國文化重要的事項，具有輔助之功能；而文中的重要名詞皆附韓文，以利檢索之用。總之，《圖解韓國文化》是一部適合研究古今韓國文化的概念學術著作。

　　非常榮幸，應五南圖書出版公司主編朱曉蘋小姐的盛情邀請，撰寫國內第一本「圖解」方式的韓國文化，在此由衷深表萬分感謝。由於近幾年來忙於受邀外審論文與講學、定期於寒暑假往返韓國研究考察，以致耽擱出版，深感愧疚。同時，也感謝母校國立政治大學、韓國高麗大學校、韓國西江大學校（서강대）都提供頂尖與優秀的學術研究環境。最後，書中如有疏失之處，敬請不吝指教。

王永一（왕영일）教授

撰於韓國學術研究中心

第3章　韓國現代的精神文化

第4章　韓國現代的生活文化

第5章　韓國現代的民俗文化

第6章　結論：韓國文化的特色

※附　錄

第1章
緒論：韓國文化的建構

韓國文化起源於檀君王儉的古朝鮮開國，並由生活在韓半島上的全體韓民族所共同創建構築的，歷經了五千年的悠久歷史過程而發展出來，反映出韓民族獨樹一格的特質與風貌的傳統文化。因此，使得韓國文化一直在屬於自己的地域環境中，不斷地孕育、成長、茁壯，以及永續傳承而發揚光大。

UNIT 1-1
韓國的民族起源

韓國民族起源於檀君王儉朝鮮，也是大韓民國開國始祖，國號古稱「朝鮮」，也稱為「朝鮮民族」。而現代則稱為「韓民族」，開始建構了韓國文化。

圖解韓國文化

檀君王儉朝鮮神話

依據韓國神話傳說《三國遺事》（삼국유사，高麗王朝一然法師著）的紀錄，天帝桓因（환인）的兒子桓雄（환웅）以教化治理人間為職志，實現弘益人間（홍익인간）的崇高理想。於是，天王桓雄從天國下降到人間的白頭山（백두산，位於北韓）神檀樹下，建立「神市」（신시）為國家的雛形。後來，出現了一隻熊和一隻虎，時常向天王桓雄祈求讓牠們成為人類，經過了二十一天的煎熬，堅忍不拔的熊終於達成所願，成為人類，是一位美女，名叫「熊女」（웅녀）；而虎則難忍痛苦，半途而廢，無法如願。於是，天王桓雄迎娶熊女為王妃。王妃熊女生下一個兒子，名叫「檀君王儉」（단군왕검）。爾後，檀君王儉成為國王，定都於平壤城（평양성，即北韓首都），國號「朝鮮」（조선），史稱「檀君王儉朝鮮」（단군왕검조선）、檀君朝鮮（단군조선）或古朝鮮（고조선），而檀君王儉便成為韓國的開國始祖與韓國民族的始祖。

高句麗‧新羅‧伽倻神話

韓國民族起源，高句麗（고구려）、新羅（신라）、伽倻（가야）的神話，均出自《三國史記》（삼국사기，高麗金富軾著）的紀錄。

高句麗方面，河伯（하백，即河神）的女兒柳花（유화），與天帝的兒子解慕漱（해모수）私通，被河伯趕出家門後，由扶餘（부여）國王金蛙（금왕）收留，幽禁在房裡。其間，柳花受到陽光照射而懷孕，生出一顆巨蛋，從中破殼而出的男孩名叫「朱蒙」（주몽）。由於朱蒙身世奇特，自幼善於射箭，被金蛙收養，遭到金蛙七個兒子的嫉恨，處心積慮要除掉朱蒙。其中，長子帶素以賽馬為由，給朱蒙病馬而自選肥馬，未料朱蒙善於養馬，而贏得勝利。金蛙的兒子們決定要追殺朱蒙，在母親柳花的通知下，朱蒙與烏伊、摩離、陝父等三人便往南逃，但抵達鴨綠江邊時，無法渡河，同時追兵在後，十分危急，於是朱蒙向天神禱告，自謂「天帝之孫」後，魚鼈浮出成橋，讓朱蒙擺脫追兵，在南方建國，國號「高句麗」，史稱「東明聖王」（동명성왕）。

新羅方面，當年慶尚道有六個村莊的村長正在共同商議建國大事，打算推舉一位有德人士來擔任國王，但是六位村長都謙虛禮讓而推辭。此時，一道光芒從天上照射在樹林中，一匹白馬從天而降，留下一顆巨蛋後，升天而去。從巨蛋中，生出一個俊秀的男孩，六位村長於是一致推崇這男孩為國王，即日後的朴赫居世（박혁거세）。國號為「徐那伐」（서나벌）。之後與龍女閼英結婚生子，繁衍了許多子孫。因此，朴赫居世為新羅的建國始祖。另外，伽倻位於新羅的西南部，當時有六顆巨蛋從天而降，生出六個男孩，其中一位名叫「首露」，為金官伽倻的建國始祖與國王，稱為「金首露王」（김수로왕）。其他五人則分別建國為大伽倻、星山伽倻、阿羅伽倻、古寧伽倻與小伽倻。以上諸說，皆屬韓國民族起源的史料。

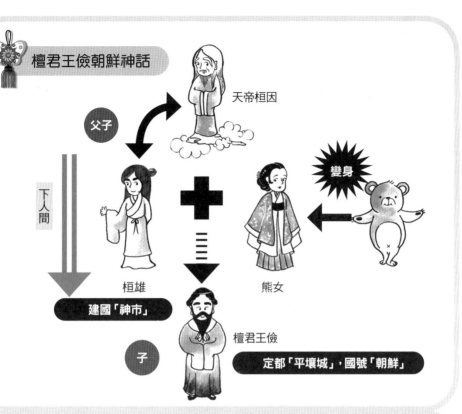

檀君王儉朝鮮神話

天帝桓因

父子

下人間

桓雄
建國「神市」

變身

熊女

檀君王儉
子
定都「平壤城」，國號「朝鮮」

高句麗建國神話

母 柳花
河伯之女

與天帝之子解慕漱私通
➡ 被河伯逐出家門
➡ 被扶餘國王金蛙收留
➡ 在陽光（即解慕漱）照射下生了一顆巨蛋。
➡ 破蛋而出的男孩叫 朱蒙

子 朱蒙

善於射箭
➡ 被金蛙的兒子追殺
➡ 逃到南方建國
➡ 國號「高句麗」，史稱「東明聖王」。

新羅建國神話

慶尚道六村村長商議建國，但皆推辭國王一職。 ➡ 光芒射在樹林，白馬從天而降留下巨蛋。 ➡ 巨蛋中，生出一個男孩「朴赫居世」。 ➡ 六個村長推舉男孩為國王，國號「徐那伐」。

 韓國文化小教室

韓（朝鮮）半島上有兩個國家政權，即南方的大韓民國、北方的朝鮮民主主義人民共和國。但通論時，均以韓國、韓民族、韓半島等方式論述。

UNIT 1-2
韓國的國史發展

韓國的國史發展以檀君王儉朝鮮為開端，歷經箕子朝鮮、衛滿朝鮮、三韓時代、三國時代，以及高麗時代、朝鮮時代、大韓帝國時代、韓國獨立運動時代，直到現今的大韓民國時代。

圖解韓國文化

從上古到中世史

　　韓國的國史發展，從上古的檀君王儉朝鮮（단군왕검조선）開國，至今日的大韓民國（대한민국），具有長達五千多年的歷史。

　　上古史方面，為原始部族聯盟的社會文化型態，如：檀君王儉朝鮮以「與世無爭、弘益人間」為立國理想，屬於石器文化與青銅器文化。而箕子朝鮮以中原文化教化韓半島北部；衛滿朝鮮也持續輸入中原文化到韓半島北部。三韓（삼한）時代的馬韓（마한）、弁韓（변한）、辰韓（진한）等韓半島南部，皆屬鐵器文化；韓半島北部則為漢四郡（한사군），漢文化正式輸入。

　　中古史方面，三國（삼국）時代的高句麗（고구려）、百濟（백제）、新羅（신라）等，形成古代王國的型態，在中國文化的影響下，傳入儒教、道教及佛教。

　　近古史方面，新羅與中國唐王朝聯盟，得以平定百濟與高句麗，統一了韓半島，建立韓國史上第一個單一民族國家，文化與藝術發展極高，曾有「君子國」（군자국）的美稱。而北方則有渤海國（발해국），國勢一度強盛，曾有「海東盛國」（해동성국）的讚譽。

　　中世史方面，太祖王建的後高麗統一了統一新羅、後百濟，建立高麗王朝（고려왕조），以佛教為國教，以儒教為國本，文化與藝術發展更加進步。

從近世到現代史

　　近世史方面，太祖李成桂建立朝鮮王朝（조선왕조），實施儒教立國與事大交鄰的政策。再者，世宗大王（세종대왕）李祹創制訓民正音（훈민정음，即韓文）最著。爾後，實學思想抬頭，西方外來勢力進入，維護本土意識的東學運動興起，國家與社會改革開放等重大議題，使朝鮮更加繁榮與進步。

　　近代史方面，朝鮮末期，大韓帝國國力逐漸衰微，迫使朝鮮進入日本強占時期（1910 至 1945 年），也稱為「韓國獨立運動時代」，韓國文化一度式微。

　　現代史方面，1945 年 8 月 15 日韓國光復與獨立，建立大韓民國政府（1945 至 1948 年），卻發生韓半島分裂的悲劇，即南北韓的對立。南方以李承晚博士當選大統領為中心的大韓民國（南韓）成立，以及北方以金日成為中心的朝鮮民主主義人民共和國（北韓）成立，中間以北緯 38 度為分界線。後來歷經韓國戰爭（1950 至 1953 年），史稱「625 事件」，南北韓分斷確立。

　　到了朴正熙大統領時期，實施新鄉村運動，社會繁榮進步，經貿蓬勃發展，國力日益強大。爾後，歷任大統領如全斗煥的漢城奧運申辦成功、盧泰愚的漢城奧運舉辦與加入聯合國成功、金泳三的政治革新、金大中的經濟改革、韓流與文化立國（文化創意產業）興起，以及盧武鉉、李明博、朴槿惠、文在寅的持續推動韓流與文創產業、各項改革措施等。在未來，韓流與韓國文創將是永續與發揚韓國文化的最佳途徑。

韓國的上古史至近世史

上古史	屬原始部族聯盟的社會文化型態。	
	檀君王儉朝鮮	石器文化與青銅器文化。
	箕子朝鮮	以中原文化進行教化。
	衛滿朝鮮	持續輸入中原文化。
	三韓時代 （馬韓、弁韓、辰韓）	韓半島南部，鐵器文化。
	漢四郡	韓半島北部，漢文化輸入。
中古史	三國時代 （高句麗、百濟、新羅）	古代王國的型態。 傳入儒教、道教、佛教。
近古史	統一新羅	在南方。 平定百濟與高句麗，統一韓半島。 韓國史上第一個單一民族國家。 有「君子國」的美稱。
	渤海國	在北方。 有「海東盛國」的讚譽。
中世史	高麗王朝	太祖王建。 統一新羅、後百濟，建立高麗王朝。
近世史	朝鮮王朝	太祖李成桂，實施政策：儒教立國與事大交鄰。 世宗大王李祹，創制訓民正音（韓文）。

 ## 大韓民國歷代大統領的政績

朴正熙	實施新鄉村運動。
全斗煥	漢城奧運申辦成功。
盧泰愚	漢城奧運舉辦、加入聯合國成功。
金泳三	政治革新。
金大中	經濟改革。韓流與文化立國（文化創意產業）興起。
盧武鉉 李明博 朴槿惠 文在寅	持續推動韓流與文創產業。

 韓國文化小教室

　韓國在原始部族聯盟中，部族眾多，分布在韓半島與中國東北地區之間，著名的有北方的扶餘、高句麗、沃沮、東濊；南方則有三韓：馬韓、弁韓、辰韓。

UNIT 1-3
韓國的地域環境

韓國的國土，在古代曾經擁有橫跨韓半島與中國東北地區的廣大疆域。由於歷史變遷，使韓國版圖回歸原來的韓半島，但仍與東北地區一起建構了韓國文化。

圖解韓國文化

古代韓國的地域環境

古代的韓民族（한민족）主要居住在韓半島與中國東北地區。中國東北地區在明王朝以前，稱為「遼東」（요동）地區，清王朝以後則稱為「滿洲」（만주）地區。而韓半島與中國東北地區之間有一座著名的高山，古時稱為「不咸山」或「太白山」，而現代的韓文稱為「白頭山」（백두산），中文則稱為「長白山」，滿文稱為「Golmin Šan-ggiyan Alin」（長白山之意）。

白頭山是韓半島與中國東北地區第一高峰，在東北民族的民族史或神話傳說中，都被視為民族的「聖山」與民族的發源地，即韓民族與滿族（만족，女真族〔여진족〕）。

當然，古代的各民族之間大多交錯居住，韓民族有一部分居住在中國東北地區，而滿族（女真族）有一部分居住在韓半島北部。其中，韓民族曾經建立橫跨韓半島與中國東北地區的國家，一是高句麗，二是渤海國。

高句麗的前身國家是扶餘，為位於中國東北地區的扶餘民族所建立的東北亞古老國家。後來被高句麗始祖朱蒙所統一。因此，高句麗的國家版圖範圍十分遼闊，即韓半島大部分，並拓展到現在的遼東半島，相當於現在的中國大陸遼寧、吉林、黑龍江等東北三省，以及俄羅斯沿海州。高句麗以南的國家則有百濟與新羅。百濟是高句麗始祖朱蒙的兒子溫祚所建立的國家；而新羅屬於扶餘民族。

渤海國為始祖大祚榮所建立的國家，大祚榮屬高句麗族，為了繼承高句麗精神而推動高句麗復興運動，成功地建國。因此，渤海國的國家版圖範圍也非常遼闊，即韓半島大部分，以及到達現在的遼東半島，相當於現在的中國大陸遼寧、吉林、黑龍江等東北三省，以及俄羅斯沿海州。其領土範圍可能比高句麗還廣大，因此曾經被美譽為「海東盛國」。

由此可知，古代韓國的地域環境曾經跨越了中韓兩國，而韓民族也是跨越中韓兩國，尤其是目前中國大陸東北地區仍有韓民族存在，屬於中國少數民族之一，稱為「朝鮮族」（조선족），仍然過著韓國文化的生活。

現代韓國的地域環境

現代的韓民族主要居住在韓半島，以豆滿江（두만강，中文為圖們江，滿文為 Tumen Sekiyen，「圖們」是滿文譯音，萬之意；「豆滿」是韓文漢字詞）與鴨綠江為中韓兩國的界河。其緣由為 1395 年，中國明洪武時期，朝鮮王朝太祖李成桂執行北伐政策，開始以豆滿江與鴨綠江為中韓兩國的國界。到了 1712 年，中國清康熙時期，派遣清廷官員穆克登與朝鮮官員一起進行勘界，確認以豆滿江與鴨綠江為界。同時，在豆滿江與鴨綠江的共同發源地——白頭山上的天池附近建立界碑，因此延續至今。韓國國土在中國東北地區的範圍消失了，但是韓民族的活動範圍依然存在，繼續維持著韓國文化的傳統。目前韓國將中國朝鮮族視為同胞或僑胞。

高句麗（西紀前 37～西紀 668 年）**國土範圍**

渤海國（西紀 698～926 年）**國土範圍**

韓國文化小教室

　　白頭山（即長白山）位於今朝鮮（北韓）北方的韓中邊界上，為豆滿江與鴨綠江的分界點。白頭山以東為豆滿江（即圖們江），白頭山以西為鴨綠江。

獨立萬歲

第2章
韓國古代與近代的社會文化

韓國歷史發展過程，從古代到近代，也是韓國文化的過程，如：古朝鮮時代的檀君王儉、箕子、衛滿；三國時代的高句麗、新羅、百濟；南北國時代的統一新羅、渤海國；高麗王朝、朝鮮王朝、大韓帝國、韓國光復初期等階段，社會生活不斷繁榮又發達，同時，都有保持著韓民族一脈相承的優良傳統文化。

UNIT 2-1

韓民族開國始祖——檀君王儉朝鮮

檀君王儉是韓民族第一位始祖，也是大韓民國第一位開國始祖，其建國國號稱為「朝鮮」，通稱「檀君王儉朝鮮」或「檀君朝鮮」或「古朝鮮」，為韓國史上第一個王朝。

圖解韓國文化

建國經緯

　　古代的大韓民國開國始祖為檀君王儉，其國名為「檀君王儉朝鮮」，或稱「檀君朝鮮」、「古朝鮮」。這是西紀前2333年，在韓半島與中國東北地區（滿洲地區）所建立的最早國家，而檀君王儉也是大韓民國、韓民族的第一位開國始祖。

　　雖然這是韓國的古代建國神話，但也是韓國最初國家形成的過程，屬於韓國史（한국사）暨韓國民族史的一部分，相當於韓民族的起源與形成的由來，具有史料紀錄可為依據，記載於高麗王朝時期，一然法師所撰寫的《三國遺事》中。

　　檀君王儉的祖父是桓因天帝，父親是桓雄天王，母親則是熊女王妃。檀君王儉秉承父親治理教化人世的宗旨，即實踐「弘益人間」（홍익인간）的偉大職志，在太白山（即北韓的白頭山、中國大陸的長白山）一帶為開國之地，開始經營國家體制與繁衍民族命脈，國號為「朝鮮」，首都為神市。爾後，將首都遷移到阿斯達（아사달，今平壤市），因此，平壤城古稱為「王儉城」（왕검성）。國祚長達一千五百多年之久。

社會與文化發展

　　在檀君王儉朝鮮之前，韓國的發展歷經原始社會，即舊石器時代與新石器時代。青銅器時代就是檀君王儉朝鮮的時代。檀君王儉朝鮮當時的社會與文化具有初步的文明，屬於氏族社會，以農業為主，使用銅質與青銅質的工具及武器。都市也形成，具有部族聯盟體制的政治勢力觀念，即古代部族國家的形成，韓民族也正式形成。

　　由於賢明仁慈與勤政愛民的檀君王儉之治國理念為「弘益人間」，因此，當時的社會呈現一片祥和寧靜，一切公平正義，始終安和樂利，欣欣向榮。如：人與人之間和睦相處，相互尊重禮讓，沒有紛爭衝突，沒有燒殺擄掠，沒有憤恨冤屈。動物與動物之間，也沒有弱肉強食的現象。人與動物之間更是守其本分，互不侵犯，於是全體人世間都遵守法治，注重秩序，和平共處，相安無事。如此的美風良俗，廣布人世間，實在難能可貴。

　　同時，人對於神明、大自然，產生具有崇拜敬畏的信仰文化觀念，如：崇拜象徵光明、潔白的太陽，予以擬人化與神格化，而有太陽神、天神、天帝、上帝、天王等名稱。檀君王儉可謂具有古朝鮮社會的祭主、大祭司長、君長、國王等職權的性格；所謂「檀君」，有舉行宗教儀式的大祭司長之意；而「王儉」，則有統治國家的大君主之意，同時也是一位祭政一致、政教合一的指導者。同時，檀君也含有巫俗之意，於是也作「壇君」，壇是祭祀之處，壇君也有祭司長之意。再者，所謂「檀」是倍達樹（배달수），也相當於首都神市；「君」是國王之意。所以，檀君也稱為「倍達國王」，而古朝鮮民族也稱為「倍達民族」。

檀君王儉朝鮮簡介

 史料來源 高麗王朝,一然法師所著《三國遺事》

 國祖 檀君王儉
（父：桓雄天王；
母：熊女王妃）

國名 檀君王儉朝鮮、
檀君朝鮮、
古朝鮮、朝鮮

 建國時間 西紀前2333年

 開國根據地 太白山（今北韓白頭山）

 國土範圍 韓半島與中國東北地區（滿洲地區）

 首都 神市,後遷到阿斯達（古稱王儉城,今平壤市）

 治國理念 弘益人間

 國祚 一千五百多年

 文明發展 青銅器時代,農業為主,都市形成

 社會形式 氏族社會,部族聯盟體制

 信仰文化 崇拜太陽

檀君王儉朝鮮的社會與文化特色

社會特色	1. 賢明仁慈、勤政愛民。 2. 祥和寧靜、公平正義、安和樂利、欣欣向榮。 3. 美風良俗廣布人世間：人與人之間和睦相處,相互尊重禮讓。 4. 動物與動物之間：沒有弱肉強食現象。 5. 人與動物之間：守其本分,互不侵犯。 6. 人世間：遵守法治,注重秩序,和平共處,相安無事。
文化特色	1. 崇拜敬畏的信仰文化觀念。 2. 崇拜太陽：象徵光明、潔白；神格化,視為太陽神、天神、天帝、上帝、天王。 3.「檀君」有「舉行宗教儀式的大祭司長」之意,「王儉」有「統治國家的大君主」之意。因此,「檀君王儉」為祭政一致、政教合一的指導者。

檀君陵（位於平壤）

 韓國文化小教室

　　朝鮮（北韓）政府曾在1993年,提出檀君王儉確實有其人物,其陵墓在首都平壤。古朝鮮始祖檀君遺骨也隨之出土,是為檀君陵。1994年,完成重建檀君陵。

UNIT 2-2
大韓民國真正的開國始祖──箕子朝鮮

大韓民國真正的第一位開國始祖，依照正史，實為箕子，國號「朝鮮」或「箕子朝鮮」、「古朝鮮」，但是後來次於檀君朝鮮，成為韓國史上第二個王朝。

圖解韓國文化

建國經緯

箕子，官拜太師，是輔佐中國殷商王朝末代暴君紂王的叔父。由於紂王不聽箕子規勸而將箕子囚禁為奴隸。在周武王推翻紂王，建立周王朝後，箕子就得以脫困而隱居。周武王求才心切，賜官給箕子，並且誠心請益治國安民之道。可是，箕子始終堅持「忠臣不事二君」的原則，加以婉拒，著書《洪範》向周武王闡明為政之道，使周武王十分感佩箕子高風亮節的情操。後來，箕子毅然率領五千名殷商王朝遺民，往東遠赴遼東地區從事開拓，以白頭山為中心，然後南下越過中韓兩國界河鴨綠江後，繼續拓展到韓半島而定居，建立了「箕子朝鮮」（기자조선），正式展開建國大業。因此，遼東地區可說是箕子朝鮮的開基之地。

箕子選擇地理位置重要而優良的王儉城（今朝鮮首都平壤市）為國都，最後繼續往南推進，擴大到漢江（한강）流域一帶，即漢城市（한성시，今首爾市〔서울시〕）中心區域。於是，「箕子朝鮮」的國家規模完成。

箕子朝鮮在檀君朝鮮之後，成為韓半島的第二個國家政權。但依正史而言，箕子實為古朝鮮與韓國的開國始祖，而其國土領域十分遼闊，包括今韓半島與中國東北地區。

社會與文化發展

箕子東拓遼東後，又開拓發展韓半島。當時的族群主要是東夷族（동이족）系統的濊貊（예맥）民族，即濊（예）、貊（맥）、扶餘（부여）、沃沮（옥저），以及肅慎（숙신）等族群的聚居地，對當地的進步與繁榮貢獻頗大，成果卓著。

依據中國《後漢書》記載，箕子的業績可分為五項：

一、禮儀教育：對朝鮮民族實行禮儀教化，積極倡導法律規範，其中以《八條法禁》最為著稱，形成具備法治社會與善良風俗的國家。

二、田蠶教導：利用殷商進步的農耕與養蠶織作技術，教導朝鮮民族提高生產量與品質，成為高度文明的農業社會。

三、提倡男女平等觀念：主張廢除商業買賣式的婚姻制度，男女必須平等。

四、建立土地制度：依照殷商井田土地制度來從事農作，以提升生產量。

五、實踐社會節約：提倡日常生活物品必須使用簡樸與適量。

由於箕子的品德與業績都合於聖賢之道，中韓兩國史料皆尊其為「箕聖」（기성）。歷代以來，都尊奉箕子為朝鮮始祖。

由於箕子朝鮮屬於東夷族系的濊貊民族聚居區，當地的族群可以統稱為「朝鮮民族」，因此箕子朝鮮也可稱為「濊貊朝鮮」（예맥조선）。

箕子十分重視人命、法治、民生與財產等的先進觀念，政績輝煌，使社會進步繁榮，是中華文化深入韓半島之始，也可以說是史上第一位韓國華僑。

 **箕子的一生**

| 中國時期 | **中國殷商國王紂王的叔父。**
⇨ 被紂王所囚
⇨ 周武王推翻紂王，建立周王朝後，得以脫困。
⇨ 以「忠臣不事二君」原則，婉拒輔佐周武王。
⇨ 著書《洪範》，闡明為政之道。 |

率五千名殷商遺民往遼東地區，以白頭山為中心進行開拓。

| 朝鮮時期 | 南下橫渡鴨綠江，定居韓半島。
⇨ 展開「箕子朝鮮」建國大業。 |

 箕子朝鮮簡介

國土範圍	遼東地區（今韓半島及中國東北地區），南至漢江一帶。
首都	王儉
主要族群	東夷族系統 1. 濊貊民族：濊、貊、扶餘、沃沮。 2. 肅慎民族（女真族／滿族）。
禮儀教育	以《八條法禁》最著

箕子朝鮮位置圖

韓國文化小教室

箕子的《八條法禁》：1. 相殺，以當時償殺。2. 相傷，以穀償。3. 相盜者，男沒入為其家奴，女子為婢，欲自贖者，人五十萬。4. 婦人貞信。5. 重山川，山川各有部界，不得妄相干涉。6. 邑落有相侵犯者，輒相罰，責生口、牛、馬，名之為責禍。7. 同姓不婚。8. 多所忌諱，疾病死亡，輒捐棄舊宅，更造新居。

UNIT 2-3
衛滿朝鮮與朝鮮漢四郡

衛滿朝鮮也屬於古朝鮮，為進步的鐵器文化，生活水準更為提升。到了朝鮮漢四郡時期，韓半島正式接受了中國文化，開始漢化。

圖解韓國文化

衛滿朝鮮的建國與社會文化

中國西漢高祖劉邦統一中國後，討伐燕國燕王盧綰之亂時，燕民衛滿號召一千多人，東渡鴨綠江，往韓半島避難，經過箕子朝鮮國王箕準同意後，得以居住在韓半島。但是，暗中壯大勢力的衛滿卻趁機舉兵推翻箕子朝鮮，自立為「朝鮮王」，成立衛滿朝鮮（위만조선）。定都王儉，掌控韓半島北部。於是，箕準向南避走馬韓（마한），將箕子朝鮮的國家政權南移，自立為「韓王」，掌控韓半島南部。因此，韓半島形成兩大政權的對峙。

衛滿朝鮮的社會屬於部族聯盟。衛滿的國籍雖是西漢燕國，但其族屬與居住地屬於遼東地區東夷族系統的濊貊民族。當時的文化屬於鐵器文化，有鐵製的武器與農用器具，顯示具有戰鬥力與經濟力。鐵器也與青銅器一起混合使用，如：貨幣「明刀錢」、刀劍、馬具、裝飾品等。生活上也更加進步，有地面上的木造住屋，也開始使用溫突（온돌，炕）。

漢四郡的建立與社會文化

由於衛滿朝鮮國王衛滿之孫衛右渠（위우거），對西漢王朝十分不友善，西漢武帝便大舉征伐衛右渠，攻陷首都王儉，衛滿朝鮮滅亡。之後，西漢武帝在韓半島北部施行郡縣制度，設置四個郡來統治，稱為「漢四郡」，即：樂浪郡（낙랑군）、玄菟郡（현토군）、真番郡（진번군）、臨屯郡（임둔군），以上仍屬濊貊族的聚居範圍。而在韓半島南部則為三韓，即馬韓、辰韓、弁韓的勢力範圍，屬於韓族（한족）。

當時漢四郡的社會仍然屬於部族聯盟，雖然西漢軍隊進駐管轄，但是當地土著勢力相當強大，具有堅韌的抵抗能力。西漢為了防止土著的新興勢力成長，使用強大的統治壓力來制約，反而促使遼東地區與韓半島的韓民族形成自覺意識，而影響到南部的三韓。樂浪郡中，一些部族為了避開西漢統治，而向南移居三韓。

文化方面，漢四郡之中，以樂浪郡最早開始與中國大陸進行貿易交流，也造成樂浪文化的高度發達。因此，漢四郡文化是以樂浪文化為中心。樂浪郡屬於鐵器文化，青銅以外，金、銀、鐵等金屬都大規模從中國輸入。而樂浪文化以平壤的土城遺址附近的遺跡最多，如：香爐、銅鏡、漆器、金銀珠寶的裝飾品、石碑。此外，還有房子地基、磚塊、器瓦、礎石、銅或鐵製的錢幣等。

至於西漢武帝在韓半島北部展開民族政策的實施，如：使用漢式名稱來替代原有的土著名稱，並且由中央派遣漢官任職、漢軍駐守，以便有效管轄。同時，積極推展漢民族的語言、文字、風俗、制度、政治、經濟等措施，來融入當地的生活文化中，以達成完全漢化為主。另外，也允許當地的基層自治與人才選用；重視雙方經貿往來與發展。如此，強化了中韓文化交流，也促進了韓半島的高度發展。

衛滿朝鮮的建國

移居 鴨綠江

燕民 衛滿

推翻箕子朝鮮，成立 衛滿朝鮮 ，掌控韓半島北部

南移

國王箕準南移

箕子朝鮮 掌控韓半島南部

衛滿朝鮮國土範圍

衛滿朝鮮

辰國

漢四郡與三韓分布圖

玄菟郡

樂浪郡 臨屯郡 真番郡 辰韓 馬韓 弁韓

韓國文化小教室

　漢四郡也稱為「朝鮮四郡」。後來，真番郡、臨屯郡，以及玄菟郡東部，都併入樂浪郡。因此，樂浪郡涵蓋了絕大部分的漢四郡，可說是漢四郡之首。爾後，屬於高句麗的領土。

UNIT 2-4
古朝鮮聯盟王國：
濊貊、扶餘、沃沮、東濊與三韓

古朝鮮時代，韓民族分為兩大系統：一是北方的濊貊民族，包括扶餘、沃沮、東濊；另一是南方的三韓民族，後來融入濊貊民族。因此，濊貊民族就成為韓民族的主體民族。

圖解韓國文化

韓半島的主體民族

古朝鮮時代，韓半島與中國東北地區之間分布很多聯盟王國，都是屬於北方的東夷族系統的濊貊民族，如：檀君朝鮮、箕子朝鮮、衛滿朝鮮，以及扶餘、高句麗、沃沮、東濊等。

濊貊是由濊族與貊族所構成，以農業為主，語言屬於阿爾泰語系。秦漢時，曾建立濊王國，日後發展為扶餘國。其建國神話傳說，記載於韓國《三國遺事》，即西紀前兩世紀以前，解慕漱（해모수）從天降下來，在遼寧建國為王，國號「北扶餘」（북부여）。日後，其子解夫婁（해부루）遷往東部海邊建國為王，國號「東扶餘」，兩者統稱「扶餘」，為正史以來，韓民族在中國東北的中心所建立的國家。日後則分別建立「高句麗」和「百濟」兩國。

扶餘社會有身分階層制度，最高階層依次為國王、部族長與官吏；平民中最富裕者為豪族；其餘為最低階層的下戶。有嚴刑峻罰的法律。婚姻為一夫多妻制、同姓不婚的族外婚。產業以農牧業為主。秋收感恩時，有迎鼓祭。喜愛歌舞。有祭天信仰。喜愛穿著白色衣服，因而韓民族有「白衣民族」（백의민족）之稱。最後被高句麗滅亡。

沃沮位於高句麗東邊，曾分為「東沃沮」和「北沃沮」兩國。其語言、種族、社會風俗制度等，都與高句麗相似。領土平坦肥美，適合農業。東瀕東海，有漁業，並產海鹽。性格正直強勇。

東濊位於高句麗、沃沮之南，曾經被高句麗所統治。其語言、種族、社會風俗制度等，都與高句麗相似。性格樸實少欲，有廉恥心。秋收感恩時，有舞天祭；又祭虎以為神；注重山川領域，不得侵犯，否則必須賠償牛馬，稱為「責禍」。產業以農業與漁業為主，其中盛行蠶桑織布。著名特產有檀弓、班魚皮、果下馬。

三韓的建國與社會文化

南方的三韓原來只有辰國。爾後，燕人衛滿篡位箕子朝鮮，準王逃往辰國，自號「韓王」，是為馬韓（在西部，領土最大，後為百濟），再與辰韓（北東部，後為高句麗）、弁韓（東部，後為新羅），合稱「三韓」。雖然是三個韓國，但社會文化完全一致，如：都有君長（天君）統治，最高位是「辰王」。產業以農業為主，漁業也發達。文化方面，最具特色的是祭祀（祭主）與政治（國王）分離，但是政治最高指導者為辰王，也是兼具祭祀和政治最神聖且權力最大的指導者；而宗教最高指導者則是各國的君長，其轄地稱為「蘇塗」，即一棵大樹，懸掛鈴鼓。

祝祭慶典都與農業有關，主要是五月灑種與十月收成，盡情吃喝歌舞，彈瑟（伽倻琴，가야금）助興。在生活上，馬韓的全家男女老幼同住一房，身形短小，語言則與辰韓、弁韓稍有不同。辰韓與弁韓土地肥沃，有城廓建築，男女有別，在語言、法俗、衣服、居處等方面，也都完全相同，身形高大，外表整潔，喜留長髮，法俗嚴格。

古朝鮮聯盟王國分布圖

北扶餘 解慕漱從天而降，在中
國東北遼寧建國為王

東扶餘 解慕漱其子解夫婁，遷
往東部海邊建國為王
⇨ 被高句麗所滅

沃沮 曾分立兩國：
東沃沮、北沃沮

東濊 曾被高句麗統治

辰韓 後為高句麗

馬韓 後為百濟

弁韓 後為新羅

三韓的社會文化比較表

	馬韓	弁韓	辰韓
統治者	君長統治	君長統治	君長統治
政教	祭祀與政治分離	祭祀與政治分離	祭祀與政治分離
語言	稍異	與辰韓相同	與弁韓相同
起居	全家共住一房	男女有別	男女有別
身形	短小	高大	高大

韓國文化小教室

韓半島的主體民族，就是濊貊民族，同時融合了三韓民族，而成為現代的韓民族。

第2章　韓國古代與近代的社會文化

UNIT 2-5
三國時代：高句麗建國始祖朱蒙

高句麗源自扶餘，其建國始祖朱蒙是由解慕漱與柳花所生，身世非凡，文武兼備，奠立國基，促使日後的漢四郡勢力瓦解，有助於全面發展具有民族傳統的社會文化。

圖解韓國文化

建國經緯與發展

依據韓國《三國遺事》記載，高句麗建國始祖朱蒙的母親柳花，因與北扶餘始祖解慕漱私通，而遭到父親水神河伯的反對，於是來到解夫妻的東扶餘，後來成為扶餘國王金蛙的妻子。某一天，柳花突然受到解慕漱的日光照射而懷孕，生下巨蛋，蛋中出現一位男孩，即為朱蒙。因此，金蛙是朱蒙的養父。

金蛙的七個兒子一直想要鏟除平時表現出眾的朱蒙，在母親柳花的協助下，順利在卒本扶餘（今中國遼寧省桓仁縣）建國，國號「高句麗」，國土橫跨中國東北地區與韓半島北部，國勢日益強大，如：太祖王（태조왕）曾經統合周邊的扶餘、沃沮、東濊等；美川王（미천왕）曾經成功將漢四郡勢力完全從韓半島逐出；廣開土王（광개토왕）曾經完全收復古朝鮮之地（中國東北地區與韓半島漢江以北），而廣開土王的兒子長壽王（장수왕）則是高句麗全盛時期的國王。

社會與文化發展

高句麗的國家體制為中央集權，始於太祖王。政治方面，行政區劃分為中央與地方。首都為平壤。土地為國有。法律採取刑罰嚴峻。軍事以國王為最高統帥。經濟方面，以農業為主。有納稅制度，有《賑貸法》可救濟貧戶。社會階層可分為國王和貴族、人民和奴隸。國王和貴族一起掌控政治、軍事、教育、祭祀等資源。人民和奴隸則擔任農、工、漁、商、畜牧等職業。

社會風俗制度都與扶餘相同，如性格凶急善戰，有氣力、尚習武；衣著服飾區分貴賤，皆以寬大為主；婚姻制度是同姓不婚的族外婚，但也有入贅婚。

宗教方面，信奉自然崇拜的原始宗教，即薩滿教或巫術（巫堂，무당）；也有祖先崇拜，以及信仰國家始祖神明，即聖母柳花夫人與其子東明聖王朱蒙。還有佛教與道教傳入。

節慶方面，有農曆新年、中秋、端午等三大傳統節日，以及佛、道、儒三教的紀念活動。秋收感恩時，有東盟祭，即在東邊的隧穴迎接隧神後，前往東邊的河邊祭祀，目的在紀念柳花產下兒子朱蒙。同時，文化發展十分發達，學術方面，漢字（한자）的使用與普遍化，使教育非常發達，設有置太學、經堂。《留記》一書呈現重視國族歷史與發揚國族意識。

生活方面，貴族居住華麗的瓦房，有如豪宅，平民則是居住茅屋。冬季使用溫突的暖房設備，是為鼻祖。

音樂方面，以宗教儀式或創作方式的詩歌為主。樂器種類多樣，尤以音樂名家王山岳（왕산악）親製的玄鶴琴（거문고）所創作的百餘篇樂曲最有名。雕刻建築方面，古墳、城牆、宮闕、寺廟、塔、佛像最為豐盛；而字畫都以古墳壁畫與古墳、碑文的刻字為著稱，如高句麗廣開土王陵碑；工藝品則以金屬與玉石的飾品、器皿為主。前述的文物製作技術精緻而壯麗，深具高度水準。技藝方面，則有打獵、射箭、石戰、摔跤等最著名。

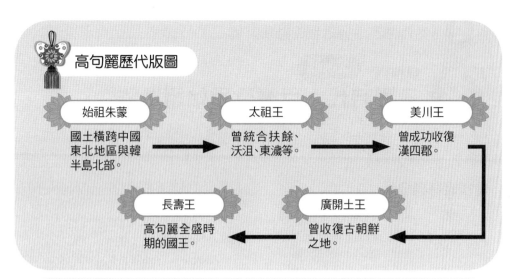

高句麗歷代版圖

始祖朱蒙	太祖王	美川王
國土橫跨中國東北地區與韓半島北部。	曾統合扶餘、沃沮、東濊等。	曾成功收復漢四郡。

長壽王	廣開土王
高句麗全盛時期的國王。	曾收復古朝鮮之地。

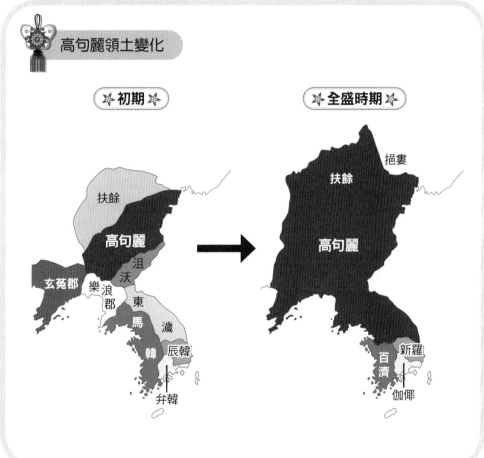

高句麗領土變化

✽ 初期 ✽

✽ 全盛時期 ✽

扶餘
高句麗
玄菟郡
樂浪郡
沃沮
東濊
馬韓
辰韓
弁韓

挹婁
扶餘
高句麗
百濟
新羅
伽倻

韓國文化小教室

柳花被尊奉為高句麗女神、建國之母、東國聖母。高句麗是擅長騎馬射箭的民族。

UNIT 2-6

三國時代：百濟建國始祖溫祚

百濟源自扶餘，其建國始祖溫祚，為高句麗建國始祖朱蒙的兒子。因此，百濟的社會與文化大多與高句麗相同。

建國經緯與發展

百濟，又稱「南扶餘」，依據韓國《三國史記》記載，由高句麗建國始祖朱蒙的第三子溫祚（온조）為百濟建國始祖。位於韓半島西南，居馬韓故地，首都是在漢江南岸的慰禮城（위례성，今首爾市）。爾後，百濟日益壯大，在古爾王（고이왕）時，正式確立中央集權與國家制度。近肖古王（근초고왕）時，展開擴張領土運動，此時，百濟達到鼎盛階段。近仇首王（근구수왕）時，積極地吸收中國文化與技術，並且發展成為海上強國。佛教也成為國教。

社會與文化發展

百濟的國家體制和經濟結構，都與高句麗相同。政治方面，行政區劃分為中央與地方，遷都到熊津（웅진，韓國忠清南道公州市）。

社會與文化發展也都與高句麗相同，已經十分發達，如土地國有。法律實施嚴刑峻罰。軍事以國王為最高統帥。有納稅制度。有《賑貸法》可救濟貧戶。

社會階層可分為國王和貴族、人民和奴隸。國王和貴族一起掌控政治、軍事、教育、祭祀等資源。經濟方面，農業與水利設施發達，人民和奴隸則擔任農、工、漁、商、畜牧等職業。社會風俗制度都與扶餘相同。如：性格凶急善戰，有氣力、尚習武；衣著服飾區分貴賤，皆以寬大為主；婚姻制度是同姓不婚的族外婚，也有入贅婚。

宗教方面，信奉自然崇拜的原始宗教，即薩滿教或巫術；也有祖先崇拜，與信仰自己國家的始祖神明，即東明聖王朱蒙與古爾王。還有佛教與道教也從高句麗傳入。節慶方面，有農曆新年、中秋、端午等三大傳統節日，以及佛、道、儒三教的紀念活動。

文化發展十分發達，學術方面，漢字的使用與普遍化，使教育非常發達，設有置太學、經堂。《書記》一書呈現重視國族歷史與發揚國族意識。

生活方面，貴族居住華麗的瓦房有如豪宅，平民則是居住茅屋。冬季也使用高句麗的溫突（온돌）暖房設備。

音樂方面，以宗教儀式或創作方式的詩歌為主，樂器種類眾多。

雕刻建築方面，古墳、城牆、宮闕、寺廟、塔、佛像最多，十分豐盛；而字畫都以古墳壁畫與古墳、碑文的刻字為著稱，如百濟義慈王砂宅智積碑；工藝品則以金屬與玉石的飾品、器皿為主。前述文物的製作技術精緻而壯麗，極具高度水準。

技藝方面，與高句麗相同，為打獵、騎馬射箭、石戰、摔跤等最著名。

百濟歷代國勢

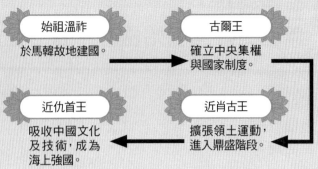

始祖溫祚	古爾王
於馬韓故地建國。	確立中央集權與國家制度。

近仇首王	近肖古王
吸收中國文化及技術，成為海上強國。	擴張領土運動，進入鼎盛階段。

百濟領土變化

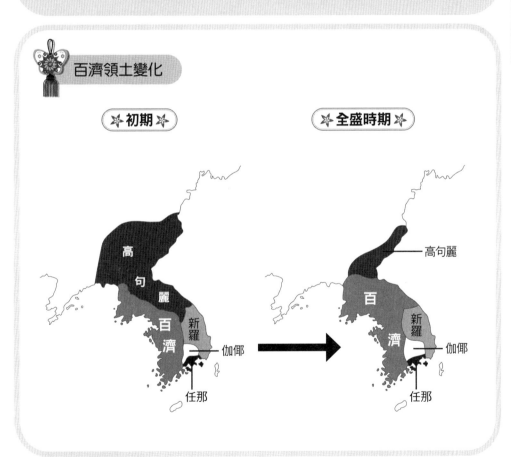

❊ 初期 ❊　　　❊ 全盛時期 ❊

高句麗　百濟　新羅　伽倻　任那

高句麗　百濟　新羅　伽倻　任那

韓國文化小教室

　　百濟一向與中國及日本保持友好關係，曾經派遣漢學家王仁博士攜帶中國典籍《論語》與《千字文》訪問日本，傳達了漢字、儒教與佛教。在韓國，王仁博士被視為傳達進步的韓國文化給日本的韓國人，並對日本文化發展做出非常重要的貢獻。

UNIT 2-7
三國時代：
新羅三姓建國始祖朴、昔、金

新羅的朴、昔、金三姓與南部小國的建國始祖神話都具有共同的特色，就是天降誕生以及從巨蛋生出，呈現新羅始祖的出世不凡與天命神聖，崛起於韓半島東部。

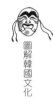

新羅三姓建國始祖
朴、昔、金的由來

韓國《三國史記》記載，新羅早期有朴（박）、昔（석）、金（김）三姓建國始祖神話。

朴氏王朝建國始祖朴赫居世（박혁거세），國號「徐羅伐」（서벌라），位於辰韓，其由來是西紀前 69 年，曾有六位村長齊聚討論建國一事，欲選出一位國王，但彼此都禮讓推辭，此時有一匹白馬從天而降。他們發現白馬帶來的巨蛋中生出一名男孩，就一致擁戴男孩為國王，即朴赫居世王 1 年（西紀前 57 年）。由於巨蛋的形狀像匏瓜，而以「匏」的同音字「朴」為姓，男孩的全名為「朴赫居世」，意為世界充滿光明。

昔氏王朝始祖神話，即在西紀 57 年即位的昔脫解（석탈해），為新羅第 6 代國王，也是從巨蛋中生出。當時的國王認為是不祥之兆，便將巨蛋放入木箱，丟入海裡，爾後一隻鵲鳥飛鳴，提醒一位老婦撈起並收養。因此，「昔」姓就是源自「鵲」字。同時，「脫解」意為從木箱中脫出。日後，昔脫解成為國王，朴、昔兩氏政權交替。

金氏王朝始祖神話，在脫解王 9 年（西紀 65 年），脫解王在慶州（경주，位於韓國慶尚北道）的森林中聽見雞鳴，就前去查看，發現樹上掛著一個金櫃，櫃內有一個小男孩，於是收養為太子。由於小男孩來自金櫃，被賜為金氏，名為「金閼智」（김알지），「閼」為金色，「智」為尊長之意，便成為金

姓始祖。該森林則改名為「雞林」（계림），也成為日後的國號。

儒理王 19 年（西紀 42 年），新羅南部有一個小國，名為「伽倻」（가야）或「駕洛」（가락）國，昔為弁韓，其始祖也是天降六個金蛋男孩，其中一顆金蛋成為國王，名為「金首露王」，其他五顆金蛋各自成為伽倻的領袖，法興王 19 年（西紀 532 年），被新羅統一。智證王 4 年（西紀 503 年）正式定國號為「新羅」，意為「德業日新，四方網羅」。

社會文化發展

新羅是三國之中，國家發展最晚，但社會文化發展十分發達。政經體制都與高句麗相似。政治上，行政區劃分為中央與地方。首都為慶州。軍制分為中央有大幢（勁旅），地方則有六停（軍團），其中有「花郎徒」（화랑도，國防菁英團體）的組織。王室（朴昔金三姓）皆十分注重血統（骨品制），還有嚴格身分制度（頭品制）。同時有類似民主制度基礎的和白會議（決策機構）。此外，刑罰、納稅、經貿等方面都與高句麗相同。

宗教上，信奉自然崇拜的原始宗教，即「薩滿教」，也崇拜祖先與始祖神明。之後，佛、道、儒三教都傳到新羅。其中，佛教最為鼎盛，學術發達。生活習俗都與高句麗、百濟兩國相同，十分豐沛，深具高度水準。其中，以新羅真興王巡狩碑最著名。而花郎道可說是新羅精神的代表。

朴、昔、金三姓的建國始祖神話

三姓	建國始祖	位置	年代	由來
朴	朴赫居世	辰韓	西紀前 69 年	白馬天降匏瓜形巨蛋所生的男孩。「朴」來自「匏」字。
昔	昔脫解	辰韓	西紀 57 年	鵲鳥飛鳴，救出被裝在木箱裡的蛋中男孩。「昔」來自「鵲」字。
金	金閼智	辰韓	西紀 65 年	森林雞鳴，發現金櫃中的男孩。「金」來自金櫃。
金	伽倻（駕洛）金首露王	弁韓	西紀 42 年	天降六顆金蛋，生出六個男孩。

 新羅的社會制度

軍制	**中央** 大幢（勁旅） **地方** 六停（軍團） ★「花郎徒」（國防菁英集團）	
身分制度	**骨品制**（針對王室） 聖骨：父母皆王種。 真骨：父母中一人為王種。	**頭品制** 貴族：四、五、六頭品。 平民：一、二、三頭品。

 韓國文化小教室

　　三國時代為西紀前 427 至西紀 660 年，新羅、高句麗、百濟三國鼎立於韓半島。三國的建國神話與語言、社會文化，都具有共同的特色。

UNIT 2-8
三國時代：新羅的花郎徒與花郎道

花郎徒或花郎道原為新羅民間選拔具有美貌的貴族青少年，接受人文與武術訓練的菁英團體。後改由官方管理，予以制度化。

由來

所謂「花郎」（화랑），即「美麗如花的男性」，又稱為源花（원화）、花判（화판）、仙郎（선랑）、國仙（국선）、風月主（풍월주）等。而花郎徒制度最初的設置，是由被稱為「源花」（원화）的兩位美麗女性——南毛與俊貞，來領導三百多名青少年。依據韓國《三國史記》記載，由於兩位源花品行不正，無法帶領青少年集團，於是在新羅真興王 37 年（西紀 576 年）時，真興王為了培育文武兼備的青少年人才，便從貴族中選出容貌俊美、品行端正、志節高尚的青少年，來代替源花，成為新的青少年指導者，稱為「花郎」或「郎徒」，合稱為「花郎徒」，也稱為源花徒、國仙徒、風月徒、風流徒等。花郎徒特別注重人格、德望與儀容的教育，再加以佛教與儒教的思想，同時學習武術，為具備強大的團體精神觀念的青少年集團，具有教育、軍事、人際等功能。最重要的是，從此許多十分優秀傑出的國家人才因而輩出，為國效力，可說是一種修道練武的宗教組織與軍事組織，具備文武合一、尚武愛國的民族氣慨，也可說是國家的優秀菁英、國防的精銳尖兵，為國家級的正規教育機構，象徵著新羅精神，也稱為「花郎徒精神」。

集團生活與成果

花郎徒的「徒」是指青少年集團的全體成員，在集團生活中，相互修練「道」，尋訪、巡禮、觀賞著名的高山與麗水之地，做為修道場，來進行修道，相當於一種「德」的「再武裝運動」，具有道教的風格，等同於「德育」。同時，注重音樂與舞蹈教育，培養其愉悅、樂觀、健全的一種性格教育，等同於「群育」。日後成為一種專門的道理學問，進而成為一種學派。因此，花郎徒也稱為「花郎道」。經由如此的集團生活，使得新羅的青少年得以修練「身」與「心」，而成為「身心健全」的健康與高尚的人。

仁慈的宰相與忠誠的大臣都是從花郎徒中所選出，還有優秀的壯士與勇敢的軍人也都是出身於花郎徒中。尤其是真興王以後的一百多年期間，新羅與高句麗、百濟、中國唐王朝的多次戰爭中，花郎徒都有參加作戰，發揮了重要的作用。新羅的青少年集團成員，展現出威武與勇敢的愛國行動，使得韓國全民深刻感動。

例如，真興王 23 年（西紀 562 年），花郎徒成員斯多含將軍曾經率領花郎徒，征伐伽倻國；真平王 33 年（西紀 611 年），花郎徒成員讚德（찬덕）將軍與其子奚論曾在漢江流域一帶的椵岑城（가잠성，今京畿道安城市竹山面），先後阻止百濟軍隊的攻擊，所率領花郎徒皆勇敢犧牲了。而最具代表的花郎徒成員，就是金庾信將軍，曾在 7 世紀中葉，統一三國的戰爭中立下大功。同時，花郎徒成員丕寧子與其子舉真曾在阻止百濟軍隊侵略時，先後戰死。以上史例，展現出花郎徒（道）的精神。

由來

 起源
起於民間，兩位美麗女性南毛與俊貞領導青少年。

→

 **改制**
真興王改制，成為結合宗教組織及軍事組織的國家級正規教育機構。

選拔與教育

對象 貴族男性青少年。

目的 培育文武兼備的青少年。

選拔條件 容貌俊美，品行端正，志節高尚。

教育方式
1. 青少年集體生活。　2. 修道練武，特別注重人格。
3. 融入佛教、儒教思想。　4. 習武。
5. 注重音樂與舞蹈教育。

軍功偉業

斯多含將軍
征伐伽倻國。

讚德將軍與其子奚論
阻止百濟軍隊的攻擊。

金庾信將軍
在統一三國戰爭中立大功。

丕寧子與其子舉真
為阻止百濟侵略而戰死。

 韓國文化小教室

　花郎徒（道）精神是以圓光法師《世俗五戒》，即「忠君、孝親、友信、殺生有擇（仁）、臨戰無退（勇）」的忠、孝、信、仁、勇為宗旨，並且融合佛教與儒教思想。

UNIT 2-9
南北國時代：統一新羅的開端

新羅統一三國後，國家完備，為韓半島新時代的開始。政經濟制度與社會文化都是繼承三國時代的優良傳統而發展，創造出燦爛的成果，十分發達。

圖解韓國文化

建國開端

統一新羅的第 1 代國王為太宗武烈王（태종무렬왕，新羅第 29 代國王），名叫「金春秋」（김춘추），曾於武烈王 7 年（西紀 660 年），聯合中國唐王朝消滅百濟。第 2 代國王文武王 8 年（西紀 668 年），則聯合唐王朝消滅高句麗，初步統一三國，也將唐的勢力驅出。於是，韓半島完全統一，史稱「統一新羅」。

社會文化發展

新羅統一之後，國土與人口大增，文武王便參照唐制，著手整備國家體制。在中央官制方面，政府最高行政機關為執事部（相當總理），行政區劃方面，則採行州郡縣制度。首都為金州（금주，今慶尚北道慶州市），為政經文化中心，也是全國第一大城。同時，又設置五小京，為各地方政經文化中心與第一大都市。全國地方分為九州，下設郡縣。軍事制度方面，中央設置九誓幢，地方設置十亭。

經濟方面，土地為國有制，由國王獨占，但可隨時分配。稅制為《租庸調法》，適用於各行業。居住則王族與貴族擁有瓦屋豪宅，都市發達。主要產業為農業，次為漁業，非常興盛。其中，開始種植人蔘（인삼）、茶葉。海外貿易方面，對唐王朝進行朝貢（官方貿易），十分熱絡。其中，名將張保皋確保了與中日兩國海上貿易的安全、航海權與國際經貿文化交流，被譽為「海上之王」及「海神」。

教育學術方面，設立國學（太學監）的教育機關，學風鼎盛。同時，為任官考試而設立讀書三品科（上中下三等），如此，產生許多名儒，即強首的書法、薛聰創製了吏讀（이두，漢字標記國語）、金大問的《花郎世紀》（精選花郎偉業）、曾留唐的崔致遠的《桂苑筆耕集》。而鄉歌（향가）是以韓國古語的吏讀所寫成的美麗詩歌，具宗教色彩，為研究韓國古語的史料，傳承最久，評價極高。再者，有培育天文地理、法律、醫學等專業的學術機關，其代表人物，如：曾留唐的德福傳的新曆法、曾留唐的金巖擔任司天大博士、道詵的陰陽地理說與風水相地法，對日後麗鮮兩王朝的治國政策具有重大影響。

宗教方面，思想以佛教最發達，為統一新羅的國教，寺廟與信徒最多，其中以慶州佛國寺（불국사）、榮州浮石寺（부석사）、俗離山法住寺（법주사）、陝川海印寺（해인사）等最著，皆位於韓國慶尚道。而僧侶多留學唐、印度，其中以元曉、義湘、圓測、慧超、圓光等最著。

藝術方面，以佛教藝術為代表，十分精美細緻，如：慶州佛國寺、石窟庵（석굴암）等最著。美術與書畫等技巧也非常優越，名家有崔致遠、金仁問、姚克一、金生等。新羅的社會文化一向美風良俗，遵禮性恭，故有「君子國」（군자국）與「東方禮儀之邦」（동방예의지방）的稱譽。

新羅統一三國的過程

第1代
太宗武烈王

（新羅第 29 代國王金春秋）

聯唐消滅百濟，為統一三國奠基。

第2代
文武王

（太宗武烈王的繼承者）

聯唐消滅高句麗，初步統一三國。

↓

將唐勢力驅出，韓半島完全統一。

↓

稱「**統一新羅**」

統一新羅的九州五小京

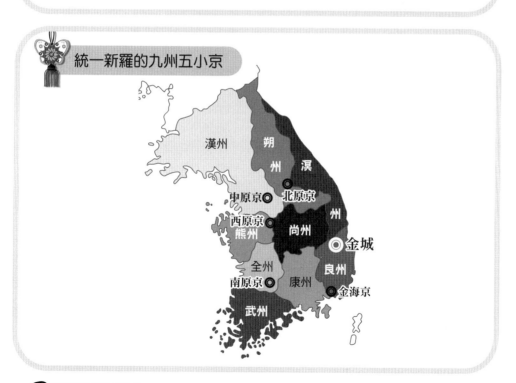

漢州　朔州　溟州

中原京　北原京

西原京　尚州　州

熊州

金城

全州　良州

南原京　康州

金海京

武州

韓國文化小教室

　　渤海國的諸民族統稱「渤海民族」，族屬成分為古代「東夷族」。中國東北有兩大民族系統，即濊貊族系與肅慎族系。渤海國處於這兩大民族系統之間，但是濊貊族系（朝鮮民族／韓民族）占絕大多數，而肅慎族系（女真族／滿族）則占少數。

UNIT 2-10
南北國時代：渤海國建國始祖大祚榮

渤海國為東北亞的一個新興國家，以繼承高句麗精神自居，強調自主獨立，其建國始祖為大祚榮。社會文化是以高句麗為主，而政經制度則是受到中國文化的影響。

圖解韓國文化

建國經緯

大祚榮（대조영，高王），族籍雖然屬於靺鞨族粟末部（말갈족속말부，肅慎系滿族／女真族），但也是高句麗（고구려）的另一族系（濊貊系朝鮮族）。西紀 7 世紀時，高句麗被中國唐王朝滅亡後，在高句麗故土，即中國東北地區東牟山（吉林省敦化縣），以繼承高句麗精神為志向，提倡復興高句麗運動，成功地將唐勢力逐出東北，完全收復了高句麗故土，如願興建立渤海國（발해국），為建國始祖，強調自主獨立，曾經創造史稱為「海東盛國」的輝煌盛世而奠下穩固的基礎。渤海國建立後，韓半島便出現了南北兩大政權的對峙，即南方的統一新羅與北方的渤海國。

社會與文化發展

渤海國的政治制度是以中國唐制為主，政治方面，在中央設置三省六部；在地方則設置五京、十五府、六十二州與部落體制，具備中國儒家的思想文化，首都為上京龍泉府（黑龍江省寧安市）。

經濟方面，以農業為主，畜牧業、狩獵業、手工業也盛行，都非常進步發達。商業與貿易的規模頗大，十分熱絡，使得國內繁榮，都市生活蓬勃發展。在國際間，與中國、統一新羅、日本、契丹（거란），密切往來，造就了大都市的發達，以及海陸交通的熱絡聯繫。

社會方面，分為兩大階層，一是統治階層，其族屬為濊貊——高句麗系統，由高句麗遺民所構成，以大氏為中心的統治集團，以及望族六姓與貴族四十九姓；二是被統治階層，其族屬為肅慎——靺鞨系統，其中的粟末靺鞨與白山（백산）靺鞨是早期附屬於濊貊——高句麗系統，也屬高句麗遺民。此外，還有周邊族群，如漢、契丹、其他靺鞨族諸部等。民眾再區分為編戶（平民）、部曲（差役）、奴隸。

渤海國版圖的最大範圍涵蓋了今日全部的中國東北地區與韓半島北方，以及俄羅斯沿海州。

語言文字方面，渤海國有自己的語言文字，主要屬於濊貊族——高句麗系，其風俗均與高句麗一樣。同時，渤海語也具備濊貊族系的麗濟羅三國語言的遺風特徵與共通點，即使用阿爾泰語系滿——通古斯語族的韓國語（한국어）。依據成分比例而論，韓國語（高句麗語）占最大多數，而滿洲語（만주어，靺鞨語）則占少數。韓、滿這兩種語言相互混合之間產生親緣性，不同於中國漢語。由此可知，渤海語言繼承了濊貊系的韓國語——高句麗語，同時也包含著滿洲語的遺風。而渤海文字可從渤海遺跡出土的器瓦上的文字符號，來認定渤海國絕非使用中國的漢語漢文。

渤海國的五京十五府

安遠府

懷遠府

鐵利府

東平府

安邊府

郿州

鄭頡府

龍泉府
上京

率賓府

定理府

涑州

中京

銅州

東京
龍

扶餘府

顯德府

長嶺府

原府

西京

鴨綠府

南海府
南京

 社會階層

統治階層

國王與貴族
族屬為濊貊 —— 高句麗系統

↓

被統治階層

分為：編戶（平民）、部曲（差役）、奴隸。
族屬為肅慎 —— 靺鞨系統

 韓國文化小教室

新羅的骨品制度是一種社會階級制度，將貴族分為：聖骨、真骨、六頭品、五頭品、四頭品等五種等級。為保持血統純淨，不同骨品，不能通婚，屬於世襲制。

第2章 韓國古代與近代的社會文化

029

UNIT 2-11
南北國時代：
渤海國宣王大仁秀的「海東盛國」

渤海國建國始祖大祚榮為渤海國奠定「海東盛國」的基礎，歷經九代國王，到了大仁秀（宣王）時，更創造出強盛大國與「海東文明」的渤海文化，而獲有「海東盛國」的稱譽。

圖解韓國文化

國家發展

渤海國從建國始祖大祚榮奠立國家強盛的基礎，再歷經大武藝（대무예，武王）→大欽茂（대흠무，文王）→大元義（대원의，廢王）→大華璵（대화여，成王）→大嵩璘（대숭린，康王）→大元瑜（대원유，定王）→大言義（대언의，僖王）→大明忠（대명충，簡王）等國王的持續精圖力治，以致到了大仁秀（대인수，宣王）時期，更加承先啟後，發揚光大。

由於渤海國境內族群眾多，如：高句麗、靺鞨、契丹、漢等族，因此，大仁秀展現中興大業之志，運用智慧才略，以民族團結的力量與勤奮不懈的努力，眾志成城，創造出繁榮進步的國家社會，以及版圖遼闊的強盛大國，使得中國東北地區（遼東）與韓半島北部更加發達，成就了渤海國的全盛時期，更創造出東北亞的明珠，即所謂的「海東盛國」，這就是渤海國第 10 代國王大仁秀（宣王）執政時期的偉大業績，可謂是一位中興君主。

「海東盛國」的盛況

由於在文王大欽茂執政時期，與中日兩國關係友好，於是渤海國開始繁榮興盛。宣王大仁秀執政時期，國勢強盛，領土擴張，使南方的統一新羅倍感威脅。同時，積極吸收並融合周邊族群的文化，尤其是當時的盛唐文明與新羅文明，也包括昔日高句麗的高度文明，在政治、經濟、社會、文化等方面都非常繁榮鼎盛，造就了所謂的「海東文明」。

其中，儒學與教育發達，曾經偕同新羅派人赴唐深造；佛教發展迅速；文學達到巔峰，尤以詩歌最著，如：赴日使臣王孝廉（왕효렴）的作品。生活風俗含有許多高句麗的特色，如：溫突、佛像、瓦當、石室、歌舞、體育等；藝術（音樂、歌舞、繪畫、雕塑）與科學技術，均有進步的發展，也取得一定的成就，被唐王朝讚譽為「海東盛國」。

國際外交關係如下：

一、對突厥：原與突厥結盟抗唐，但因突厥暴虐而雙方決裂，受唐冊封。

二、對契丹：原與契丹關係密切，但因唐與契丹交惡，而疏遠契丹，受唐冊封。

三、對唐王朝：原為抗唐，但又受唐冊封，關係好轉而全面唐化，使「海東盛國」的時代來臨。

四、對靺鞨：曾征服靺鞨族（女真族／滿族）。

五、對新羅：曾因高句麗故地，與新羅交惡，但受契丹威脅，則不得已與新羅友好。

六、對日本：一向友好，交流頻繁，尤以經濟與文化的交流最為重要，其間曾經闡明渤海國是高句麗的延續繼承者。

渤海國的發展歷程

第**1**代 建國始祖大 祚榮（高王）	→	第**3**代 大欽茂 （文王）	→	第**10**代 大仁秀 （宣王）
國家強盛。		**與中、日關係友好。** 開始繁榮興盛。		**國勢強盛，領土擴張。** 全面輸入中國唐文明、保存 新羅文明、實踐高句麗文明。

渤海國的外交關係

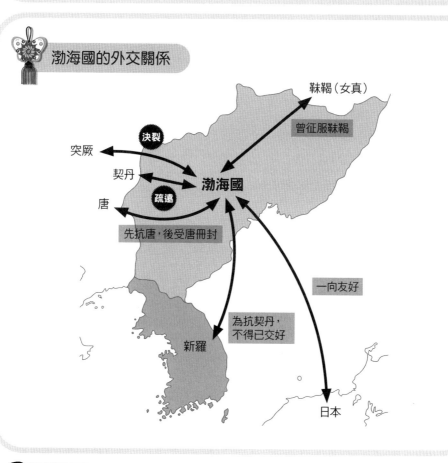

靺鞨（女真）

曾征服靺鞨

決裂

突厥

契丹

唐

疏遠

渤海國

先抗唐，後受唐冊封

一向友好

為抗契丹，
不得已交好

新羅

日本

韓國文化小教室

渤海國王族姓氏為「大」氏，源自高句麗別種，其次有「高」氏，源自高句麗王族。

UNIT 2-12
高麗王朝：建國始祖王建

統一新羅末期，後高麗與後百濟的成立，形成後三國鼎立。後高麗名將王建的崛起，統一了後三國，渤海國遺民也來投誠，進而創建高麗王朝，完成韓半島真正的國家統一大業。

圖解韓國文化

建國經緯與發展

　　王建（왕건）與父親王隆（왕융）為松岳（송악）郡（開城〔개성〕，位於北韓）豪族，曾為後高麗（후고려）國王弓裔（궁예）立功無數。但由於弓裔暴政，王建發動政變，登上王位，並將國號稱為「高麗」，成為高麗王朝（고려왕조）的開國始祖，為太祖（태조，西紀 918 年）。首都設置在松岳。「高麗」一詞，意即太祖王建決心復興古代高句麗的國家民族統一大業。

國策與社會文化

　　太祖王建創立高麗王朝後，有鑑於以往國王與國家政權的弊端，於是引以為戒，避免重蹈覆轍，而制定政通人和的國家政策，促使國運昌隆、社會繁榮與文化永續，以實踐韓半島國家民族統一大業為首要目標。國策要項有：

一、懷柔、通婚與統合政策

　　太祖王建創立高麗之後，最重要的當務之急就是對各地方豪族勢力實施懷柔政策，給予包容優待，並將全國各地方豪族與反對勢力團結融合在一起。同時，也注重人才任用的公平原則，無論是出身於統一新羅、後百濟或渤海國，完全不分族群國別，一律公正任用，並給予優渥待遇。

　　通婚政策方面，與各地方豪族與反對勢力締結婚姻，成為親戚，以便相互結合力量，並給予惠澤，有效地促成國家與社會的發展。

　　統合政策方面，繼承以往各國的舊制度，以便統合國家與民族、文物與制度、社會與文化，成為真正統一與團結的高麗王朝，比起統一新羅更加強大興盛，穩定繁榮，成功地實踐了完全統合韓半島國家民族的偉業，使中央集權體制能夠順利地徹底落實。

二、北進、遷都與信仰政策

　　北進政策方面，一向為太祖王建的收復國土計畫，如：國號「高麗」一詞，即闡明高麗王朝就是昔日高句麗的後繼國，也有「高山麗水」（고산려수）之意。特別是渤海國滅亡後，太祖王建致力以恢復高句麗與渤海國的故地與精神為宏願。這時，高麗國勢已經北達東、西北面一帶，比起統一新羅更擴展到最北之地，可謂達成再次統一的使命。

　　遷都政策方面，高麗太祖 15 年（西紀 932 年），體認到如果想要恢復高句麗與渤海國的偉業，就必須計畫開拓與遷都西京（서경，今平壤市）。但顧及邊境的女真族與契丹族將會因此來犯，遷都計畫便作罷。

　　信仰政策方面，太祖王建雖然繼承麗濟羅三國與統一新羅時期的儒學，但是執政期間，也開始依賴民間信仰崇拜，即佛教與地理風水論。他認為佛教有助於達成國策推動與國家發展的計畫，因而積極獎勵佛學，大力建造佛寺與佛塔，延攬高僧為王師或國師。而在崇尚地理風水論方面，為了使國家強大，依據地理風水的理論，深信西京地氣運勢旺盛，如果遷都到西京，則有益於國家長治久安。

高麗王朝建國前形勢

統一新羅末期，已與後高麗、後百濟，形成後三國鼎立的形式。

渤海國

名將王建

後高麗

後百濟

新羅

高麗王朝初期的國策

懷柔 包容安撫各地方豪族，平息反對人士。注重人才任用的公平原則。

通婚 與各地方豪族、反對勢力締結婚姻。

統合 繼承各國舊制度。

高麗王朝的信仰特色

❶ 繼承儒學。

❷ 積極獎勵佛學：
建造佛寺、佛塔，延攬高僧為王師、國師。

❸ 崇尚地理風水論：
深信西京地氣運勢旺盛。

韓國文化小教室

　　10 世紀時，渤海國被契丹族消滅後，末代國王大諲譔 21 年（西紀 926 年），王子大光顯帶領貴族遺民往南歸順高麗，太祖王建則以高麗王室「王」姓來賜姓，以資嘉許。

UNIT 2-13
高麗王朝前期：國家政治體制與社會制度

太祖王建創立高麗王朝後，首要任務為致力廣納與包容各地方豪族，以利國家統一。同時落實政治改革與確立新的社會階級制度，使地方豪族躍升為貴族。

國家政治體制

高麗王朝太祖王建執政的治國基本政策，是包容以往扶餘、高句麗、百濟、新羅、渤海等國的主要政策，加以融合成為單一的國家、民族與文化，成果顯著。其中，王建與豪族勢力結合後，新王朝才能順利成立。同時，再以婚姻政策來維持彼此友好關係，但卻造成外戚與豪族的動亂，使得王權難以伸張。

到了第4代國王光宗王昭（광종왕소）為了強化王權，建立中央集權體制，以便弱化外戚與豪族勢力，採用唐制，實踐改革，如：接受中國儒家思想的文化、風俗與制度，廢除奴婢制度，實施科舉制度。如此，王權穩固與社會安定，並且將外戚與豪族勢力編入中央集權的貴族社會。

到了第6代國王成宗王治（성종왕치）時期逐漸完備，即中央組織有三省（中書、門下、尚書）六部（吏戶禮兵刑工），以及與三省同等位階的中樞院。再者，設置三京，即西京（平壤）、東京（新羅古都慶州）、中京（開京，高麗首都開城）。地方組織則有京畿、五道（楊廣、慶尚、全羅、西海、交州）、兩界（東界、北界〔即西界〕）等。軍事組織則分為中央軍與地方軍，屬於徵兵制。

社會制度

在貴族社會形成方面，成宗王治時期，採納儒學大臣崔承老（최승로）所提出的《時務策》改革方案，為高麗治國的重要基礎。主張以儒家理念來強化王權，實踐中央集權的貴族社會，以貴族為中心來主導政治，反對王權的專制獨裁化。

貴族門閥誕生方面，由於高麗貴族是以異姓豪族（地方氏族）為主。因此，異姓貴族為了擴大提升自身家門勢力與地位，都會透過通婚政策，與地位較高的貴族結婚，這就是能迅速升官的捷徑，於是產生了所謂門閥，即世代為官的名門勢族或望族。其中，高麗王室為社會上地位最高的家門，能與高麗王室聯姻，便能蔚為權貴，掌控政權，贏得榮耀與聲望。從此，高麗社會成為以貴族門閥為中心的社會。

社會階級方面，高麗前期的身分制度屬於世襲制，可分為四種階層：上流、中流、下流、賤流。上流與中流屬於統治階級，具備知識水準；下流與賤流則屬被統治階級，毫無知識水準。上流為貴族身分，擁有特權，地位最高，主要成分為高麗王族、文武兩班（양반，為官職名）屬於特權階層。中流為中等身分，在宮任職的下級官吏與地方鄉吏，權益受到極大限制。下流為常民身分，從事農漁工商等活動的平民，有納稅義務，受歧視，與賤民無異。賤流為賤民身分，最低下階層，如貨物一般，毫無人權。總之，高麗前期社會的身分制度雖然是屬於世襲制，但若表現良好，還是可以往上一級晉升。所以，身分是可以隨時變動的。

政策演變

太祖 王建	包容政策，與豪族勢力結合。 造成外戚與豪族的動亂，王權難以伸張。

光宗 王昭	強化王權，建立中央集權體制。 採用唐制，廢除奴婢制度，實施科舉制度，實踐改革。

成宗 王治	政制逐漸完備。

中央	三京	地方組織	軍事組織
設三省六部及中樞院。	西京、東京、中京。	京畿、五道、兩界。	徵兵制，分為中央軍、地方軍。

社會階級

雖為世襲制，但表現良好者可往上一級晉升。

	階層	特色	組成
統治階級	上流	具知識水準、貴族身分、擁有特權	高麗王族、文武兩班。
	中流	具知識水準、中等身分	宮中任職的下級官吏與地方鄉吏。
被統治階級	下流	無知識水準、常民身分	農漁工商活動的平民，有納稅義務。
	賤流	無知識水準、賤民身分	如貨物一般，毫無人權。

韓國文化小教室

東界、西界（東北面、西北面），位於朝鮮豆滿江與鴨綠江一帶，合稱為兩界。

UNIT 2-14
高麗王朝前期：社會與文化

高麗王朝前期的社會政策以民生為重，民間風俗則重視佛教與風水，民俗節慶也多樣。
其次，教育為國家強盛之大本，教育政策的落實，使得文化發展迅速與鼎盛。

圖解韓國文化

社會政策與民間風俗

　　高麗前期社會政策有福利制度，如：救濟貧民、醫療藥品、穩定物價、給予衣食等單位。而經濟活動多以物易物為主，開始使用貨幣，但是效果不彰，難以發展。土地制度，則屬國王所有的國有制，但有權分配土地給貴族或民眾。稅務制度，民眾有納稅的義務。

　　民間風俗方面，由於太祖王建認為佛祖曾經幫助了高麗國家發展，於是開始重視佛教，佛教因而隆盛，也使高麗歷代國王都非常崇尚佛教。其中，第11代國王文宗王徽（문종왕휘）之子——大覺國師義天（王煦）最為有名，厥功甚偉，曾經促進與宋遼兩國間的佛教文化交流，編纂完成《高麗續藏經》，也是天台宗的中興始祖。當時的佛寺規模中，以興王寺最大。

　　重要民俗節日則有農曆新年（祈福、祭祖）、上元（回春）、端午（避邪）、流頭（淨身）、中秋（團圓）、重三（春至）、寒食（掃墓）、冬至（陽氣始）等。再者，也迷信原始宗教信仰，即巫術與占卜。此外，地理風水說亦盛行，太祖王建依據此說，才有將松岳遷都至西京之事。

高麗王朝前期的教育政策與文化發展

　　教育政策方面，太祖王建曾經在首都開京與西京設置學校。第4代國王光宗王昭則開始實施科舉制度，以強化王權與建立官僚制度。如此，國家教育機關到處林立。第6代國王成宗王治，首次在開京設置國子監（國立大學），為最高教育機關。而第17代國王仁宗王楷（인종왕해）則在各地方設置教育機關稱為「鄉學」。同時，以儒學教育為中心的私學教育也發達。

　　文化發展方面，文學發達，尤以漢文學最著，其原因是獎勵儒學、實行教育與科舉，最著代表人物為崔冲（최충）的文章、金富軾的《三國史記》、鄭之祥的詩歌、高僧均如的《均如傳》。再者，文學的發達，必須歸功於紙張製造技術與雕版印刷術的先進與盛行，因此，佛教、儒教經典，以及歷史、醫學、法學、文學等書籍的刊印，使文學特別發達。這也表示製紙技術的進步，紙質良好。

　　藝術活動十分發達，如：音樂、書法、繪畫、雕刻、建築、工藝等項目都很優秀。其中，音樂而言，平民喜愛俗樂（鄉樂），貴族則喜愛唐樂（俗樂）與宋樂（宮廷雅樂）。書法繪畫也受到貴族的喜愛，書法是流行中國唐人歐陽詢的筆風，繪畫則是政府設有圖畫院培養畫家，也派遣留學生赴唐深造。

　　雕刻具有十分精湛的技術，如：石造佛像、梵鐘。建築則是具有華麗雄偉的宮殿、寺院、貴族住宅，到處林立，其中以開京的滿月臺王宮與興王寺最為著名。石雕建築則以石造佛塔為代表，以漢城（首爾）景福宮（경복궁）的法泉寺智光國師的玄妙塔最為著名。工藝而言，雖然有金、銀、銅等金屬製成的器物，可是最著名的是以瓷器為代表，製作技術精美細緻，其中以翡翠色青瓷與象嵌青瓷舉世聞名。

社會政策

福利制度	經濟活動	土地制度	稅務制度
救濟貧民、醫療藥品、穩定物價、給予衣食等單位。	以物易物為主。開始使用貨幣，但效果不彰。	屬國王所有的國有制，有權分配土地給貴族、民眾。	民眾有納稅義務。

 佛教發展

太祖王建	→	第11代文宗王徽之子——大覺國師義天（王煦）
認為佛祖曾經幫助高麗國家發展，崇尚佛教。		1. 促進與宋遼兩國佛教文化交流。 2. 編纂完成《高麗續藏經》。 3. 為天台宗的中興始祖。

 教育發展

第1代 太祖王建	→	第4代 光宗王昭	→	第6代 成宗王治	→	第17代 仁宗王楷
在首都開京與西京設置學校。		實施科舉制度，國家教育機關到處林立。		首次在開京設置國子監（國立大學），為最高教育機關。		在各地方設置鄉學，以儒學教育為中心的私學教育發達。

 **韓國文化小教室**

金富軾的《三國史記》，為紀傳體的正史，以漢字撰寫而成，詳記高句麗、新羅、百濟的歷史、政治、經濟、文化等發展，是研究韓國古代史的珍貴史料。

UNIT 2-15
高麗王朝前期：國際文化交流

太祖王建十分重視與周邊的國際關係，曾與女真族（大金）、契丹族（大遼）、中國（北宋）建交，在文化與民間的交流非常活絡，關係良好，但也常有衝突事件。

圖解韓國文化

與金國（女真族）的文化交流

太祖王建建國初期（西紀 907 年），宋王朝統一中國，高麗與之邦交。在中國東北地區方面，渤海國被契丹族（遼王朝）滅亡後，許多高句麗系統的渤海國貴族都遷往高麗，而渤海國另一系統的女真族則散居中國東北各地，臣屬高麗、遼、宋等國。

爾後，女真族完顏部酋長完顏阿骨打崛起，消滅遼國，建立了大金帝國而稱帝，統一女真族諸部，並向南發展。曾經在第 15 代國王肅宗王顒（숙종왕옹）時期，與高麗建交，派遣使臣，進行官貿易與民間商人的私貿易。

由於當時的女真族仍然處於未開化階段，只能以原始土產物來進獻，以換取高麗的生活必需品（衣、糧、鹽）與奢侈品（紙、金、銀、碗）。基於雙方皆屬阿爾泰語系通古斯語族，因此關係還算良好，但是也有偶發事件。

與遼國（契丹族）、中國北宋的文化交流

太祖王建執行北進政策（收復高句麗故地）時，常遭契丹族侵略，且遼國又曾滅渤海國，因此一再拒絕與遼國建交，而與金宋兩國往來。為此，遼國曾三次侵犯高麗。後來，麗宋兩國合作反擊遼國。其間，麗遼曾進行雙邊貿易、留學等文化交流。第 8 代國王顯宗王詢（현종왕순）則祈願和平，首次進行《大藏經》木雕版印刷。爾後，麗遼兩國關係良好，同時，名僧義天（俗名王煦）曾經致力將遼國的佛經輸入高麗。

契丹族曾將高麗俘虜安置於中國東北，使高麗高度文明傳播給契丹族。而高麗也讓契丹族俘虜與一般契丹族民眾居住在生活條件優良的高麗境內，而形成了「契丹莊」村落，經營製造器皿、衣服、裝飾品等手工業，以及農業與歌舞、假面劇、擊球、鞦韆、雜技等北方風俗。麗遼雙方也進行使臣的官貿易。民間貿易也很活躍，商人私下走私，稱為「密貿易」。從高麗輸出到契丹族的，有金、銀、器皿、麻布、茶、紙、筆、墨、草席等物品；而從契丹族輸入到高麗的，則有緋緞、獸皮等物品。

自古以來，韓中（漢族中原政權）關係一直維持親善友好，文化交流密切。因此，高麗與中國北宋正式建交是在第 4 代國王光宗王昭時。此時，契丹族盤據中國東北而逐漸壯大，阻絕麗宋兩國往來的陸路，使麗宋兩國只能以海路方式來進行文物交流。

之後，麗宋遼三國鼎立於東亞地區，三角關係錯綜複雜。而在文化交流方面，絲毫不受影響，反而更加活躍。物資交流而言，麗宋貿易往來，可分為兩大類：一是官貿易，即朝貢（上呈下賜），進行物物交換的方式；二是私貿易，雙方民間私人之間，進行買賣物品，物品種類非常多樣，高麗輸出到宋的，有衣、金、銀、刀箭、文具、扇子、人蔘、皮革、瓷器等物品；而宋輸入到高麗的，則有衣、布、金、銀、玉、茶、瓷器、香料、藥材、書籍、書畫、樂器、貨幣等物品。尤其，高麗的儒學與佛教因而比起過去更加昌盛。

高麗王朝前期的外交關係

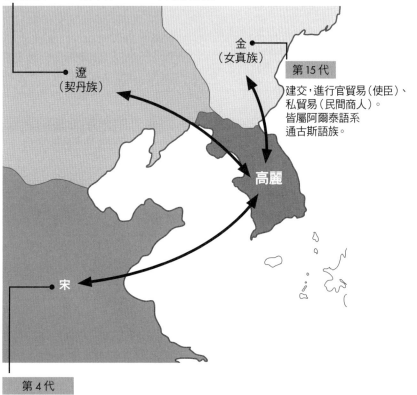

初期	第8代	第11代後
常遭契丹族侵略，與宋合作反擊契丹族。	祈願和平，進行《大藏經》木雕版印刷。	進行官貿易（使臣）、密貿易（商人私下走私）。

金
（女真族）

第15代
建交，進行官貿易（使臣）、私貿易（民間商人）。
皆屬阿爾泰語系
通古斯語族。

遼
（契丹族）

高麗

宋

第4代
正式建交。
以海路方式進行文物交流。
官貿易（使臣）、私貿易（民間商人）。

韓國文化小教室

　　由於麗宋的頻繁交流，於是產生了高麗人歸化宋，而宋人歸化高麗的現象。雙方互相歸化，也都順利取得官職，有益於恢復與增強麗宋兩國親善友好的關係。

UNIT 2-16
高麗王朝後期：政治情勢與社會風俗

高麗後期，在崔氏武臣掌權後，淪為蒙古附庸，社會風俗文化也發生巨變大亂。為此，恭愍王決心倡導反蒙運動，在名將李成桂協助下，國家得以恢復自主獨立，也振興傳統風俗文化與強化民族意識。最後，高麗逐漸式微，李成桂便掌握王權。

高麗王朝後期的政治情勢

12 世紀末，高麗後期由崔氏武臣執政，王權不彰，國家動盪不安。此時，蒙古族崛起，多次強要高麗進貢遭拒，兩國關係開始惡化。爾後，兩國關係逐漸好轉，武權崩潰，蒙古便得以干涉高麗內政。同時，必須接受蒙古族的文化風俗與政治制度，成為蒙古的藩屬國。

在蒙古的施壓下，曾一起征伐日本，但兩次征日都是失敗。最後，蒙古趁機非法占領高麗北方的東北面（雙城）、西北面（東寧）與南方的耽羅（탐라，濟州島）。

高麗末期第 31 代國王恭愍王王祺（공민왕왕기）決定採行排蒙政策，恢復失去已久的國家自主性。首先，廢除蒙古式的辮髮胡服，其次剷除親蒙勢力，恢復舊有官制，收復失土。爾後，東北面名將李成桂（이성계）的崛起，協助恭愍王，成功實現了反蒙政策，為親明派。之後，恭愍王失意被殺，與辛旽的擅政，由第 32 代國王禑王王禑（우왕왕우）掌握政權，為親蒙派。

李成桂成功征服了倭寇入侵之後，反對禑王攻打明王朝的遼東之命，而在其義兄弟暨女真族裔大將李之蘭（이지란）的大力支持下，從威化島回軍，剷除主張攻遼的禑王及其親蒙派。從此，李成桂逐步掌握高麗統治權，並且強化與明王朝的友好關係。另外，以「廢假立真」為由，將第 33 代國王昌王王昌（창왕왕창）逼退，再以「易姓革命」為由，將第 34 代國王恭讓王王瑤（공양왕왕요）廢位，來合法取得國家政權，為日後開創新興的朝鮮王朝奠定了穩固的建國基礎。最後，李成桂成功地終結了高麗王朝而登上王位。

高麗王朝後期社會的變動與風俗的喪失及恢復

高麗後期的貴族社會延續前期，分為文班（문반）與武班（무반），即兩班。但當時的中心勢力為王族與文班，武班與一般民眾則備受賤待與歧視，因此，有崔氏武臣政權的出現，採用報復手段，讓王族與文班的地位下降，武班與民眾則躍升高官，使得高麗前期社會秩序完全崩解。

同時，自第 25 代國王忠烈王王昛（충렬왕왕거）開始，蒙古異族勢力與蒙古式的風俗習慣入侵，如同殖民統治，造成高麗傳統社會與文化風俗遭到破壞，失去原有的民族自主性，國家社會陷入紊亂的危機。

所幸，有賴於李成桂領導的新進文臣勢力，剷除了親蒙派與保守舊勢力，復興了高麗王朝的獨立自主，延續了國家的正統性，有效振興固有的風俗文化，強化固有的民族意識。同時，成功地實施土地國有制度，使民生與社會逐漸趨於安定繁榮，而貴族大地主階層與保守舊勢力也就隨之沒落失勢了。李成桂為首的新進勢力，順勢地重新開創新興王朝之路——朝鮮王朝。

高麗後期的政權演變

第19代 明宗王晧

明宗王晧 26 年
武臣崔忠獻發動政變，進入武臣掌權執政時代。

↓

第24代 元宗王植

藉蒙古之力，消滅武臣政權。

→

第25代 忠烈王王昛

蒙古異族勢力與蒙古式的風俗習慣入侵。

↓

第31代 恭愍王王祺

在名將李成桂的協助下，實現反蒙政策，為親明派。被殺身亡。

↓

第32代 禑王王禑

親蒙派。被李成桂剷除。

→

第33代 昌王王昌

被李成桂以「廢假立真」逼退。

↓

第34代 恭讓王王瑤

被李成桂以「易姓革命」為由廢位。

→

李成桂取得王位，建立朝鮮王朝。

高麗後期的社會變動

王族、文班 ＞ 武班、民眾 ◀◀ **崔氏武臣政權出現** ▶▶ 王族、文班 **地位下降** ⇩

之前　　　　　　　　　之後　　武班、民眾 **躍升高官** ⇧

韓國文化小教室

　李之蘭（佟豆蘭）是活躍於高麗末期的東北面女真族大酋長，威望崇高。青年時期就與李成桂結拜為義兄弟，並歸順李成桂陣營，接受賜姓「李」，為李成桂最佳的得力助手。

UNIT 2-17
高麗王朝後期：文化發展

高麗後期文化仍然受到前期影響，佛教與儒學、文史等學術都很興盛，以漢文學為主，而印刷術、藝術、科技十分發達，因而造就許多著名學者與優秀豐碩的作品。

圖解韓國文化

佛教、儒學、文史學

佛教在高麗前期與後期都受到國家的保護而持續興盛，而佛教宗派以曹溪宗（韓國首都首爾市）為中心，非常發達，儼然成為高麗的護國神教。

儒學在高麗前期一向盛行，可是到了後期，崔氏武臣政權為了報復曾遭文臣迫害，以及蒙古入侵，而一度衰微，所幸在第 25 代國王忠烈王王昛時，曾經獎勵儒學（文學），爾後，宋代的新儒學（哲學、朱子學、性理學）傳來，使儒學再次興起。因此，新進勢力以儒學做為改革政治、社會、文化等的依據。此時，中央的國子監便改名為「成均館」（성균관）。著名的學者有李齊賢、李穡、鄭道傳、鄭夢周、權近、吉再等。

文學與史學都很發達，全以漢字撰寫的漢文學為主。文學名作，如：李奎報《東國李相國集》、李仁老《破閑集》、崔滋《補閑集》、李齊賢《櫟翁稗說》、李穡《牧隱集》、鄭夢周《圃隱集》等。史學名作，如：李奎報〈東明王篇〉、李承休《帝王韻紀》、一然法師《三國遺事》、金富軾《三國史記》、覺訓《海東高僧傳》。以上，文史學的名著都可做為研究漢文學的重要史料。

高麗王朝後期的印刷術、藝術、科技

印刷術十分發達，依據李奎報《東國李相國集》記載，最早使用金屬活字印刷術的方式，是以高宗 21 年（西紀 1234 年）的《詳定古今禮文》為代表著作，以及禑王 3 年（西紀 1377 年）的《直指心經》，為世界最古的金屬活字版本。《高麗大藏經》則是花了 16 年（高宗 23 年至 38 年），來完成工程浩大的活字木版雕刻，非常精美。恭讓王 4 年（西紀 1392 年），書籍院（中央印刷出版機關）曾以金屬活字印刷術刊印許多書籍，使日後的印刷術更加興盛。

藝術方面，受到漢詩影響，以吏讀（固有語）書寫的詩歌形式，稱為「高麗歌謠」，流行於民間；而流行於貴族社會則以漢文體（文言體）書寫的詩歌形式，皆屬於韓國語文學的優秀作品，具有極高的評價。音樂舞蹈仍然與前期一樣是流行俗樂、唐樂、雅樂。第 23 代國王高宗王晧（고종왕고）時，流行起源自統一新羅的假面劇。書法方面，流行唐代歐陽詢體，以崔氏武臣政權的崔怡為代表，東晉王羲之體以洪灌為代表；元代趙孟頫體，則以李嵒為代表。繪畫方面，李嵒的繪畫技巧十分有名。李齊賢與第 31 代國王恭愍王王祺的書法繪畫也非常有名。

由於高麗佛教鼎盛，佛教美術非常發達，以全國各地著名的佛寺中的壁畫最著，古墳壁畫也頗具高水準風格，以浮石寺（慶尚北道榮州市）為代表。建築與雕刻則以精緻技術呈現於佛寺、石塔、石鐘為著，莊嚴隆重，以景福宮（首爾市）為代表。瓷器為高麗最聞名的特產品，以黃綠色、白色系統為主，其中灰白色最為普遍而實用，稱為「高麗瓷器」。科技方面，天文地理學、外語翻譯、醫學、農業、火藥製造等技術，都非常發達。

高麗王朝前後期的文化發展比較

	前期	後期
宗教	佛教興盛	佛教興盛
儒學	儒學盛行	曾因崔氏武臣政權而衰微。 第25代忠烈王王昛獎勵儒學，引進宋王朝朱子學。
文史學	**代表作** 崔沖的文章 金富軾《三國史記》 鄭之祥的詩歌 高僧均如《均如傳》	**文學** 以漢文撰寫為主，如李奎報《東國李相國集》、李仁老《破閑集》、崔滋《補閑集》、李齊賢《櫟翁稗說》、李穡《牧隱集》、鄭夢周《圃隱集》。 **史學** 李承休《帝王韻紀》、金富軾《三國史記》、覺訓《海東高僧傳》。 **歌謠** 1. 受漢詩影響，以吏讀（固有語）書寫的詩歌，流行民間。 2. 以漢文體（文言體）書寫的詩歌，流行貴族社會。
音樂	平民喜愛俗樂，貴族則喜愛唐樂與雅樂。	俗樂、唐樂、雅樂、統一新羅假面劇。
書法	流行中國唐人歐陽詢的筆風	唐人歐陽詢體代表：崔氏武臣政權崔怡 東晉王羲之體代表：洪灌 元代趙孟頫體代表：李嵒
繪畫	政府設有圖畫院培養畫家，派遣留學生赴唐深造。	以李齊賢與恭愍王王祺最著名。
瓷器	以翡翠色青瓷與象嵌青瓷舉世聞名。	以黃綠色、白色系統為主。

 韓國文化小教室

吏讀是由新羅人薛聰所創製整理的，以漢字來記錄古代韓國語的固有語單字。

UNIT *2-18*
高麗王朝後期：國際文化交流

高麗後期的周邊國際關係多為戰事，有倭寇、紅巾賊、蒙古的入侵。而明王朝的建立，使高麗脫離蒙古壓制，可以恢復自主，因此對明一向友好，持續在文化與民間的交流。

圖解韓國文化

倭寇與紅巾賊的入侵及文化交流

高麗後期，倭寇猖獗於韓半島與中國大陸沿岸，當時日本國號為「倭國」，所以稱其掠奪者為「倭寇」。其中，第32代國王禑王王禑時，以名將李成桂為主的軍隊開始多次強力征伐倭寇，皆贏得勝利。同時，對倭寇防禦政策，則有強化海陸國防、駐防安邊策、製造強大火力武器，有效嚇阻倭寇的來犯。再者，實行懷柔政策，如：設立倭人萬戶府、締結和親，提供土地居住與糧食，但成果不彰。

外交方面，以使節往來方式，要求倭國政府約束勸導倭寇的蠻行，一起對抗倭寇。總之，倭寇的入侵也是促使高麗王朝沒落及朝鮮王朝建國的主因之一。

此外，由於中國北方興起反抗蒙古統治而叛亂的紅巾賊，有部分入侵高麗，如同倭寇侵略一般到處燒殺擄掠，曾經直逼西京（平壤）、開京（開城）一帶，但最後也是被李成桂所平定。

對蒙古與明王朝關係及文化交流

由於紅巾賊入侵後，蒙古將軍納哈出也由北方入侵高麗，想要奪取東北面（雙城）的控制權，但被李成桂所擊敗。從此，李成桂深得第31代國王恭愍王王祺的賞識。同時，住在蒙古的高麗奇氏一派（기씨일파），為了將實施反蒙政策的恭愍王王祺廢位，曾率領蒙古軍入侵高麗西北面，而欲迎入曾在蒙古王族生活的德興君為高麗國王時，也是被李成桂所殲滅。

明王朝方面，當時中國漢族為了脫離日益腐敗衰微的蒙古異族統治，興起抗蒙勢力，其中，以朱元璋最為強盛，統一中國大陸南方後，在恭愍王17年（西紀1368年），北伐滅元，建立漢族政權的明王朝，為明太祖。而蒙古殘餘勢力則逃回北方的原聚居地蒙古地方，建立新政權，史稱「北元」。

因此，恭愍王王祺時期得以完全脫離蒙古異族政權的統治，實施反蒙政策，同時斷絕與蒙古往來，廢除蒙古一切制度，恢復高麗王朝的舊制規模，也恢復了民族尊嚴與民族意識，以及韓民族原有的獨立自主，使高麗王朝政府重新掌握了國家統治政權。恭愍王王祺對明王朝的關係十分友善密切，時常派遣使臣來維持麗明兩國的友誼與文化交流。

爾後，恭愍王王祺得知奇氏一派與蒙古勢力聚合後，計畫將要侵略高麗西北面東寧府（西京），於是再度派遣李成桂，攻陷中國東北地區（遼東）的中心地，即遼陽，並宣稱該地自古以來就是高麗的領土。可是，由於當時氣候寒冷，加上糧食不足，便班師回朝。不久之後，遼東地區就成為明王朝的版圖。由此得知，雖然恭愍王王祺計畫收復東北面的北進政策效果實屬不佳，但仍與明王朝維持著深厚的親善友好關係。

高麗王朝後期的外交關係

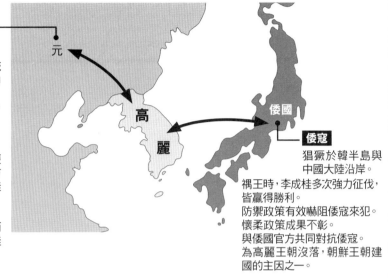

蒙古王朝時期

紅巾賊

中國北方抗蒙統治而叛亂的紅巾賊。
侵犯高麗西面，由李成桂平定。

蒙古王朝

紅巾賊之後，蒙將納哈出由北方入侵，被李成桂擊敗。
高麗奇氏一派，為推翻反蒙派而入侵，被李成桂所殲滅。

元

高麗

倭國

倭寇

猖獗於韓半島與中國大陸沿岸。
禑王時，李成桂多次強力征伐，皆贏得勝利。
防禦政策有效嚇阻倭寇來犯。
懷柔政策成果不彰。
與倭國官方共同對抗倭寇。
為高麗王朝沒落，朝鮮王朝建國的主因之一。

北元

明

高麗

倭國

明王朝時期

高麗王朝脫離蒙治，實施反元政策。
恭愍王對明王朝關係友好。
恭愍王派李成桂征伐遼東失利，遼東成為明王朝的版圖，但仍與明親善友好。

韓國文化小教室

　　高麗在蒙古干涉統治下，第 24 代國王元宗王禃為了強化王權，與蒙古王室建立婚姻關係，相互娶其女子，以利鞏固自己的王位。從其子第 25 代國王忠烈王王昛首開先例後，歷代國王都依此模式進行。因此，高麗奇氏一族的女子下嫁蒙古，成為元順帝的（奇）皇后，使得奇皇后之兄奇轍如願地順利獲得蒙古的厚待而為官，地位有如高麗國王等級。同時，還以蒙古高官的身分來掌控高麗政權，擴大權勢，足以影響王權正常運作。因此，恭愍王王祺得知奇轍企圖謀反奪權後，於是誅殺奇轍，剷除奇氏一族。

UNIT **2-19**
朝鮮王朝：建國始祖李成桂

高麗大將李成桂在女真大酋長李之蘭的後援下，東征西伐，每戰皆捷，在威化島回軍後，奠立嶄新的國基與政策，並改國號為「朝鮮」，以強化王權，造就國泰民安。

圖解韓國文化

建國經緯

　　高麗末期名將李成桂及其家族，曾從全州（全羅北道全州市）北上，在女真族聚居區的東北面（雙城）定居，同時管轄當地高麗軍民與女真族。一向驍勇善戰，曾經擊潰日本倭寇、中國紅巾賊、女真族、蒙古族等外力侵略。尤其是曾在青少年時與女真族大酋長李之蘭結拜為義兄弟，使得許多女真族諸部都向高麗來投歸化，歸附李成桂的軍事陣營，並且始終追隨李成桂東征西伐，百戰百勝，立下無數戰功。日後，在不得已奉命攻遼的威化島回軍行動中，在李之蘭的強大女真族勢力支援下，進入中央政界，並且結合親明派新進勢力，才得以逐步在第 34 代國王恭讓王 25 年（西紀 1392 年），肅清所有親蒙派保守舊勢，推翻了王氏的高麗王朝，在開京（開城）登基王位，成為朝鮮王朝的開國始祖，即太祖。因此，李之蘭始終都是李成桂的最佳得力助手。

朝鮮王朝建國初期
的國策與社會文化

　　太祖李成桂即位國王，更新國號為「朝鮮」後，便展開國家基本政策的執行，重要措施，如：遷都方面，認為必須摒棄前朝高麗首都開京及其相關舊勢力、文物、記憶、風水欠佳等因素，而決定遷都到位置優越的漢陽（한양），後改名「漢城」（서울，今首爾）。

　　崇儒抑佛方面，依照大臣鄭道傳的主張，採取崇尚儒教，排斥佛教，主要政策皆以遵循儒教理論為基礎來制定，唯一例外則是太祖李成桂仍遵奉僧侶無學大師為國師，使日後歷代國王也信佛。民間也如此，在生活上依循儒教，在精神上則更加依循佛教。因此，實際上，當時並非崇儒抑佛，而是外儒內佛，即表面實踐儒教，而內心信仰佛教。農業方面，特別重視農業生產，以防饑饉，是為重農政策，但反而忽略工商業發展，引發民怨。

　　國際外交方面，採取事大交鄰政策，「事大」即事奉明王朝為大國，施行親明路線；「交鄰」則是與北方的女真族，以及南方的日本倭寇、琉求、中南半島等國際間，維持和平友好的外交關係。爾後，歷代國王都依此慣例為準則。

　　太祖李成桂為鞏固王位，確保政治安定，對前朝王氏舊貴族與大臣都視為新王朝的子民，不圖報復與肅清，特別錄用其中的優秀人才為官吏，給予優渥待遇，以安撫收拾舊朝人心，團結凝聚對新王朝的向心力，是為穩健政策。但曾經發生謠傳舊貴族與大臣將力謀復興，太祖李成桂得知後，為了要避免前朝殘餘勢力死灰復燃，於是將王氏貴族勢力予以剷除。結果，王氏族人為了躲避殺身之禍，將其姓氏「王」字增加筆劃，改姓為玉（옥）、全（전）、琴（금）、田（전）、申（신）、馬（마）、車（차）、金（김），以及龍（용）、乃（내）等姓氏，同時隱姓埋名，淪落民間。所以，現在韓國的「王」姓人口數量約近 2 萬6000 名，為稀姓。於是，王氏的高麗王朝，被太祖李成桂成功而徹底地終結。

李成桂的興起過程

1 家族從全州北上移居女真族聚居區的東北面，管轄當地高麗軍民與女真族。

2 與女真族大酋長李之蘭結拜為義兄弟，許多女真族諸部向高麗來投歸化，並歸附李成桂的軍事陣營。

3 中國北方興起反抗蒙古統治而叛亂的紅巾賊，入侵高麗，被李成桂所平定。

4 蒙古將軍納哈出由北方入侵高麗，被李成桂所擊敗。深得第 31 代國王恭愍王王祺的賞識。

5 高麗奇氏一派與蒙古勢力聚合後，計畫將要侵略高麗，受恭愍王之命出征，失利而返。

6 第 32 代國王禑王王禑時，多次強力征伐倭寇，皆贏得勝利。

7 反對禑王攻打明王朝的遼東之命，在李之蘭的大力支持下，從威化島回軍，剷除主張攻遼的禑王及其親蒙派。

8 以「廢假立真」為由，逼退第 33 代國王昌王王昌。

9 以「易姓革命」為由，將第 34 代國王恭讓王王瑤廢位。

★ 合法取得國家政權。

 李成桂的初期國策

國號	改國號為「朝鮮」。
首都	遷到位置優越的漢陽，並改名為「漢城」。
儒佛政策	★採行崇尚儒教，主要政策皆以儒教理論為基礎。　★但仍奉僧侶無學大師為國師。　★外儒內佛：生活上依循儒教，精神上更加依循佛教。
農商政策	★特重農業生產，以防饑饉。　★忽略工商業發展，引發民怨。
外交	採事大交鄰政策。 1. 事大：事奉明王朝為大國，施行親明路線。　2. 交鄰：與各國維持和平友好。
穩健政策	對前朝貴族與遺臣，不圖報復肅清，並錄用優秀人才為官，給予優渥待遇。

韓國文化小教室

原為高麗國王的朝鮮太祖李成桂的王業肇基之地為東北面，而改國號為「朝鮮」，意為「朝陽鮮明」，表示繼承古朝鮮（檀君王儉朝鮮）的精神，同時獲得明太祖的承認。

UNIT 2-20
朝鮮王朝前期：國家政治體制與政治情勢

朝鮮前期的國家政治體制為延續前朝高麗體制，十分完備。而王位繼承問題、強化王權與安定國家社會為當務之急。但新興勢力的形成，與保守派時常對峙，危及政局發展。

圖解韓國文化

中央與地方政府體制

　　朝鮮前期的國家政治體制，仍然繼承前朝高麗王朝的中央集權體制，即國王為世襲制，官吏分為文武兩班。

　　依據《經國大典》的規定，中央方面，主要有議政府（最高政務機關）、六曹（吏戶禮兵刑工）、三司（弘文館〔學術〕、司憲府〔監察〕、司諫院〔言論〕），以及承政院（秘書）、備邊司（邊防）、義禁府（裁判）、春秋館（史料）、捕盜廳（治安）、內侍府（飲食）、內資寺（蔬果）、藝文館（記錄王命）、成均館（大學）等。

　　地方方面，主要有首都漢城府、舊都的開城府。全國行政區劃分為八道（京畿、江原、忠清、全羅、慶尚、黃海、咸鏡、平安等道）。軍事組織方面，廢除私兵，軍隊國家化，以文臣掌管。教育制度方面，中央設有文科教育，如：成均館與四部學堂（中學）；地方則設鄉校。技術教育，如：醫學、譯學、算學、律學、天文地理學。還有：武科教育、科舉制度與司法制度。

政治情勢

　　朝鮮王朝開創之初，衍生王位繼承問題，造成王子之間的流血衝突，即王子之亂。結果，太祖李成桂的五子李芳遠（이방원）如願取得王位，為第3代國王太宗（태종）。而為避免此亂事再次發生，太宗李芳遠施行重要的政策，如下：一、私兵革罷，軍隊國家化。二、遷都到漢城。三、繼續採行崇儒抑佛與制定宗廟禮法。四、在首都新設四部學堂與成均館。五、實施號牌法（身分證），以便管理十六歲以上的男子。六、設置申聞鼓，以利民眾擊鼓申冤。如此，成效非常良好。

　　同時，以舉賢方式，冊立世宗大王李祹（세종대왕이도）為第4代國王。世宗大王為著名的賢君，創制朝鮮的民族文字，即訓民正音（훈민정음，即韓文）。同時，實行外儒內佛政策、積極振興學術與整備國家各項制度，以及北方四郡六鎮的開拓，都為重要業績。其孫第7代國王世祖李瑈（세조이유）野心頗大，曾發動癸酉靖難，篡奪端宗李弘暐（단종이홍위）的王位後，引發多起的反抗事件，因此，世祖李瑈致力強化王權與中央集權，穩定了政局，其重要業績，如：獎勵儒教與佛教、計畫編纂《經國大典》法典。再者，第9代國王成宗李娎（성종이철）時，國家文物與制度發展十分迅速而完備，儒教文化也發達，確立儒教立國，王權更加鞏固，呈現太平盛世與國運昌隆，並且完成《經國大典》。

　　此外，由於儒教中的性理學風行，造成學者之間政治理念的差異而對立衝突，導致分裂為兩個學派，即官學派（支持當局）與私學派（擁護舊朝）。爾後，官學派又分裂為勳舊派（保守）與士林派（新進），兩派曾經發生嚴重的對立衝突，即爆發四次士禍（戊午、甲子、己卯、乙巳），使得勳舊派勢力擴大，掌握政權；而士林派則受到打壓而轉往鄉村研究性理學，建立書院，實施鄉約，構築各地基盤，十分發達。

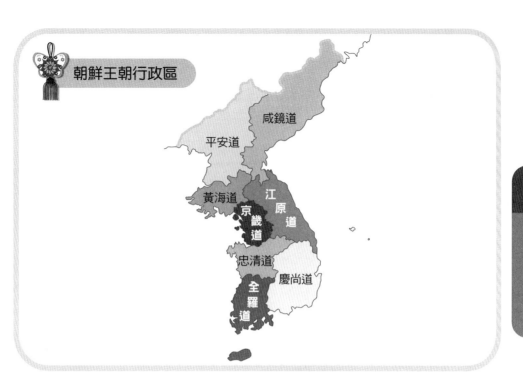

朝鮮王朝行政區

咸鏡道
平安道
黃海道
江原道
京畿道
忠清道
慶尚道
全羅道

朝鮮王朝初期大事紀

太祖李成桂
↓
定宗李芳果
↓
太宗李芳遠

世宗李祹
↓
文宗李珦
↓
端宗李弘暐

世祖李瑈
↓
睿宗李晄

成宗李娎

★創制朝鮮民族文字，訓民正音（即韓文）。
★實行外儒內佛政策、積極振興學術與整備國家各項制度。
★北方四郡六鎮的開拓與三浦開放。

★在太子之亂後，如願取得王位。
★重要政策：
1. 私兵革罷，軍隊國家化。
2. 遷都到漢城。
3. 採行崇儒抑佛與制定宗廟禮法。
4. 在首都新設四部學堂與成均館。
5. 實施號牌法（身分證），管理十六歲以上的男子。
6. 設置申聞鼓，以利民眾擊鼓申冤。
7. 以舉賢方式冊立世宗李祹為國王。

★發動癸酉靖難，篡奪端宗李弘暐的王位。
★強化王權與中央集權，穩定了政局。
★延續外儒內佛外政策。
★計畫編纂《經國大典》法典。

★確立儒教立國。
★儒教派系分裂，對立衝突。
★完成《經國大典》。

韓國文化小教室

四郡六鎮：四郡（西北面）為閭延、慈城、茂昌、虞芮；六鎮（東北面）為鍾城、穩城、會寧、慶源、慶興、富寧。

UNIT 2-21
朝鮮王朝前期：社會與文化

朝鮮前期經濟以重農政策為主，但各項產業都很發達。社會以儒教為中心，文化與科技發達。而性理學風行，使士林勢力大增，優秀人才輩出。

圖解韓國文化

社會概況

　　朝鮮前期主要產業是以農業為主。經濟方面，主張重農政策。太祖李成桂曾改革土地制度，實施科田法，以確保國家經濟基盤與農民耕作權。明定租稅制度，農民有義務負擔，以充實國家財政。而各項產業，如：農業、採礦、手工業（生活必需品）、商業等都蓬勃發展。同時，在首都漢城與舊都開城設置市廛，地方則設置場市，進行買賣。有使用貨幣，但仍以物易物為主。

　　社會制度方面，有世襲身分階級，分為兩班（貴族，文武班）、中人（下級官吏）、常民（百姓）、賤民（奴婢）等四類。家族生活方面，以儒教為中心，重視人倫與名分。

文化發展

　　第4代世宗大王李祹創制一套民族文字，名為「訓民正音」，此後編纂事業十分盛行，如：

　　一、法典：第9代國王成宗李娎（성종이혈）時期完成並刊行《經國大典》，為朝鮮王朝的憲法。

　　二、道德典籍：世宗李祹時期的《國朝五禮儀》。

　　三、歷史典籍：第3代太宗李芳遠時期，開始由春秋館史官記錄《朝鮮王朝實錄》、世宗李祹時期的《龍飛御天歌》。第7代世祖李瑈時期的《國朝寶鑑》。第5代文宗李珦（문종이향）時期完成《高麗史》、《高麗史節要》等。此外，16世紀時，士林派崇拜國祖檀君與國祖箕子，族譜學於是受到重視。

　　四、地理典籍：世宗李祹時期，梁誠知的《八道山川圖》、《朝鮮世宗實錄地理志》。成宗李娎時期，盧思慎的《新撰東國輿地勝覽》；第11代國王中宗李懌（중종이역）時期，增補完成《新增東國輿地勝覽》。

　　五、語學典籍：世宗李祹時期創制訓民正音（韓文）後，即有《訓民正音》、《洪武正韻》、《東國正韻》、《老乞大諺解》。

　　六、文學藝術：漢文學以成宗李娎時期，徐居正的《東文選》為代表；國文學以說話、時調文學為主；音樂有雅樂，以成宗李娎時期，成俔的《樂學軌範》為代表；以及俗樂、假面劇，舞蹈也受其影響而發達。

　　此外，為了要富國強兵與民生安定，便獎勵科學技術，因此，繪畫、書法、建築、雕刻、工藝、軍事、農業、醫藥、曆書、活字印刷術、製紙術、天文學、數學、武器等都十分發達。

　　在學派方面，性理學也發達，學者分為官學派（保守勳舊）與私學派（新進士林）。其中，私學派著名的有吉再、金宗直、金宏弼、鄭汝昌、趙光祖、金安國、徐敬德、李彥迪、曹植、李滉、李珥等優秀人才輩出，使性理學達到全盛期。爾後，第14代宣祖李昖（선조이연）時期，便發生不同學派的黨爭對立與衝突。由於朝鮮前期士禍事件後，使性理學者到各地鄉村鑽研學問，並建立許多書院，其中以安珦的白雲洞書院（今紹修書院）最早。從此發展成鄉約，為地方自治的規範，使士林派更加茁壯。如此，佛教便逐漸式微了。

朝鮮王朝前期歷代經典著作

太祖李成桂
↓
定宗李芳果
↓
太宗李芳遠 開始由春秋館史官記錄
《朝鮮王朝實錄》

↓

世宗李祹 創制民族文字「訓民正音」
（韓文）
道德典籍：《國朝五禮儀》
史書：《龍飛御天歌》
地理典籍：
梁誠知的《八道山川圖》、
《朝鮮世宗實錄地理志》

↓

文宗李珦 史書：《高麗史》、《高麗史節要》

端宗李弘暐
↓

世祖李瑈 史書：《國朝寶鑑》

↓
睿宗李晄
↓

成宗李娎 法典：《經國大典》（憲法）
地理典籍：
盧思慎的《新撰東國輿地勝覽》
漢文學：徐居正的《東文選》
雅樂：成俔的《樂學軌範》

燕山君李㦕
↓

中宗李懌 地理典籍：
增補完成《新增東國輿地勝覽》

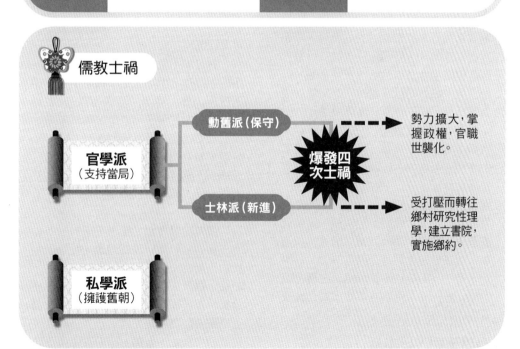

儒教士禍

官學派
（支持當局）
├─ 勳舊派（保守）─→ **爆發四次士禍** ─→ 勢力擴大，掌握政權，官職世襲化。
└─ 士林派（新進）─→ 受打壓而轉往鄉村研究性理學，建立書院，實施鄉約。

私學派
（擁護舊朝）

韓國文化小教室

《龍飛御天歌》為世宗創制「訓民正音」後，首次使用朝鮮民族文字撰寫的敘事詩，歌頌其家族「六龍」（穆翼度桓太等五祖與太宗）的偉績，也詳載女真族發展史。

UNIT 2-22
朝鮮王朝前期：國際文化交流

朝鮮前期對外政策主要是與女真族、明王朝、日本及南方諸國維持平和友好的關係。
其中，與明、女真的三邊關係，及國際文化交流最為熱絡。

圖解韓國文化

與女真族的文化交流

從太祖李成桂時期開始，對外關係一向以交鄰政策為主，如：對朝鮮建國有功的女真族大酋長暨開國功臣李之蘭為主的女真族諸部首長授予官職，並且與朝鮮通婚、納稅、服役，及協助開發其土地，使其隸屬朝鮮國民與領土，成功推行同化政策，於是雙方進行物產交易與文化交流十分密切。

到了第 3 代國王太宗李芳遠時期，尤其是李之蘭逝世後，缺乏足以安撫女真族的人才，雙方關係逐漸惡化，於是對女真族實施恩威並用的兩面策，開始對女真族的亂事展開征伐政策。但是，朝鮮也給予女真族生活物資與官職，以便安撫。如此的恩威並用的兩面策就成為朝鮮歷代國王的外交準則。

第 4 代國王世宗大王李祹時期，也與女真族關係良好，但是女真族來犯的事件逐漸增加，因此，仍以恩威策來維護朝鮮國土安全。在平定女真族後，開拓了鴨綠江流域（西北面）的四郡與豆滿江流域（東北面）的六鎮，這是北進政策，擴張了朝鮮版圖。爾後，女真族大酋長暨歸化朝鮮大臣童清禮（동청례），文武兼備，聲望如同李之蘭，為成宗、燕山君、中宗三朝懷柔與招撫女真族的最有力人士。

與明王朝、日本及南方諸國的文化交流

對明王朝方面，太祖李成桂在高麗末期禑王王禑時期開始，對明一向主張採取事大主義的外交政策，目的是與先進大國的中國維持和平友好關係，最顯著例子就是李成桂的威化島回軍事件，反對攻明王朝的遼東而撤軍。再者，太祖李成桂的新國號「朝鮮」，以古朝鮮（檀君王儉朝鮮）的繼承者自居，也報請明王朝的認可。於是，兩國外交關係非常密切。

朝鮮與明王朝、女真的三邊關係方面，在太宗李芳遠時期，李之蘭逝世後，朝鮮與明王朝發生對遼東女真族統轄權之爭議。雖然爾後女真族入明王朝，但女真族與朝鮮仍然維持比明王朝更緊密的親善關係。

對日本（倭寇）方面，採行恩威並用的兩面策。世宗大王李祹時期，曾經開放釜山浦、薺浦（慶南昌原）、鹽浦（慶南蔚山）等三個港口，與日本進行貿易活動。但在第 11 代國王中宗李懌時期，發生朝鮮曾誤殺倭人，而引起三浦倭人不滿而作亂，稱為「三浦倭亂」。爾後，雙方於是協同擊潰倭寇，建立了友好關係。

南方諸國方面，琉求王國對朝鮮、明王朝兩國一向皆視為大國，時常以多樣的土產物，如：糧食、香料、布料、織品、農具、農產品、動植物、工藝品等來朝貢，進行貿易交流。同時，琉求也是東南亞國家與朝鮮、日本之間貿易往來的中繼站，泰國、印尼等東南亞船隻都是經由琉求來到日本，再到朝鮮，並以土產物來朝貢，進行貿易交流。因此，朝鮮與琉求等南方諸國的關係一向互信友好。

朝鮮王朝前期的外交關係

對女真族

太祖李成桂
授予官職、採同
化政策。

太宗李芳遠
李之蘭逝世後，
採用恩威並用的
兩面策，也針對
女真族亂事展開
征伐。

世宗大王李祹
以恩威策維護國
土安全，以北進
政策開拓西北面
及東北面版圖。
童清禮為女真族
大酋長暨歸化朝
鮮大臣。

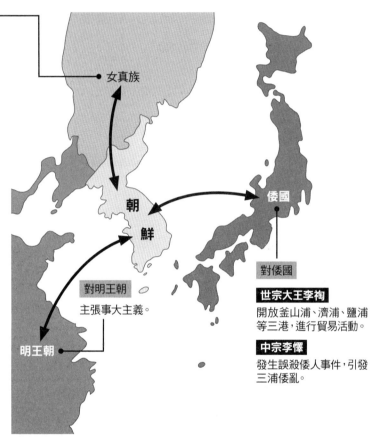

女真族

朝鮮

倭國

對明王朝
主張事大主義。

明王朝

對倭國

世宗大王李祹
開放釜山浦、濟浦、鹽浦
等三港，進行貿易活動。

中宗李懌
發生誤殺倭人事件，引發
三浦倭亂。

韓國文化小教室

　　明廷曾派遣王得名、王迷失帖、王可仁、王教化等遼東女真官員，在遼東女真地區設置
建州衛、建州左衛、建州右衛等三衛，因此，史稱「建州三衛」、「建州女真」。

UNIT 2-23
朝鮮王朝後期：政治與社會

朝鮮後期，以士林分裂的黨爭、外戚專橫的勢道政治、政府內部的變亂最為嚴重，為此，促使了國家制度革新與健全，也促成社會繁榮。而鎖國與對外開放政策各有利弊，奠立了朝鮮近代化的基礎。

圖解韓國文化

政治面：危機與鎖國開港

朝鮮後期，中央政治出現三大危機，使國家社會陷入不安。

一是黨爭：第 14 代國王宣祖李昖時期開始，在日本倭寇與胡人（女真族）兩亂的外力侵犯下，又發生兩班官僚階層爭權奪利而對峙與分裂，造成多次的黨爭。直到第 22 代國王正祖李祘（정조이산）時期，便注重各派和諧，使王權強化，政治安定，文化發達。

二是勢道政治：正祖李祘時期，寵臣或戚臣以其家門勢力獨裁操弄國政，使王室威信盡失，並引起民眾叛亂。為此，實施了政治與經濟改革，使王權與國防強化，農業、商業、各種產業與國際貿易等持續進步與繁榮。

三是軍亂與政變：由於閔氏勢道對新舊式軍隊的待遇不公，以及朝鮮出現保守派（親清、事大）與開化派（親日）兩大勢力的對立，使國家局勢紊亂。

此外，朝鮮一向對西方國家採取鎖國政策，以第 26 代國王高宗李熙（고종이희）的父親興宣大院君（흥선대원군）李昰應（이하응）執政時期最著。爾後，其子與閔妃（明成皇后〔명성황후〕閔茲暎〔민자영〕）執權後，應日本要求，進行對外門戶開放，接受西方新的文物與制度，史稱「開港（開化）時期」，為朝鮮近代化的開端。而反對門戶開放者（保守派、儒生）則稱為「衛正斥邪派」。

社會面：東學運動與清日戰爭與近代化的改革

對外門戶開放後，清日兩國對朝鮮進行嚴重的侵奪，尤以農民權益受害最深，農村社會經濟幾乎崩潰。因此，農民為維護民族經濟自主權益，在高宗 31 年（西紀 1894 年），與東學教徒結合組織為解救國族的義兵，舉行大規模的革命運動，稱為「東學運動」（동학운동），也是衛正斥邪運動的延伸，其訴求為消滅貪腐、革新政治、驅逐外勢。朝鮮政府向清王朝請求軍援，而引起日本不滿而出兵侵入，造成清日戰爭（中日甲午戰爭），清王朝則戰敗。朝鮮政府只好與日軍聯合，成功地鎮壓東學運動。東學義兵可說是最早的抗日義兵。

清日戰爭結束後，朝鮮割讓給日本統治，並且實施政治改革，即驅逐閔妃一派，恢復興宣大院君李昰應掌權，成立親日的政治體制，稱為「甲午更張」。在中央官制、財政、經濟、社會制度等方面，都必須依照日本模式，目的在迫使朝鮮向日本表示忠誠，同時，要求永久斷絕與清王朝的密切關係，因此，日本才有更加合理化的藉口來干涉朝鮮的政治、經濟、文化等各層面。如此，引發朝鮮民眾更加憎惡日式的改革，造成為數不少的反日人士。但是其間，朝鮮接納了近代先進的文物，以通信（郵政、電信）、交通（鐵路、電車）、醫療（醫院）、建築（獨立門、德壽宮、明洞聖堂）等設施為主，可說是邁向近代化社會的改革時代。

朝鮮王朝後期大事紀

宣祖李昖

┃
光海君李琿
┃
仁祖李倧
┃
孝宗李淏
┃
顯宗李棩
┃
肅宗李焞
┃
景宗李昀
┃
英祖李昑
┃

正祖李祘

┃
純祖李玜
┃
憲宗李烇
┃
哲宗李昇
┃

宣祖李昖

★日本倭寇、
胡人（女真族）兩亂。
★兩班官僚對峙分裂，
造成黨爭。

正祖李祘

★黨爭方面，注重各派和諧。
★勢道政治：
1. 寵臣或戚臣以其家門勢力
獨裁操弄國政。
2. 實施政濟改革，各種產業
與國際貿易進步繁榮。

高宗李熙

高宗李熙

★即位時年幼，由生父興宣大
院君李昰應執政，採鎖國政
策。
★開港（開化）時期：
高宗與閔妃執權時，應日本
要求而開放，接受西方新的
文物與制度。
★東學運動與清日戰爭

門戶開放後，農民權益受
害最深。

↓

農民與東學教徒結合，舉
行大規模的革命運動。

↓

朝鮮向清王朝求援，引發
日本不滿而入侵。

↓

清王朝戰敗。

↓

朝鮮與日本合作，成功鎮
壓東學運動。

↓

清日戰爭結束，由日本統
治朝鮮，驅逐閔妃一派，恢
復興宣大院君掌權，成立
親日政體。

純宗李坧

韓國文化小教室

　　閔妃（閔茲暎），為朝鮮高宗李熙的王妃。高宗年幼即位，其生父興宣大院君攝政（親
清鎖國的保守派）。爾後閔妃、高宗（親日開放的開化派）與大院君發生對立而改走親清
路線。在清日戰爭後，清敗後，閔妃失勢，想要聯俄抗日，結果被日軍所殺害。後來，高
宗改朝鮮國號為「大韓帝國」，自立為皇帝，並追封其妻閔妃為「明成皇后」。

UNIT 2-24
朝鮮王朝後期：文化與思想

朝鮮後期的思想學界呈現新興風氣，即實學。英正時代學風鼎盛，為後期的黃金時代。此外，制度改革論、藝術、科技都很發達。新興民族宗教東學則力抗西學（西洋天主教）。

圖解韓國文化

編纂事業、文學與史地學

西方的天主教在第 22 代國王正祖李祘時期，首次傳入韓半島，受到民眾極大歡迎，但是也有反對者，於是本土宗教「東學」（동학）因而興起。

同時，也出現新學風，即實事求是，追求現實、實際、改革、創新、進步等精神的學問，稱為「實學」（실학），著名的實學派學者有韓百謙、李睟光、柳馨遠、李瀷、丁若鏞、李肯翊、柳得恭、金正浩、朴趾源、朴齊家等。

學術方面，編纂事業、文學與史地學等十分發達，主要是第 21 代國王英祖李昑（영종이금）與正祖李祘時期學術發達，可媲美前期第 4 代國王世宗大王李祹的黃金時代，而稱為後期的黃金時代。著名書籍有：《法典通編》（正祖，法學）；《承政院日記》（哲宗，史學）；《東國文獻備考》（英祖，史學）；《訓民正音諺解》（英祖，語言學）；許浚《東醫寶鑑》（光海君，醫學）；《國朝曆象考》（高宗，天文學）。

正祖李祘的性理學與漢文學涵養深厚，為了振興儒學，集結其著述的詩文為《洪齋全書》，為韓國歷代唯一的帝王文集。而個人著作，著名的有：朴趾源《熱河日記》（正祖，漢文學）；許筠《洪吉童傳》（光海君，國文學）；韓百謙《東國地理志》（光海君，地理學）；安鼎福《東史綱目》（英祖，史學）；李肯翊《燃藜室記述》（朝鮮史，英祖，

史學）；柳得恭《渤海考》（英祖，史學）；金正浩《大東輿地圖》（地圖精準，哲宗，史學）。

改革論與藝術、科技、道教與東學

朝鮮後期興起各種制度（政經農為主）的改革論，著名的學者多為實學派。

同時，藝術方面：

一、音樂：有雅樂（宮廷）、時調（兩班）、俗歌（庶民）、人形劇（賤民）等四類。

二、書畫：以金石體與山水風俗畫為主，以金正喜為最著。

三、建築：城廓以平壤、漢城為最著；宮闕以昌德宮與景福宮為最著；佛寺以江華島的傳燈寺（仁川）、俗離山的法住寺（忠清北道）為最著。

四、工藝：白磁業衰微；漆器，如桌、櫃、盒等，裝飾精緻，十分興盛。

科學技術方面，以富國強兵與民生繁榮為目標，如：天文、地理、醫藥、農業、礦業、武器、活字印刷術等都很發達。

再者，道教原被士林視為異端而遭排斥，但此期引起部分在野知識份子的關心，以古朝鮮的天帝桓因、天王桓雄與始祖檀君王儉為道教始祖。其影響有：秘記、讖書、預言思想盛行於民間，小說、民話的出現，以及本土新興宗教「東學」的成立。

朝鮮王朝後期歷代經典著作

光海君李琿	許浚 　《東醫寶鑑》（醫學） 許筠 　《洪吉童傳》（國文學） 韓百謙 　《東國地理志》（地理學）	正祖李祘	《法典通編》（法學） 正祖李祘 　《洪齋全書》（詩文著作） 朴趾源 　《熱河日記》（漢文學）
仁祖李倧			
孝宗李淏		純祖李玜	
顯宗李棩		憲宗李奐	
肅宗李焞			
景宗李昀		哲宗李昪	《承政院日記》（史學） 金正浩 　《大東輿地圖》（史學）
		高宗李熙	《國朝曆象考》（天文學）
英祖李昑	《東國文獻備考》（史學） 《訓民正音諺解》（語言學） 安鼎福 　《東史綱目》（史學） 李肯翊 　《燃藜室記述》 　（朝鮮史，史學） 柳得恭 　《渤海考》（史學）	純宗李坧	

 韓國文化小教室

東學運動

創始人暨第 1 代教主 崔濟愚	·哲宗 11 年（西紀 1860 年）時成立，因不滿當時國家社會 　混亂，更反對「西學」，而對稱自創「東學」。 ·以傳統民俗信仰為基礎，再融合東方儒、佛、道三教的優點， 　主張人乃天的天人合一思想為基礎，倡導平等與人道主義， 　反對社會階級身分。 ·深獲大眾的熱烈迴響，勢力迅速擴大，但遭政府鎮壓，後又 　被判處死刑。
第 2 代教主 崔時亨	繼續領導東學農民運動。

UNIT 2-25
朝鮮王朝後期：國際文化交流

朝鮮後期，東亞地區國際秩序以清王朝為中心，一心向明的朝鮮只有認同與清交鄰。而韓中日三國之間雖有零星衝突，但仍維持著國際文化交流。

圖解韓國文化

外來侵略：日本倭亂與女真胡亂

朝鮮後期發生兩大外來侵略，即日本倭寇的倭亂與女真族的胡亂。在倭亂方面，朝鮮王朝一向與明王朝的國交與文化交流友好親善，但在朝鮮第 14 代國王宣祖李昖時期，由於悍拒日本大將豐臣秀吉突然要求朝鮮出兵協助侵略中國明王朝，日本轉為進攻朝鮮，於是水軍將軍李舜臣（이순신）以其發明的鐵龜船（거북선）擊潰倭軍，威震四方。

倭軍之中的大將沙也可（사야가）由於熱愛朝鮮文化，便向朝鮮政府投誠，同時協助擊退倭軍有功，被賜名為金忠善（김충선），此役稱為「壬辰倭亂」。之後，韓中日三方談判破局，日本再度侵略朝鮮，朝鮮、明王朝則結盟，共同掃蕩倭軍，稱為「丁酉倭亂」。

兩次倭亂的影響：一、日方再請求與朝鮮恢復國交。二、明王朝受戰禍而導致滅亡，朝鮮則國力衰退。三、日本則文化上受惠最深，即在侵略時，掠奪朝鮮文物、書籍、人才等資源，加以利用吸收，國力逐漸強化。

胡亂方面，「胡」是指胡人女真族。宣祖李昖時，女真族酋長努爾哈赤統一女真族諸部，建立大金王朝（後金），對明造成威脅，對朝鮮則友好親善。第 16 代國王仁祖李倧（인조이종）時期，改採親明策，清（後金）太宗皇太極得知後，便興兵攻打朝鮮，稱為「丁卯胡亂」。雙方議和，約定「兄（清）弟（朝鮮）之盟」。但是，朝鮮仍然與明親善友好，於是皇太極再次率兵攻打朝鮮，

稱為「丙子胡亂」。雙方再次議和，約定「君（清）臣（朝鮮）之盟」，並與明斷交。

對清王朝關係：北伐論、和平交流與韓中國界劃定

朝鮮第 16 代國王仁祖李倧時期，經過兩次胡亂後，所受影響極大，於是有北伐清王朝的論點，反清復明的意識有升高之勢。於是第 17 代國王孝宗李淏（효종이호）積極推動北伐清的計畫，但最後無法實現。爾後，只好與清王朝進行和平的國際文化交流。由於清王朝已經統一整個中國大陸，成為大國，朝鮮也逐漸接受與認同，於是雙方交流頻繁。第 19 代國王肅宗李焞（숙종이순）開始，逐漸降低對清王朝的敵意，雙方官方、商務及特產品交易、民間交流等活動規模更加盛大。朝鮮給予清的，有苧麻、紙張、毛筆、毛皮、草墊等；而清給予朝鮮的，則有緋緞、銀、書籍等。

再者，肅宗李焞時，朝鮮與清的兩國國界產生劃定問題，即朝鮮認為女真族之地原屬高句麗與渤海國的領土，應為朝鮮固有版圖；而清王朝則認為自己為女真族所創建的國家，所以，女真族（滿族）之地仍屬於清王朝的國土，尤以白頭山（長白山）為朝鮮民族與女真民族共同認定的民族聖山而具有爭議。於是，雙方登上白頭山設置定界碑，東側以豆滿江，西側以鴨綠江為韓中兩國邊界，朝鮮失去昔日遼東固有領土。

朝鮮王朝後期的外交關係

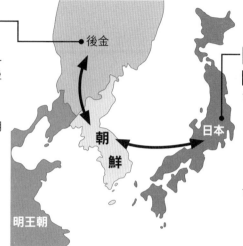

女真族

宣祖李昖

女真族酋長努爾哈赤統一女真族諸部，建立大金（後金），對朝鮮友好親善。

仁祖李倧

改採親明策，引來丁卯胡亂、丙子胡亂。

後金

日本

宣祖李昖

★壬辰倭亂：
　拒絕日將豐臣秀吉出兵協助侵略明王朝的要求，日本轉為進攻朝鮮。
　水軍將軍李舜臣擊潰倭軍。
★丁酉倭亂：
　韓中日談判破局，日本再次侵朝鮮。與明王朝結盟掃蕩倭軍。

明王朝

朝鮮

日本

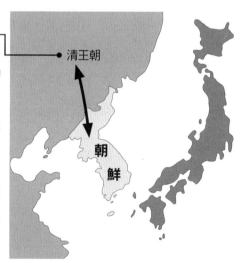

清王朝

仁祖李倧

提出北伐論，反清復明的意識有升高之勢。

孝宗李淏

推動北伐清計畫，但最後無法實現。

肅宗李焞

1. 對清的敵意逐漸降低，雙方使臣與商人貿易往來規模更大。
2. 雙方登上白頭山設置定界碑。

清王朝

朝鮮

韓國文化小教室

　　金忠善（沙也可）將軍，在壬辰倭亂時，領兵登陸釜山後，立即被朝鮮的優越文化與美麗風景所吸引，便向朝鮮政府輸誠。他主張日本的侵略是毫無正當性，而對日本感到不滿，因此歸化朝鮮，與朝鮮共同抗倭，立功無數，獲得賜姓授官。

UNIT 2-26
大韓帝國時期與韓國光復初期

大韓帝國時期面對固有疆域、民族獨立及光復後的韓國發展等課題，都是十分強調國家的自主獨立、振興民族文化，繁榮社會生活，因此，這個階段可說是韓國近代化時期。

圖解韓國文化

大韓帝國的始末與韓國固有疆域：間島與獨島問題

　　大韓帝國（대한제국）成立的原因是，朝鮮高宗 32 年（西紀 1895 年），國政落入日本操縱，由親日派積極推動日式改革的開化政策，引起民眾極度反日，因此親俄政權形成，第 26 代國王高宗李熙便宣布改國號為「大韓帝國」。同時實行改革，稱為「光武改革」。

　　有鑑於大韓帝國政府將國家利益割讓給外國，因此，成立獨立協會加以抗衡。但在 1910 年，韓日兩國簽訂《合邦條約》，大韓帝國正式被併吞。長達 519 年國祚的朝鮮王朝滅亡了。日本統治韓半島的事實曝光後，民眾便組織義兵，展開民族抗日的救國運動。

　　再者，間島（中國東北吉林省延邊朝鮮族聚居地）與獨島（韓國東部東海）問題方面，自古應屬韓國固有領土，但日本為謀取私利，將間島歸為清王朝的領土，此外也強奪獨島，並編制為日本領土。1945 年，日本在二戰敗降後，獨島得以回歸韓國。

大韓帝國成立後的各項運動與韓國光復後的社會文化

　　大韓帝國成立後，產生了愛國救國的啟蒙運動，目的是要喚起恢復國家自主獨立，振興民族意識與民族精神。此時的近代文化成長有：各種協會與新聞報業成立、學校與學術團體林立、新文藝作品多樣化與廣泛活用韓文、國學（國語學與國史學）發達、本土與外來宗教並重、西方科技與醫學輸入、文化設施普及。

　　日本帝國主義殖民韓國後，在政治、經濟、社會、教育、文化等方面，進行打壓與掠奪，屠殺反日愛國人士，鎮壓自由與人權，落實完全日本化，其間，國內外愛國志士陸續展開許多抗日救國的獨立運動，以光復韓國為目的，稱為「三一獨立運動」（1919 年 3 月 1 日）。此時，也有國學運動，以學術與文化的方式來對抗日帝的文化侵略，即建立正確的國族歷史文化觀、振興及發展韓國語文與藝術、維護古蹟、成立各種學術團體，以闡揚民族意識。

　　此外，有重視兒童少年身心與培養愛國的社會社團，稱為「少年運動」，也有社會運動，是以經濟為主，主張愛用國貨，團結一致。如此，提高了國民生活品質。最後，日本終於在 1945 年，遭美軍原子彈攻擊而投降，韓國也光復了。可是，卻發生國家民族的分裂與對立，雙方以北緯 38 度線為停戰線，蘇聯首先扶植朝鮮（北韓）政權。而大韓民國（南韓、韓國）在美國監督下，隨後成立。1950 年 6 月 25 日南北韓戰爆發，戰爭長達三年之久，雙方僵持不下而仍然維持對峙的緊張狀態。其中，朝鮮在領導人金日成執政下，經濟發展十分快速，社會高度繁榮，有如「千里馬」，甚至超越韓國。而韓國在大統領朴正熙領導下，經濟高度發展，社會也繁榮，其中「漢江奇蹟」最令世人讚譽，因而有韓國經濟與現代化之父的美譽。

從朝鮮王朝到南北韓對立

朝鮮高宗 32 年	國政落入日本操縱

↓

高宗李熙	改國號為「大韓帝國」，實行改革。

↓

1910 年	韓日兩國簽訂《合邦條約》，大韓帝國正式被併吞。

↓

	民眾組織義兵，展開民族抗日。

1919 年 3 月 1 日	三一獨立運動

↓

1945 年	日本遭美軍原子彈攻擊而投降。

↓

	蘇聯扶植朝鮮政權，美國扶植大韓民國。

↓

1950 年 6 月 25 日	南北韓戰爆發，長達 3 年。

南北韓對峙，以北緯 38 度線為停戰線。

朝鮮	金日成執政下，經濟發展十分快速。

韓國	朴正熙領導下，經濟高度發展，創造「漢江奇蹟」，有「韓國經濟與現代化之父」的美譽。

大韓帝國的國旗與國花

大韓帝國國旗　　大韓帝國國花

韓國獨立運動領袖

金九
（1876~1949）

名「昌洙」，因宗族排行第九，通稱「金九」。早年參與東學黨起義，之後成為韓國獨立運動的領導人。在戰後遭暗殺身亡。被尊稱為「韓國的國父」。

 韓國文化小教室

　　大韓民國的「韓」的由來是位於南方的古代三韓之故，在韓國語的固有語中，有「大」、「一」之意；而朝鮮（北韓）則是位於北方的古朝鮮（檀君朝鮮）之故。

ㄴ ㅇ ㅅ
ㅎ ㄱ
ㄹ ㄷ

한글

第3章
韓國現代的精神文化

韓國的現代精神文化，反映了過去韓民族的傳統精神與歷史文化的固有價值。以韓民族的精神文化，來展現出現代韓國國民對國家的向心力，即培養國家自主獨立的主體觀、民族自尊心、愛國意識，以達到團結一致為目標。

UNIT **3-1**

韓國的國家象徵（一）： 國號、國旗及國歌

一個自主獨立的國家，必須要有自己的國號、國旗及國歌，代表一個國家的精神，是為國家的象徵。而韓國國號為「大韓民國」，國旗名為「太極旗」，國歌稱為「愛國歌」。

圖解韓國文化

國號與國旗

韓國正式的國號稱為「大韓民國」（대한민국），為自由的民主共和國。簡稱：韓國、大韓、韓、南韓。「韓」的意思有「大」（偉大、廣大）、「一」（唯一、神聖）、「中央」、「中心」、「王」（領導者、王道）等。

就古代而言，韓國的國號有：朝鮮、韓、東國、青丘、海東、大東、震、槿域（槿為槿花，即無窮花）、錦繡江山、東方禮儀之國。而韓或大韓是以韓族（韓民族）為中心的韓，也是以韓國古代史中的三國——馬韓、辰韓、弁韓為主的韓，因此，1897年，曾制定國號為「大韓帝國」，1919年，曾在中國上海成立大韓民國臨時政府，制定國號為「大韓民國」，以繼承「大韓」的正統性。

韓國的國旗，是以白色為底，中央有紅色（陽）與藍色（陰）的太極圖形，四個角落則有乾、坤、坎、離四卦圍繞，國旗名字稱為「太極旗」（태극기）。最早出現在朝鮮後期的1882年，第26代國王高宗李載晃（李熙）時期，製作象徵國王的御旗，稱為「太極八卦圖」。後來，由朴泳孝設計四卦的「太極旗」，一直使用到大韓帝國時期。到了1948年，大韓民國時期，依據四卦太極旗，正式制定國旗規格，正式將國旗命名為「太極旗」。

國歌

韓國的國歌為稱為《愛國歌》（애국가），一般認為歌詞是由19世紀末的政治家尹致昊或安昌浩撰寫，而由音樂家安益泰譜曲。共分為四段及副歌一段，韓文歌詞原文與中文翻譯，如下：

동해물과 백두산이 마르고 닳도록.
하느님이 보우하사 우리 나라만세.
（即使東海水與白頭山乾涸磨禿。天神保佑之下，我們的國家萬歲。）

남산 위에 저 소나무 철갑을 두른 듯.
바람 서리 불변함은 우리 기상일세.
（在南山上，那松樹像鐵甲一樣圍繞著。強大的風霜，也無法改變的是我們的氣魄。）

가을 하늘 공활한데 높고 구름 없이.
밝은 달은 우리 가슴 일편단심일세.
（秋季天空廣闊高聳無雲。明月是我們心胸的一片丹心。）

이 기상과 이 맘으로 충성을 다하여.
괴로우나 즐거우나 나라 사랑하세.
（盡全力以我們的氣魄與忠誠。不論痛苦或愉悅，都熱愛國家）

무궁화삼천리 화려강산.
대한사람 대한 으로 길이 보전하세.
（無窮花三千里，華麗江山。大韓國人長久地保全大韓。）

韓國國旗的變遷

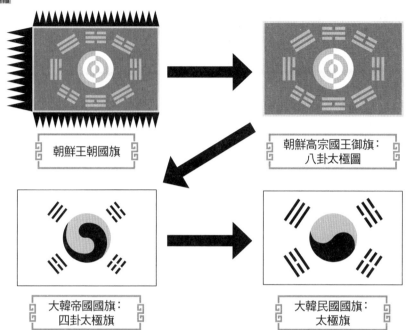

朝鮮王朝國旗

朝鮮高宗國王御旗：
八卦太極圖

大韓帝國國旗：
四卦太極旗

大韓民國國旗：
太極旗

太極旗的代表意義

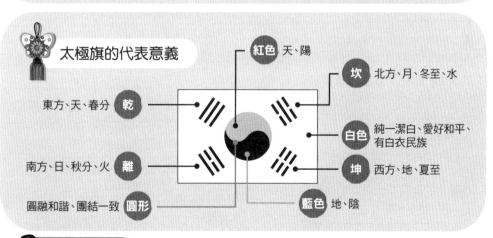

紅色 天、陽

坎 北方、月、冬至、水

東方、天、春分 乾

白色 純一潔白、愛好和平、
有白衣民族

南方、日、秋分、火 離

坤 西方、地、夏至

圓融和諧、團結一致 圓形

藍色 地、陰

> ### 韓國文化小教室
>
> 　　太極旗的代表意義：白底代表純一潔白、愛好和平，韓民族自古崇尚白色，有白衣民族之稱，也代表國土，含有神聖的疆域之意。太極代表一圓相，即宇宙天（上：紅為陽）地（下：藍為陰）的相對和合，而圓融和諧、平衡穩定地繁榮成長，也代表韓民族是團結一致的單一民族。而四卦，即乾、坤、坎、離，各自代表為：1.自然：天、地、水、火；2.季節：夏、冬、秋、春；3.方位：南、北、西、東；4.四德：禮、智、義、仁；5.五行：火、水、金、木；6.家庭：父、母、女、子。

UNIT 3-2
韓國的國家象徵（二）：
國土、國花及國徽

圖解韓國文化

一個自主獨立的國家，必須有自己的國土、國花及國徽，代表其存在與精神象徵。韓國國土包括韓半島及其領海與諸島；國花為無窮花；國徽則象徵韓國國家的形象。

韓國的國土

韓國的國家領土稱為「韓半島」，也包括其周邊領海及島嶼約 3000 多個。位於東亞北部，三面環海，東有東海（日本海），西有西海（黃海），南有南海，東南有大韓海峽。北則以鴨綠江及豆滿江（圖們江）與中國東北地區為界，長度為 1,416 公里；也以豆滿江下游與俄羅斯為界，長度為 19 公里。

韓國境內還有一個北方的國家，即朝鮮。1948 年時，雙方以北緯 38 度線為界的南北韓非軍事區相隔，南北長度為 4 公里，東西寬度為 248 公里。韓半島總面積約為 223,348 萬平方公里，其中，韓國面積約為 10 萬平方公里，朝鮮面積約為 12 萬平方公里。南北長度為 1,100 公里。海岸線總長度為 8,460 公里。人口總數約 7,700 萬，其中，韓國人口數為 5,200 萬，朝鮮人口數為 2,500 萬。

韓半島地形是北高南低，東高西低，有三分之二是山地。白頭大幹（백두대간）位於從韓半島朝鮮白頭山一直延伸到韓國智異山，總長度為 1,625 公里，為構成韓半島的主幹脊樑，其中太白山（태백산）縱貫朝鮮南部到整個韓國，為韓國最長的山脈，全長約 500 公里，平均海拔 1000 公尺。而太白山脈北部的雪嶽山（설악산）是韓國東部最高峰（1,708 公尺）。漢拏山（한나산）位於濟州島中部，是韓國最高峰（1,950 公尺）。智異山（지리산）則是位於韓國西部，為韓國本土最高峰（1,915 公尺）。河流一般是由北向南或由東向西入海，其中，洛東江（낙동강）是韓國第一大河，北起太白山脈流經大邱，南至釜山流入大韓海峽（525 公里）。漢江（한강）則是韓國第二大河，流經韓國首都首爾（514 公里）。

島嶼以濟州島為韓國面積最大（1,840 平方公里），位於南海。尤其是獨島、鬱陵島等島嶼約有近 40 個，位於東海，都具有重要的經濟價值。

韓國的國花及國徽

韓國的國花是「無窮花」（무궁화），又稱為槿花（근화），有五片花瓣，花瓣底部有紅色，稱為「丹心」。花朵有白、粉紅等多樣色彩，中央有長形的花蕊。夏秋（7 至 9 月）季為開花期。由於特色為早上開花，晚上凋謝，反覆進行，生生不息，具有無窮的生命力，因此，韓國將槿花稱為無窮花，象徵韓民族生命力強，一片丹心（赤膽忠誠），以及含有美麗高尚之意。

韓國的國徽是在 1963 年制定，目的是用以表現韓國的國家意識形態。國徽中央為金黃色的無窮花，金黃色象徵繁榮茂盛。底色為白色，象徵和平純一。無窮花的中央有國旗的太極圖案，即國花（無窮花）與國旗（太極旗）的結合，代表國運昌隆。而外有一條白色飾帶環繞，飾帶底部為藍色部分，印有「大韓民國」的韓文字樣。

朝鮮半島地形圖

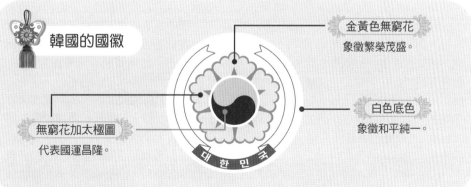

韓國的國徽

金黃色無窮花
象徵繁榮茂盛。

白色底色
象徵和平純一。

無窮花加太極圖
代表國運昌隆。

韓國文化小教室

　韓半島最高峰為朝鮮民主主義人民共和國的白頭山（長白山，2750 公尺），古稱不咸山、太白山，為韓民族與女真族（滿族）共同的民族發源地，也是共同的民族聖山。據說是檀君王儉朝鮮的誕生地，由於位於韓中交界處，是為界山。山上有著名的天池。

第3章 韓國現代的精神文化

067

UNIT 3-3
韓國的民族：韓民族

韓國民族的先世族屬為濊貊民族，現代族名為韓民族，或大韓民族、韓國民族。古代則依據歷史變遷而族名迥異。總之，韓國的主體民族就是韓民族。

圖解韓國文化

起源

韓民族（한민족）的先世為濊貊（예맥）民族。在上古時期，濊貊民族是由濊族與貊族合而為一的民族，定居於中國東北地區與韓半島地區，屬於東夷族系統之一。依據濊貊民族的語言與韓國語言同屬阿爾泰語系滿通古斯語族，因此，濊貊民族是為韓半島人民的祖先，也是構成韓半島人民的最大主幹。

所謂「濊」是當地河川的名稱；「貊」則是與熊相似的動物。這隻熊與韓國開國始祖檀君神話中的熊，應該有所關聯。韓民族有史以來，先世濊貊民族最早起源於古朝鮮時代，即從檀君神話的檀君王儉朝鮮，經由箕子濊貊朝鮮的東來建國與開拓教化，以及衛滿朝鮮輸入先進的文化與國家邁向強盛之後，在共同生活方式下，不斷孕育出共同的語言與文化。

其間，由於衛滿推翻箕子朝鮮，使北方的箕子濊貊朝鮮政權向南方移轉，影響當時的辰國，經由民族融合，發展成為所謂三韓的國家，即馬韓、辰韓、弁韓，而形成三韓鼎立，而族名統稱為「韓族」。爾後，韓族逐漸與濊貊民族同化後，成為濊貊民族的一份子。

由於濊貊民族在韓半島上所建立的國家政權，可以統稱所謂「濊貊朝鮮」，因此，韓國人的祖先為濊貊民族，而韓國人的族名則稱為「朝鮮民族」。總之，韓民族起源於先世的濊貊民族，以及古朝鮮的朝鮮民族，民族成分可說是單一而團結的。

發展

在韓民族的發展過程中，高句麗建國之前還有其他部族國家，如：扶餘、東濊、沃沮等，也屬於濊貊民族。原屬扶餘的高句麗，其建國始祖東明聖王朱蒙消滅扶餘後，統一了中國東北與韓半島北部後，族名可稱為「高句麗族」。同時，與新羅、百濟三國鼎立。當然也可稱新羅為「新羅族」，百濟為「百濟族」。

最後，由新羅統一了韓半島，史稱「統一新羅」，而與北方的渤海國對立。關於渤海國族屬，渤海國建國始祖大祚榮，以繼承與發揚高句麗精神為使命，可知渤海國主要也是以濊貊民族為主，是為多數；次為肅慎民族，是為少數，早已融合於濊貊民族。

爾後，原屬新羅名將王建，以「後高麗」為國名，消滅統一新羅與百濟，而成為高麗王朝建國始祖。由於太祖王建也是以繼承與發揚高句麗精神為職志，因此，制定國號為「高麗王朝」，此期的族名可稱為「高麗民族」。後來，原屬高麗名將的太祖李成桂，成為朝鮮王朝建國始祖，以繼承與發揚古朝鮮精神為宗旨，制定國號為「朝鮮王朝」，爾後族名可稱為「朝鮮民族」。一直到大韓帝國成立，以繼承與發揚三韓精神為目的，族名可稱為「大韓民族」。而國族永續發展至今的大韓民國，則族名可稱為「韓民族」，為最統一而普遍的正名。

綜上所述，韓國的主體民族就是韓民族，也是單一而團結的民族。

韓民族的名稱演變

濊族 ➕ 貊族

（屬東夷族系統）

「濊」為河川，「貊」似熊，應與檀君神話中的熊有關。

⬇

濊貊民族

⬇

衛滿朝鮮，稱 **濊貊民族** 、三韓，稱 **韓族** （也屬濊貊民族）

⬇

高句麗建國統一，稱 **高句麗族**

⬇

三國鼎立時期，分別稱： **高句麗族** **新羅族** **百濟族**

⬇

高麗王朝，稱 **高麗民族**

⬇

朝鮮王朝，稱 **朝鮮民族**

⬇

大韓帝國、大韓民國，稱 **韓民族**

🎭 韓國文化小教室

韓國也使用檀君紀年，稱為檀紀。即西紀紀年加上 2333 年，西紀前 2333 年為檀紀 1 年。

UNIT 3-4
韓國的族群

韓國一向以單一民族自豪，主體民族是韓民族，其實境內仍然有許多外來的族群，以韓國華僑、中國朝鮮族為主。到了 21 世紀初，韓國社會開放後，才有其他外來的人口。

圖解韓國文化

早期的韓國族群：韓國華僑

　　韓國境內第一大族群當然是主體民族，即韓民族，而第二大族群則是韓國華僑（한국화교），也可說是韓國的少數民族之一，自稱「韓華」，同時持有中華民國護照。19 世紀時，中國大陸民眾曾經渡海來到韓國首都首爾、仁川、釜山，人數曾經多達十多萬人。

　　韓國光復後，朴正熙大統領開始實施了排華政策，所謂「不歡迎華僑政策」，以保護本國人的權益。如：嚴格限制華僑的經濟與企業規模、嚴禁華僑從事房地產買賣與對外貿易等行業、嚴禁華僑任職於政府公職與大型企業。由於韓國不承認雙重國籍，長期以來華僑只能以外國人身分在韓國居住生活，並且制定華僑居住期限為五年，爾後才有永久居住權。同時，嚴格限制華僑歸化韓國籍，以致絕大多數的華僑都無法入籍韓國；在教育、勞動保障、社會福利等方面都受到不平等待遇。如此，韓國華僑大多只能從事農業、餐飲業、旅遊業與建築業。

　　在韓國政府的種種嚴格限制華僑的經濟與社會發展下，使華僑人數從 1970 年代的 12 萬人，減少到最近的 2.3 萬多人。而近年來，韓國興起中文學習熱潮，華僑地位也稍有提升，如：僑校教育受到重視、華僑就業得到改善、華僑可以參與地方政府選舉，但只有選舉權，沒有被選舉權。

最近的韓國族群：中國朝鮮族與其他歸化及外來人口

　　中國朝鮮族（중국조선족）大多是在 19 世紀後，由朝鮮（北韓）遷入中國東北地區定居，而成為中國的少數民族，也算是華人。在韓國，通常將中國朝鮮族稱為「同胞」。從 1990 年代開始移居韓國，在 20 世紀後期，韓國政府鼓勵中國朝鮮族高學歷與留學生來韓的政策，由於朝鮮族具備高學歷與韓中雙語的語言優勢，有助於韓中兩國的交流與發展，成果顯著。同時，正在韓國快速成長，目前在韓國的中國朝鮮族人數近 60 萬名，成為現代第二大族群。

　　在韓國社會中，由於非常重視單一民族的傳統觀念，偶爾也有中國朝鮮族被歧視的問題，於是只能從事外籍勞工的項目，或在低下的惡劣環境中工作。雖然如此，在韓國的中國朝鮮族人士通常都會聲明自己也是熱愛韓國的韓國人，強調自己屬於單一民族的成員。

　　此外，韓國也有外國的歸化人口，歷年主要國家依照人數多寡，分別為中國大陸、菲律賓、越南、蒙古、巴基斯坦、泰國、烏茲別克。也有居留在韓國的外國人口，大多是從事就業、留學等，歷年主要國家依照人數多寡，分別為中國大陸（92 萬）、中國朝鮮族（60 萬）、美國（14 萬）、越南（13 萬）、泰國（10 萬）、菲律賓（5.1 萬）、烏茲別克（4.5 萬）、印尼（4.2 萬）、柬埔寨（3.8 萬）、日本（3.7 萬）、中華民國臺灣（3 萬）。而目前在韓國境內總計共有 160 萬人的外國人居住。

不歡迎華僑政策

限制華僑經濟與企業規模。

嚴禁華僑從事房地產買賣與對外貿易等行業。

嚴禁華僑任職政府公職與大型企業。

不承認雙重國籍,只能以外國人身分居韓。

限制華僑歸化韓國籍。

 居留在韓國的外國人口

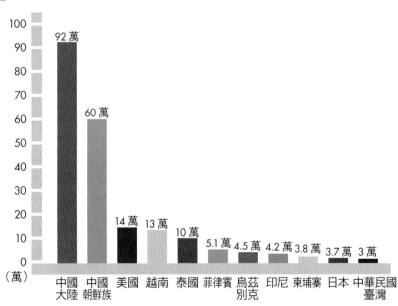

中國大陸	92 萬	

100
90　92 萬
80
70
60　60 萬
50
40
30
20
10　14 萬　13 萬　10 萬
0　　　　　　　　　　5.1 萬　4.5 萬　4.2 萬 3.8 萬　3.7 萬　3 萬
(萬)

中國大陸　中國朝鮮族　美國　越南　泰國　菲律賓　烏茲別克　印尼　柬埔寨　日本　中華民國臺灣

韓國文化小教室

　韓國一向強調擁有純淨血統的「單一民族」觀念而引以為傲。但是,在現代 21 世紀的國際化、世界化、地球化的變遷中,應該重新定義,即筆者獨創見解的主張:「各族群相互融合後,必須團結一致,以達成一個平等的共同主體,就是『單一民族』」。

UNIT **3-5**
韓國的行政區劃與主要城市

韓國的行政區劃主要有九道（省份）、八個直轄市。

圖解韓國文化

行政區劃

　　現行的韓國行政區劃規定，全國規劃為：一、**市道級**：特別市、廣域市、特別自治市、道、特別自治道。二、**市郡區級**：特定（自治）市、行政市、郡、自治區、一般區。三、**面邑洞級**：邑、面、法定洞、行政洞。**四、里統級**：里、統。**五、班**：（最基層）。其中，只有1個特別市：首爾。6個廣域市：仁川、大田、大邱、蔚山、釜山、光州。1個特別自治市：世宗。8個道：京畿道、江原道、慶尚南道、慶尚北道、忠清南道、忠清北道、全羅南道、全羅北道。1個特別自治道：濟州道。全國共有75個自治市、86個郡。而現行的8個道（不含濟州自治道）似乎有繼承古代「朝鮮八道」的精神。

省份與主要城市

　　韓國的「道」相當於省份，共有九道，各其特色，如：一、**京畿道**：為韓國政治、經濟與文化的中心，歷史文物與古蹟遍布。境內有首都首爾與其外港仁川，因此都市化快速。京畿、首爾、仁川合稱首都圈，名門大學都集中於此。人口眾多，交通、文化、觀光、產業都很發達。二、**江原道**：境內山多，以名山勝水著稱。產業、旅遊、風俗文化都很發達。三、**慶尚南道**：為伽倻與新羅文化薈萃之處，保存許多歷史文化的名勝古蹟，風景秀麗，民風純樸。重

工業發達。四、**慶尚北道**：具有濃厚儒教傳統與風俗習慣，也有新羅時期的佛教文化，文教發達。五、**忠清南道**：環境優美，有百濟文化，為旅遊聖地。交通、產業都很發達。六、**忠清北道**：境內奇山麗水，景色怡人，並具有傳統歷史文化悠久。文教、觀光、交通、產業都很發達。七、**全羅南道**：位於韓國西南部，擁有黃海與南海沿岸的 2000 多個島嶼，以「島嶼王國」著稱，自然、人文與觀光資源非常豐盛。八、**全羅北道**：有廣闊肥沃平原，創造輝煌的農耕文化。歷史文物古蹟遍布，以傳統文化藝術之鄉著稱。九、**濟州特別自治道**：風景優美，為渡假勝地，以「韓國夏威夷」、「蜜月之島」、「浪漫之島」著稱。

　　有八個直轄市，如下：一、**首爾（漢城）特別市**：為韓國首都，韓國第一大城，國際化大都市，位於京畿道漢江流域，是韓國政治、經濟、科技、文化中心。二、**仁川**：韓國第三大城與第二大貿易港，以全球第一的仁川國際機場著稱。三、**大田**：位於忠南，韓國第五大城，以科技城著稱。四、**大邱**：位於慶北，韓國第四大城，以纖維城著稱。五、**蔚山**：位於慶南，韓國第七大城，以工業城著稱。六、**釜山**：位於慶南，韓國第二大城與第一大貿易港，以觀光城著稱。七、**光州**：位於全南，韓國第六大城市，以軍事城著稱。八、**世宗特別自治市**：位於忠南，韓國第八大城市，以行政首都著稱。

　韓國文化小教室

　　韓國政府另設「以北五道」委員會來管理北韓（朝鮮）的領土。

韓半島地形圖

仁川廣域市
首爾特別市

京畿道

江原道

世宗自治市

忠清北道

忠清南道

大田廣域市

慶尚北道

全羅北道

大邱廣域市
蔚山廣域市
釜山廣域市

光州廣域市

全羅南道

慶尚南道

濟州道

韓國九道的特色

	道名	特色	發達項目
1	京畿道（경기도）	1. 韓國政治、經濟與文化的中心。 2. 首都首爾與其外港仁川。 3. 京畿、首爾、仁川：首都圈。 4. 名門大學集中地。 5. 人口眾多。	都市化、交通、文化、觀光、產業。
2	江原道（강원도）	山多，名山勝水。	產業、旅遊、風俗文化。
3	慶尚南道（경상남도）	1. 保存歷史文化的名勝古蹟（伽倻與新羅）。 2. 風景秀麗，民風純樸。	重工業。
4	慶尚北道（경상북도）	1. 濃厚儒教傳統與風俗習慣。 2. 新羅時期佛教文化。	文教。
5	忠清南道（충청남도）	環境優美，有百濟文化。	旅遊（聖地）、交通、產業。
6	忠清北道（충청북도）	1. 奇山麗水，景色怡人。 2. 傳統歷史文化悠久。	文教、觀光、交通、產業。
7	全羅南道（전라남도）	「島嶼王國」著稱。	自然、人文與觀光資源。
8	全羅北道（전라북도）	有廣闊肥沃平原。	農耕文化、傳統文化藝術之鄉。
9	濟州特別自治道（제주특별자치도）	風景優美，渡假勝地。	觀光業。

UNIT **3-6** 韓國的姓氏（一）

韓國使用姓氏，開始於古代三國的高句麗時期。有單姓與複姓，共約有 286 個，有韓國自己的姓氏，也有來自中國的姓氏，而且姓氏數量有持續增加的情形。

圖解韓國文化

2 萬名以上的大姓

韓國姓氏，依據人數的多寡，由多而少的排序，2 萬名以上的大姓，共有 89 個，如下：

一、擁有 100 萬名以上的大姓，依序為：金（김）、李（이）、朴（박）、崔（최）、鄭（정）、姜（강）。

二、擁有 50 萬至 99 萬名之間的大姓，依序為：趙（조）、尹（윤）、張（장）、林（임）、吳（오）、韓（한）、申（신）、徐（서）、權（권）、黃（황）、安（안）、宋（송）、柳（유）、洪（홍）。

三、擁有 20 萬至 49 萬名之間的大姓，依序為：全（전）、高（고）、文（문）、孫（손）、梁（양）、裵（배）、曺（조）、白（백）、許（허）、南（남）、沈（심）、劉（유）、盧（노）、河（하）。

四、擁有 10 萬至 19 萬名之間的大姓，依序為：田（전）、丁（정）、郭（곽）、成（성）、車（차）、俞（유）、具（구）、禹（우）、朱（주）、任（임）、羅（나）、辛（신）、閔（민）、陳（진）、池（지）、嚴（엄）、元（원）、蔡（채）、康（강）、千（천）。

五、擁有 2 萬到 9 萬名之間的大姓，依序為：楊（양）、孔（공）、玄（현）、方（방）、卞（변）、咸（함）、魯（노）、廉（염）、呂（여）、秋（추）、邊（변）、都（도）、石（석）、慎（신）、蘇（소）、宣（선）、周（주）、薛（설）、房（방）、馬（마）、程（정）、吉（길）、魏（위）、延（연）、表（표）、明（명）、奇（기）、琴（금）、王（왕）、潘（반）、玉（옥）、陸（육）、秦（진）、印（인）、孟（맹）。

3,000 至 1 萬名之間的姓氏

一、擁有 1 萬名左右的姓氏，依序為：諸（제）、卓（탁）、牟（모）、南宮（남궁）、余（여）、蔣（장）、魚（어）、庾（유）、鞠（국）、殷（은）、片（편）、龍（용）、強（강）、丘（구）、芮（예）、奉（봉）、漢（한）、慶（경）。

二、擁有 3,000 至 9,000 名之間的姓氏，依序為：邵（소）、史（사）、昔（석）、夫（부）、皇甫（황보）、賈（가）、卜（복）、天（천）、睦（목）、太（태）、智（지）、邢（형）、皮（피）、桂（계）、錢（전）、甘（감）、陰（음）、杜（두）、晉（진）、董（동）、章（장）、溫（온）、松（송）、景（경）、諸葛（제갈）、司空（사공）、扈（호）、夏（하）、賓（빈）、鮮于（선우）、燕（연）、菜（채）、于（우）、范（범）、楔（설）、樑（양）、葛（갈）、左（좌）、路（노）。

　韓國文化小教室

韓國族譜一般按姓氏人口數依次分為：大姓、著姓、貴姓、稀姓、僻姓、珍姓、複姓。

韓國的姓氏（一）

排序	姓氏	人口數	排序	姓氏	人口數	排序	姓氏	人口數	排序	姓氏	人口數
1	金	9,925,949	38	成	184,555	75	程	32,519	112	皇甫	9,148
2	李	6,794,637	39	車	180,589	76	吉	32,418	113	賈	9,090
3	朴	3,895,121	40	俞	178,209	77	魏	28,675	114	卜	8,644
4	崔	2,169,704	41	具	178,167	78	延	28,447	115	天	8,416
5	鄭	2,010,117	42	禹	176,682	79	表	28,398	116	睦	8,191
6	姜	1,044,386	43	朱	176,232	80	明	26,746	117	太	8,165
7	趙	984,913	44	任	172,726	81	奇	24,385	118	智	6,748
8	尹	948,600	45	羅	172,022	82	琴	23,489	119	邢	6,640
9	張	919,339	46	辛	167,621	83	王	23,447	120	皮	6,303
10	林	762,767	47	閔	159,054	84	潘	23,216	121	桂	6,282
11	吳	706,908	48	陳	142,496	85	玉	22,964	122	錢	6,094
12	韓	704,365	49	池	140,824	86	陸	21,545	123	甘	5,998
13	申	698,171	50	嚴	132,990	87	秦	21,167	124	陰	5,936
14	徐	693,954	51	元	119,356	88	印	20,635	125	杜	5,750
15	權	652,495	52	蔡	114,069	89	孟	20,219	126	晉	5,738
16	黃	644,294	53	康	109,925	90	諸	19,595	127	董	5,564
17	安	637,786	54	千	103,811	91	卓	19,395	128	章	5,562
18	宋	634,345	55	楊	93,416	92	牟	18,955	129	溫	5,081
19	柳	603,084	56	孔	83,164	93	南宮	18,743	130	松	4,737
20	洪	518,635	57	玄	81,807	94	余	18,146	131	景	4,639
21	全	493,419	58	方	81,710	95	蔣	17,708	132	諸葛	4,444
22	高	435,839	59	卞	78,685	96	魚	17,551	133	司空	4,307
23	文	426,927	60	咸	75,955	97	庾	16,802	134	扈	4,228
24	孫	415,182	61	魯	67,032	98	鞠	16,697	135	夏	4,052
25	梁	389,152	62	廉	63,951	99	殷	15,657	136	賓	3,704
26	裵	372,064	63	呂	56,692	100	片	14,675	137	鮮于	3,560
27	曹	362,817	64	秋	54,667	101	龍	14,067	138	燕	3,549
28	白	351,275	65	邊	52,869	102	强	13,328	139	菜	3,516
29	許	300,448	66	都	52,349	103	丘	13,241	140	于	3,359
30	南	257,178	67	石	46,066	104	芮	12,655	141	范	3,316
31	沈	252,255	68	慎	45,764	105	奉	11,492	142	楔	3,298
32	劉	242,889	69	蘇	39,552	106	漢	11,191	143	樑	3,254
33	盧	220,354	70	宣	38,849	107	慶	11,145	144	葛	3,178
34	河	209,756	71	周	38,778	108	邵	9,904	145	左	3,130
35	田	188,354	72	薛	38,766	109	史	9,756	146	路	3,048
36	丁	187,975	73	房	35,366	110	昔	9,544			
37	郭	187,322	74	馬	35,096	111	夫	9,470			

※ 引自：http://worldrank.tistory.com/1548，韓國姓氏人口順位，韓國 DAUM，2015.01.11。

UNIT 3-7
韓國的姓氏（二）

韓國除了有自己的姓氏，也來自中國姓氏之外，由於21世紀初，韓國對外國開放，許多外國歸化人如果不採用韓國姓氏，則特殊罕見的姓氏便會增加。

圖解韓國文化

1,000 至 2,000 名之間的姓氏

依據人數的多寡，依序為：班（반）、彭（팽）、承（승）、公（공）、簡（간）、尚（상）、箕（기）、國（국）、施（시）、西門（서문）、韋（위）、陶（도）、柴（시）、異（이）、胡（호）、采（채）、強（강）、真（진）、彬（빈）、邦（방）、段（단）、西（서）、甄（견）、袁（원）、龐（방）、昌（창）、唐（당）、荀（순）、麻（마）、化（화）。

900 名以下的姓氏

一、100 到 900 名之間的姓氏，依序為：邱（구）、毛（모）、伊（이）、襄（양）、鍾（종）、昇（승）、星（성）、獨孤（독고）、邕（옹）、憑（빙）、莊（장）、鄒（추）、扁（편）、阿（아）、道（도）、平（평）、大（대）、馮（풍）、弓（궁）、剛（강）、連（연）、堅（견）、占（점）、興（흥）、葉（섭）、菊（국）、乃（내）、齊（제）、汝（여）、浪（낭）、鳳（봉）、海（해）。

二、10 至 99 名之間的姓氏，依序為：判（판）、楚（초）、弼（필）、喬（봉）、斤（근）、舍（사）、梅（매）、東方（동방）、鎬（호）、頭（두）、米（미）、姚（요）、雍（옹）、夜（야）、墨（묵）、慈（자）、萬（만）、雲（운）、桓（환）、凡（범）、彈（단）、曲（곡）、宗（종）、倉（장）、謝（사）、永（영）、包（포）、葉（엽）、水（수）、艾（애）、單（단）、傅（부）、淳（순）、舜（순）、頓（둔）、學（학）、丕（비）、介（계）、榮（영）、候（후）、什（십）、雷（뇌）、欒（란）、椿（춘）、洙（수）、俊（준）、蕭（초）、芸（운）、奈（내）、苗（묘）、譚（단）、長谷（장곡）、魚金（어금）、岡田（강전）、森（삼）、邸（저）、君（군）、初（초）、橋（교）、影（영）、順（순）、端（단）、后（후）、樓（누）、敦（돈）、小峰（소봉）、賴（뇌）、網切（망절）。

三、9 名以下的姓氏，依序為：苑（원）、汁（즙）、曾（증）、增（증）、杉（삼）、冰（빙）、宇（우）、京（경）、肖（소）、乂（예）。

韓國文化小教室

韓國姓氏中，有來自外國歸化人姓氏的罕見姓氏用字，如：昇（中國）、偰（回紇）、興（越南）、網切（日本），也有成為該姓氏的始祖，如新的籍貫：延安印氏（蒙古）、花山李氏（越南）、友鹿金氏（日本）。

韓國的姓氏（二）

排序	姓氏	人口數	排序	姓氏	人口數	排序	姓氏	人口數	排序	姓氏	人口數
147	班	2,955	182	昇	810	217	鎬	210	252	椿	77
148	彭	2,825	183	星	808	218	頭	208	253	洙	75
149	承	2,494	184	獨孤	807	219	米	199	254	俊	72
150	公	2,442	185	邕	772	220	姚	198	255	蕭	70
151	簡	2,429	186	憑	726	221	雍	192	256	芸	68
152	尚	2,298	187	莊	648	222	夜	180	257	奈	63
153	箕	2,294	188	鄒	642	223	墨	179	258	苗	61
154	國	2,182	189	扁	633	224	慈	178	259	譚	57
155	施	2,121	190	阿	632	225	萬	172	260	長谷	52
156	西門	1,861	191	道	621	226	雲	169	261	魚金	51
157	韋	1,821	192	平	608	227	桓	157	262	岡田	51
158	陶	1,809	193	大	606	228	凡	157	263	森	49
159	柴	1,807	194	馮	586	229	彈	155	264	邸	48
160	異	1,730	195	弓	562	230	曲	155	265	君	46
161	胡	1,668	196	剛	546	231	宗	146	266	初	45
162	采	1,666	197	連	532	232	倉	144	267	橋	41
163	強	1,620	198	堅	519	233	謝	135	268	影	41
164	真	1,579	199	占	516	234	永	132	269	順	38
165	彬	1,548	200	興	462	235	包	129	270	端	34
166	邦	1,547	201	葉(섭)	450	236	葉(엽)	127	271	后	31
167	段	1,429	202	菊	405	237	水	124	272	樓	24
168	西	1,295	203	乃	377	238	艾	123	273	敦	21
169	甄	1,141	204	齊	373	239	單	122	274	小峰	18
170	袁	1,104	205	汝	358	240	傅	122	275	賴	12
171	龐	1,080	206	浪	341	241	淳	121	276	網切	10
172	昌	1,035	207	鳳	327	242	舜	120	277	苑	5
173	唐	1,025	208	海	322	243	頓	115	278	汁	4
174	荀	1,017	209	判	290	244	學	101	279	曾	3
175	麻	998	210	楚	281	245	丕	90	280	增	3
176	化	945	211	弼	251	246	介	86	281	杉	2
177	邱	894	212	喬	248	247	榮	86	282	冰	1
178	毛	879	213	斤	242	248	候	83	283	宇	1
179	伊	860	214	舍	227	249	什	82	284	京	1
180	襄	823	215	梅	222	250	雷	80	285	肖	1
181	鍾	816	216	東方	220	251	爨	80	286	乂	1

※ 引自：http://worldrank.tistory.com/1548，韓國姓氏人口順位，韓國 DAUM，2015.01.11。

UNIT 3-8
韓國的姓名與族譜

韓國一向注重姓名與族譜。姓名象徵一個人的精神存在，具有家族、時代、文化的觀念。而族譜象徵家族血統根源與歷史脈承，具有團結與共識的功能。

圖解韓國文化

姓名與取名

韓國的姓名深受中國文化的影響而使用漢字，由姓氏與名字所構成，一般姓名為三個字，也有少數二個字或四個字。尤其是名字的漢字，都是具有意義與價值，命名的用字都會帶著美好深遠的意涵。因此，從姓名就可以看出父母，對其小孩的希望及期許。

韓國人深信姓名代表一個人的精神存在，十分重要。父母確信子女擁有美好的名字，就可以使其人生過得更加平安如意，一帆風順。再者，父母都會自己利用命理學，以子女出生的四柱（年月日時）與陰陽五行的理論來為子女命名，有時也會向博學多聞的親友長輩或透過命理大師來為子女命名。

命名的名字用字，隨著時代變遷，形成一種流行文化的趨勢，如：20 世紀時，最常使用以韓文標音命名男性的漢字名字，如：영수、영호、영일、영식、성호、지훈、준호等最多。而翻譯成漢字，則不一定相同，如：영수（永洙、英秀）;영호（永鎬、英豪）;영일（永一、英日）;영식（永植、英植）;성호（聖豪、成鎬）;지훈（志勳、智勳）;준호（俊豪、準鎬）。

女性方面，如：영자、순자、영숙、미경、미영、지영、지혜等最多，而翻譯成漢字，如：영자（英子）、순자（順子）、영숙（英淑）、미경（美京）、미영（美英）、지영（志英）、지혜（智慧）。

21 世紀時，男性最常使用的韓文漢字名字，如：민준（敏俊）、지훈（志勳）、현우（鉉祐）、현준（賢俊）、건우（建宇）等。女性最常使用的韓文漢字名字，如：서연（書蓮）、민서（珉瑞）、서현（書嫻）、수빈（秀嬪）、지우（智友）等。

近年來，以純韓文單詞命名的比率也逐漸增加，多以女性為主，如：하늘（天空）、아름（美麗）、슬기（智慧）、나라（國家）、슬기（智慧）等。

此外，韓國傳統命名，多使用陰陽五行，如：日月金木水火土；天干，如：甲乙丙丁戊己庚辛壬癸；地支，如：子（鼠）、丑（牛）、寅（虎）、卯（兔）、辰（龍）、巳（蛇）、午（馬）、未（羊）、申（猴）、酉（雞）、戌（狗）、亥（豬）；數字，如：一二三四五六七八九十；儒家思想的八德，如：忠孝仁愛信義和平。

族譜

韓國一向非常重視族譜（족보），族譜制度是確立在朝鮮王朝時代的儒家理念。以父系血統的姓氏為主，同姓為宗親，但是規定必須血緣相同為本，即本貫（地名籍貫），同姓同本才能記載成為一個宗親及族譜，如：開城王氏、宜寧玉氏、慶州金氏、高靈朴氏、清州韓氏等。而下又區分許多支派。

族譜記載家族祖先的根源，與家族的傳統歷史發展和變遷，以及家族訓示與光榮事蹟等，具有血脈相承、繁衍不息的象徵，也具有振奮人心、砥礪人品的教育。同時，可以培養團結一致，凝聚向心力與愛族愛國意識的功能。

韓國的姓名與取名

姓名由來

❶ 中國文化 ✚ 使用漢字

❷ 姓氏 ✚ 名字：三個字、二個字、四個字。

❸ 漢字名字：具美好深遠意義與價值，對小孩、子孫的希望與期許，決定人的命運。

❹ 重視命名：希望孩子身體健康，學業精進，生活幸福美滿，事業順利成功。代表一個人的精神存在。

❺ 擁有美好名字：人生平安如意，一帆風順。

取名方式

❶ 利用命理學：子女出生四柱（年月日時） ✚ 陰陽五行理論

❷ 求教：向博學多聞的親友長輩 ✚ 命理大師

❸ 隨時代變遷：一種流行文化趨勢。

❹ 以純韓文單詞命名：以女性為主。

❺ 傳統命名：使用陰陽五行、天干、地支、數字、儒家八德等。

韓國的族譜

朝鮮王朝時代確立的儒家理念。

族譜制度

❶ 宗親：以父系姓氏為主 ➡ 同姓

❷ 本：血緣相同，即本貫（地名籍貫）➡ 同姓同本 ➡

　　宗親 ✚ 族譜 如：開城王氏、宜寧玉氏、慶州金氏、高靈朴氏、清州韓氏等。

❸ 支派：分支派別增多。

族譜功能

❶ 記載家族祖先根源，與家族傳統歷史發展和變遷 ✚ 家族訓示與光榮事蹟。

❷ 象徵血脈相承，繁衍不息，振奮人心。

❸ 砥礪人品的教育。

❹ 培養團結一致，凝聚向心力 ➡ 愛族愛國的意識。

韓國文化小教室

　　筆者執行《高麗開城王姓族譜研究計畫案》，依據韓國史的發展過程為基礎，上溯檀君王儉朝鮮，廣納王姓各本與賜姓王、改他姓等史料，統合於開城王姓之中。

UNIT **3-9**
韓國的語言文字（一）：韓國語

韓國語是韓國民族所使用的語言。主要通行於韓半島全境與濟州島，以及韓半島周邊的所有島嶼。屬於烏拉爾阿爾泰語系——滿通古斯語族。

圖解韓國文化

語言系統

依據民族學（민족학）定義，韓國語（한국어）的語言系統是屬於烏拉爾阿爾泰語系，滿通古斯語族。烏拉爾阿爾泰語系其實是兩個語系，即烏拉爾語系與阿爾泰語系的合稱。

烏拉爾語系約有 2000 萬人使用，內含 30 多種語言的語族，由於位於鄰近烏拉爾山脈一帶的地區而得名，主要集中於北亞、東歐與北歐等地。最大的語族為芬蘭——烏戈爾語族，如：芬蘭語、匈牙利語與愛沙尼亞語等都屬於此。

而阿爾泰語系約有 2 億 5000 萬人使用，內含 60 多種語言的語族，由於位於鄰近阿爾泰山脈一帶的地區而得名，集中於中亞、東亞、北亞、西亞與東歐等地。主要有滿通古斯語族、蒙古語族與突厥語族等三個分支。

滿通古斯語族主要位於蒙古國、中國大陸東北地區（滿洲）與俄羅斯西伯利亞（通古斯）而得名，約有 1000 萬人使用。屬於滿通古斯語族的民族，如：中國東北民族的滿族、鄂倫春族、鄂溫克族、赫哲族、錫伯族。俄羅斯的埃文基（鄂溫克）、烏德蓋、奧羅奇、鄂羅克、涅吉達爾（鄂溫克別支）、烏爾奇等族群。烏拉爾阿爾泰語系滿通古斯族的共同語言特徵，最重要的就是發音的母音調和與文法的膠著性。

就古代韓國的語言而言，北方扶餘（高句麗）語言是屬於濊貊民族系統，而南方三韓語言則是屬於三韓民族系統（新羅語），兩者皆屬於滿通古斯語族，

由於曾經透過箕子朝鮮政權南下，融合三韓民族而統一成為濊貊民族，因此，南方三韓語言也統一成為濊貊民族系統的扶餘語言，日後的高句麗與新羅的語言都是相同，再經由高麗、朝鮮兩個王朝的陸續整合，最後由大韓民國再統合而形成統一標準的現代韓國語。

而古代滿族（女真族）語言是屬於肅慎民族系統，與濊貊民族系統的扶餘語言有所不同，即雖然文法相同，只是單字與發音不同，但還是有部分相同。

使用現況

韓國語雖然已經是統一的國語，以首都首爾發音為主，但是地方上仍有方言，可分為：平安道方言、咸鏡道方言、全羅道方言、慶尚道方言、濟州島方言、中部方言。由於只有音調與單字發音部分稍異之外，大致上還是能溝通，唯有濟州島方言，因距離韓半島遙遠，兩者語言差異頗大。

目前韓國語使用的總人口，以韓半島為中心，再擴及中國東北地區及全世界，約有 7,700 萬名。韓國語單字體系，分為純粹的固有語（純韓文）、漢字語、外來語等三種。其中漢字語占韓國語單字的比重很高，約有 70~80%。因此，韓國語往往會有口語（純韓文）與書面語（漢字語）的兩種方式說法，可說是韓國語的二重體系。這是由於從古代開始就受到漢字漢文的影響所致。而借用外來語的現象也普遍流行，特別是韓國語中，已有的單字不用，卻使用以英文單字為主的外來語代替，以凸顯韓國的西化與進步。

烏拉爾阿爾泰語系

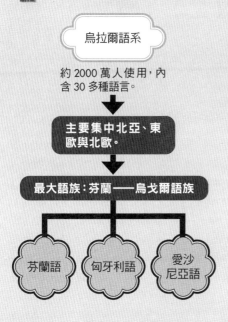

烏拉爾語系

約 2000 萬人使用，內含 30 多種語言。

↓

主要集中北亞、東歐與北歐。

↓

最大語族：芬蘭——烏戈爾語族

- 芬蘭語
- 匈牙利語
- 愛沙尼亞語

阿爾泰語系

約二億五千萬人使用，內含 60 多種語言。

↓

主要集中中亞、東亞、北亞、西亞與東歐。

三個分支

- 滿通古斯語族
- 蒙古語族
- 突厥語族

- 中國東北民族
- 俄羅斯少數民族
- 韓國語／韓民族

韓國語特色

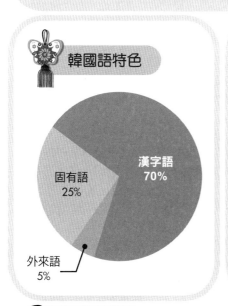

漢字語 70%

固有語 25%

外來語 5%

韓國語使用主要集中地區

韓國文化小教室

烏拉爾阿爾泰語系——滿通古斯語族的文法特色，即主詞＋受詞＋動詞。

081

UNIT 3-10
韓國的語言文字（二）：韓文

韓文是韓國民族所使用的文字，主要通行於韓半島全境與濟州島，以及韓半島周邊的所有島嶼。最初稱為「訓民正音」，由朝鮮王朝世宗大王創制。大韓帝國時期才改稱為「韓文」。

圖解韓國文化

由來

　　韓國語言的文字，稱為「韓文」（한글），是由朝鮮王朝世宗大王李裪所創制的，最初文字名稱為「訓民正音」。在 15 世紀以前，韓國民族雖然使用韓國語交談溝通，卻只有語言，沒有文字，是以漢字做為書寫工具，久而久之，有鑑於漢字無法完全表達韓國語，以及韓國語與漢語的文法順序完全不同，而造成一般民眾說與寫的不一致。所以，為了解決韓國民族書寫文字的困境，而邀集學者大臣一同參與，創造出適合標記韓國語語音的文字字母，也能符合韓國語的文法，即「訓民正音」，意謂訓練民眾正確的發音。

　　在《訓民正音諺解》中，有一段世宗大王的詔文曰：「國之語音，異乎中國，與文字不相流通，故愚民，有所欲言，而終不得伸其情者多矣，予為此憫然，新制二十八字，欲使人人易習便於日用耳。」為世宗大王創制訓民正音的動機。爾後，由於文字結構簡單，容易學習，促進了文化的交流與發展。

　　訓民正音曾經遭受使用漢字的儒者歧視與抵制，直到大韓帝國時期，才開始受到重視，視為韓國的民族文字而廣泛使用，此外，經過語言學家周時經的改革，訓民正音正式改名為「韓文」，字母也從 28 個，淘汰 4 個，成為 24 個字母。為紀念世宗大王創制韓文的偉業，近年來，韓國政府將 10 月 9 日重新恢復為國定假日，稱為「韓文節」（한글날）。

字母

　　現代的韓文字母共有 24 個字母，為表音文字，即基本子音 14 個與基本母音 10 個，然後延伸為雙子音 5 個，結合母音 11 個，還有結合子音尾音 11 個，總計韓文字母共 51 個，如下：

　　一、基本子音：ㄱ（g）；ㄴ（n）；ㄷ（d）；ㄹ（r/l）；ㅁ（m）；ㅂ（b）；ㅅ（s）；ㅇ（ng）；ㅈ（j）；ㅊ（ch）；ㅋ（k）；ㅌ（t）；ㅍ（p）；ㅎ（h）。

　　二、基本母音：ㅏ（a）；ㅑ（ya）；ㅓ（eo）；ㅕ（yeo）；ㅗ（o）；ㅛ（yo）；ㅜ（u）；ㅠ（yu）；ㅡ（eu）；ㅣ（i）。

　　三、雙子音：ㄲ（gg）；ㄸ（dd）；ㅃ（bb）；ㅆ（ss）；ㅉ（jj）。

　　四、結合母音：ㅐ（ae）；ㅒ（yae）；ㅔ（e）；（ye）；ㅘ（wa）；ㅙ（wae）；ㅚ（oe）；ㅝ（wo）；ㅟ（wl）；ㅞ（we）；ㅢ（eui）。

　　五、結合子音尾音：ㄳ（ks-）；ㄵ（nj-）；ㅀ（nh-）；ㄺ（lg-）；ㄻ（lm-）；ㄼ（lb-）；ㄽ（ls-）；ㄾ（lt-）；ㄿ（lp-）；ㅀ（lh-）；ㅄ（bs-）。

　　再者，韓文字母字形筆劃的由來，子音是依照人體發音器官，即口腔、牙齒、舌頭、上下顎、鼻子、喉嚨等而來。母音則是依據中國《易經》理論，即三才：天（‧）、地（—）、人（｜）而來。韓文兼具拼音文字與方塊文字的優點，在書寫、打字、排版方面，都十分便利、快速，因此，非常有利於韓國文化的蓬勃發展。

韓文發展過程

15世紀，以韓國語交談溝通，以漢字為書寫工具。	→ 朝鮮王朝世宗大王李祹創制「訓民正音」，字母28個，使「說」（發音）與「寫」（文法）一致。	→ 文字結構簡單，容易學習，促進文化交流與發展。曾遭漢字儒者歧視與抵制。	→ 大韓帝國時期開始重視，視為韓國民族文字，廣泛使用。	→ 語言學家周時經將字母改為24個，改名為「韓文」。

 韓文字母發音表

	ㅏ	ㅑ	ㅓ	ㅕ	ㅗ	ㅛ	ㅜ	ㅠ	ㅡ	ㅣ
	a	ya	eo	yeo	o	yo	u	yu	eu	i
ㄱ g	가 ga	갸 gya	거 geo	겨 gyeo	고 go	교 gyo	구 gu	규 gyu	그 geu	기 gi
ㄴ n	나 na	냐 nya	너 neo	녀 nyeo	노 no	뇨 nyo	누 nu	뉴 nyu	느 neu	니 ni
ㄷ d	다 da	댜 dya	더 deo	뎌 dyeo	도 do	됴 dyo	두 du	듀 dyu	드 deu	디 di
ㄹ l/r	라 la/ra	랴 lya/rya	러 leo/reo	려 lyeo/ryeo	로 lo/ro	료 lyo/ryo	루 lu/ru	류 lyu/ryu	르 leu/reu	리 li/ri
ㅁ m	마 ma	먀 mya	머 meo	며 myeo	모 mo	묘 myo	무 mu	뮤 myu	므 meu	미 mi
ㅂ b	바 ba	뱌 bya	버 beo	벼 byeo	보 bo	뵤 byo	부 bu	뷰 byu	브 beu	비 bi
ㅅ s	사 sa	샤 sya	서 seo	셔 syeo	소 so	쇼 syo	수 su	슈 syu	스 seu	시 si
ㅇ ng	아 A	야 ya	어 eo	여 yeo	오 o	요 yo	우 u	우 yu	으 eu	이 i
ㅈ j	자 ja	쟈 jya	저 jeo	져 jyeo	조 jo	죠 jyo	주 ju	쥬 jyu	즈 jeu	지 ji
ㅊ ch	차 cha	챠 chya	처 cheo	쳐 chyeo	초 cho	쵸 chyo	추 chu	츄 chyu	츠 cheu	치 chi
ㅋ k	카 ka	캬 kya	커 keo	켜 kyeo	코 ko	쿄 kyo	쿠 ku	큐 kyu	크 keu	키 ki
ㅌ t	타 ta	탸 tya	터 teo	텨 tyeo	토 to	툐 tyo	투 tu	튜 tyu	트 teu	티 ti
ㅍ p	파 pa	퍄 pya	퍼 peo	펴 pyeo	포 po	표 pyo	푸 pu	퓨 pyu	프 peu	피 pi
ㅎ h	하 ha	햐 hya	허 heo	혀 hyeo	호 ho	효 hyo	후 hu	휴 hyu	흐 heu	히 hi

韓國文化小教室

　韓文在古代有很多的名稱，如：正音、諺文、諺書、反切、女書、女字、孩字、國文、國書等。由於韓文是創始於朝鮮王朝時代的文字，可以稱為「朝鮮文」或「朝鮮文字」。

UNIT 3-11
韓國語文的漢字語

以韓國語方式的發音來使用漢字，其成分有自創的韓文、中文、日文等三種漢字語。

圖解韓國文化

漢字語成分

　　韓國語的單字詞彙可以區分為固有語（純韓文）、漢字語、外來語等三種。其中，漢字語數量在韓國語文中，所占的比率很高，約60％。漢字語的單字詞彙結構有三種，一是韓國自己創造的漢字語；二是中國的中文漢字語；三是日本的日文漢字語。分析如下：

　　一、韓國自創的漢字語

　　名銜（명함）＝名片。未安（미안）＝對不起。膳物（선물）＝禮物。洋襪（양말）＝襪子。節次（절차）＝手續。掌甲（장갑）＝手套。專貰（전세）＝租賃。便紙（편지）＝信件。手票（수표）＝支票。次例（차례）＝順序。媤宅（시댁）＝夫家。出市（출시）＝發售。冊床（책상）＝書桌。求景（구경）＝觀賞。生覺（생각）＝想。方席（방석）＝坐墊。食水（식수）＝飲用水。便宜店（편의점）＝便利商店。無窮花（무궁화）＝木槿花。飲料水（음료수）＝飲料等。

　　再者，韓國語文之中，也有韓國自創的漢字語四字成語，如：東問西答（동문서답）＝答非所問。南男北女（남남북녀）＝南韓男帥，北韓女美。甘言利說（감언이설）＝甜言蜜語。山海珍味（산해진미）＝山珍海味。烏飛梨落（오비이락）＝瓜田李下。

　　二、中國的中文漢字語

　　天下（천하）、故鄉（고향）、明月（명월）、結婚（결혼）、讀書（독서）、淑女（숙녀）、學問（학문）、歡迎（환영）等。

　　韓國也使用的中國典故的四字成語，如：一舉兩得（일거양득）、百發百中（백발백중）、聞一知十（문일지십）、多多益善（다다익선）、九牛一毛（구우일모）等。

　　三、日本的日文漢字語

　　個人（개인）、鉛筆（연필）、義務（의무）、電話（전화）、哲學（철학）、經濟（경제）、歷史（역사）、社會（사회）、主義（주의）。映畫（영화）＝電影。放送（방송）＝播放。宅配（택배）＝送府。組立（조립）＝組裝。取扱（취급）＝辦理。割引（할인）＝優惠。會社（회사）＝公司等。

漢字語轉化為固有語與漢字語的特色

　　韓國語的漢字語單字詞彙歷經時代變遷，變成固有語（純韓文）單字詞彙，如：艱難（간난）→가난＝貧窮。甘藷（감저）→감자＝馬鈴薯。乃終（내종）→나중＝以後。山行（산행）→사냥＝打獵。雪馬（설마）→썰매＝雪橇。舌盒（설합）→서랍＝抽屜。烏賊魚（오적어）→오징어＝烏賊。作亂（작란）→장난＝淘氣等。

　　此外，句子中的漢字詞也變為固有語單字詞彙，如：관계（關係）하지않다（不—）→괜찮다＝沒關係。

　　漢字語的特色是可以隨時創造新的單字詞彙，也比較容易學習、吸收與理解，「望詞生義」，一目了然，非常貼切實用，只是以韓文字母包裝，成為韓文漢字語的單字詞彙，但時間一久，一部分的韓文漢字語單字詞彙演變轉化成為固有語（純韓文）單字詞彙後，就必須溯源原典，考究驗證一番了。

韓國語成分

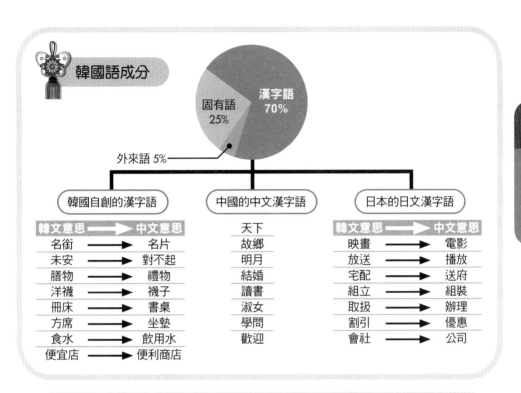

漢字語 70%

固有語 25%

外來語 5%

韓國自創的漢字語	中國的中文漢字語	日本的日文漢字語

韓文意思 ➡ 中文意思		韓文意思 ➡ 中文意思
名銜 ➡ 名片	天下	映畫 ➡ 電影
未安 ➡ 對不起	故鄉	放送 ➡ 播放
膳物 ➡ 禮物	明月	宅配 ➡ 送府
洋襪 ➡ 襪子	結婚	組立 ➡ 組裝
冊床 ➡ 書桌	讀書	取扱 ➡ 辦理
方席 ➡ 坐墊	淑女	割引 ➡ 優惠
食水 ➡ 飲用水	學問	會社 ➡ 公司
便宜店 ➡ 便利商店	歡迎	

韓國語文中漢字語的特色

可隨時創造新的單字詞彙。

容易學習、吸收與理解 ⇒「望詞生義」：一目了然，貼切實用。

經由韓文字母包裝後 ⇒ 時間一久，會轉化為固有語（純韓文）。

還原漢字語 ⇒ 溯源原典，考究驗證。

漢字 ⇒ 韓國文化的一部分。

 韓國文化小教室

韓國語之中的所謂「民族語」，主要是固有語（純韓文），但也包括漢字語。

UNIT 3-12

韓國語文的固有語（純韓文）

韓國語文中，除了漢字語之外，還有固有語，又稱為「純韓文」，是一種在地的土着話，比較難使用精準的漢字語音來標記固有語的單字詞彙。

固有語（純韓文）成分

韓國語文中，除了有漢字語之外，還有固有語，又稱為「純韓文」（순한국어，韓國語），或「純我們的話」（순우리말）、「土著話」（토박이말）、「土着語」（토착어），是一種當地的原住民語言，難以使用漢字標記的單字詞彙。雖然古代韓國三國時代，就有新羅儒學家薛聰所創制的「吏讀」（官方行政文書），也就是使用漢字來記錄韓國語文的方法，尤其是針對固有語的表達，但仍然使用不便。因此，才有朝鮮王朝世宗大王李祹所創制的訓民正音，用來記錄固有語（純韓文）的單字詞彙，特別精準實用。

固有語在韓國日常生活中，是使用頻率很高的口語，必須經常用到的基本日常生活用語，相當於白話文。而在書寫文章時，雖然漢字語所占的比率很高，約60~80%左右，還是必須以固有語為基礎，才能來完整呈現韓國語文的感情與情緒。因此，固有語與漢字語一樣，同樣都具有韓國民族的精神，以及韓國民族的文化，都是韓國的民族語（민족어）或民族語文（민족어문）。

再者，有些固有語可用漢字語代換，兩者可互換，所以，韓國語文就有兩種說法，具有二重體系，如：나라＝국가（國家）。겨레＝민족（民族）。이름＝성명（姓名）。하나＝일（一）。토대＝기초（基礎）。말글＝어문（語文）。노래＝가곡（歌曲）。길＝도로（道路）。숲＝삼림（森林）。해＝태양（太陽）、년（年）。때＝시간（時間）。곳＝장소（場所）。삶＝ 활（生活）。얼＝정신（精神）。살＝연령（年齡）。옷＝의복（衣服）、의상（衣裳）。고맙다＝감사（感謝）、하다（感謝、謝謝）。쓰다＝사용（使用）、작성（作成）、착용（着用）、하다（使用、寫、戴）。고르다＝선택（選擇）、하다（選擇）。뉘우치다＝후회（後悔）、하다（後悔）。사다＝구입（購入）、하다（購入、購買）。

固有語轉化為漢字的特色：韓製漢字

韓國語文的固有語（純韓文）單字詞彙，原來沒有漢字，但有一部分寫成漢字，為兩個以上的漢字合體性質，就是韓國自製的漢字，一般稱為「韓製漢字」（한국제한자，韓國製漢字），或韓國漢字（한국한자）、韓國固有漢字（한국고유한자）、朝鮮漢字（조선한자）、國字（국자），如：乭（돌）＝石頭。畓（답）＝水田（논）。㐸（것）＝個。垈（대）＝址。兺（뿐）＝只有。⿱奞鳥（꿩、궉、봉）＝鳳凰（장）。欌籠（장롱）＝衣櫥。巭（부）＝功夫（공부），指學習。沽（우），為朝鮮（北韓）平壤大同江的意思。栍（생），為長丞（장승）即守護神的長柱，栍為長柱的意思。夻（화）＝大口（대구），指鱈魚。乺（솔）＝소나무，指松樹。⿱文乙（글）＝文字。⿱米乙（쌀）＝米。⿱二乙（둘）＝二。此外，還有很多的韓製漢字，大多是事後製造的地名或人名，只是發音而沒有意義，如：乫（갈）、乬（걸）、㐐（놀）等。

固有語的演變

當地的原住民語言。	→	**早期解決方法** 「吏讀」，由古代韓國新羅儒學家薛聰創制，用漢字記錄韓國語文的固有語。	→	**爾後解決方法** 訓民正音，由朝鮮世宗大王創制。

韓國語文

固有語（純韓文）成分

❶ 固有語 ＝ 純韓文 ＝ 純我們的話 ＝ 土着話 ┈ 一種當地的原住民語言。

❷ 難以用漢字標記的單字詞彙。

❸ 生活的基礎語言

① 口語 ＝ 白話文 ：日常生活使用頻率高。

② 書寫文章 ： 固有語 ＋ 漢字語

➡ 以固有語為基礎 ➡ 完整呈現韓國語文的感情與情緒。

③ 固有語 ＝ 漢字語 ：皆具韓國民族精神 ＋ 韓國民族文化

＝ 韓國民族語、民族語文

④ 二重體系 ： 固有語 ⬌ 漢字語 ➡ 兩者可互換。

韓製漢字

❶ 韓製漢字 ＝ 韓國語文的固有語（純韓文）單字詞彙。

❷ 原無漢字 ：有一部分寫成漢字。

❸ 漢字合體性質 ：兩個以上的韓國自製漢字 ＝

韓製漢字、韓國漢字、韓國固有漢字、朝鮮漢字、國字。

❹ 仍有許多後製的韓製漢字：多為地名、人名 ➡ 只有發音，沒有意義。

 韓國文化小教室

　　長丞是「天下大將軍」與「地下女將軍」兩根長柱。一般樹立在村子的出入門口，可做為識別界限標誌之用，也是古代韓國鄉村的守護神，等同於土地公與土地婆。

UNIT 3-13
韓國語文的外來語

由於韓國逐漸西化，年輕世代使用英文外來語的情形，越來越普遍。

圖解韓國文化

外來語成分

　　韓國語文中，除了有漢字語、固有語（純韓文）之外，還有外來語（왜래어）。這些外來語是現代韓國語文單字詞彙的特徵之一。與外國文化接觸時，隨之而來的外來語是無法阻擋的。從19世紀末，韓國開化時期接觸西洋文明後，邁入西化階段，外來語單字詞彙數量逐漸增加，這是由於西方的科技、文物、學術等傳入，使得新的西方單字詞彙日益增加，於是就直接借用音譯外來語的發音。因此，此處的外來語是指西方語系的單字詞彙。並且，外來語是一種借用語，目的是要彌補自己國家的語文中，既有的單字詞彙不足，或是在解決無法適切翻譯表達時，直接引用音譯外來語的發音比較便利而快速，如：術語、專門用語等。

　　由於朝鮮王朝世宗大王李祹所創制的訓民正音是表音文字，最適合直接引用標記西方語系的外來語。如此，到了現代20與21世紀的韓國，外來語普遍使用的現象有增無減，同時與日俱增。

　　特別是年輕世代，最喜愛使用以英文為主的外來語，象徵著現代感、前衛與時髦等意味，形成一股西式的社會文化風潮。

　　目前韓國日常使用的英文外來語單字詞彙，如：레터（letter）＝편지（便紙），指信件。러브（love）＝사랑（愛）。호텔（hotel）＝여관（旅館）。쇼핑（shopping）＝물건사기（物件購買），指購物。하트（heart）＝마음（心）。헬스（health）＝건강（健康）。버전（version）＝판본（版本）。비전（vision）＝전망（展望）。티슈（tissue）＝화장지（化粧紙），指面紙。캔디（candy）＝사탕（砂糖），指糖果。코트（coat）＝외투（外套）。미러（mirror）＝거울，指鏡子。머니（money）＝돈，指錢。키（key）＝열쇠，指鑰匙。트윈스（twins）＝쌍둥이，指雙胞胎。스커트＝치마，指裙子。그리스미스＝성탄절（聖誕節）。

　　以上都是韓國漢字語、固有語（純韓文）已有的常用單字詞彙，但仍廣泛使用英文為主的外來語來代替，雖然呈現出國際化現象，但可說是多此一舉。

外來語轉化為固有語的特色

　　韓國早期所沒有的單字詞彙，常借用外來語單字詞彙，歷經久遠，經由韓國語言學者認定，從外來語轉化為固有語，如：고구마（馬鈴薯），來自日文「koukoimo」。가방（包包、書包），來自荷文「kabas」、日文「kaban」（鞄）。구두（皮鞋），來自日文「kutsu」（靴）。냄비（煮鍋），來自日文「nabe」。고무（塑膠），來自法文「gomme」。담배（香菸），來自葡文「tobacco」。사돈（查頓，指親家），來自女真文「sadun」。말（馬），來自蒙文「morin」。빵（麵包），來自葡文「pão」。아르바이트（打工），來自德文「Arbeit」。자장면（炸醬麵），來自中文。

　　韓國語文的外來語，以國家而言，除了以英文為最多之外，其次為日文、法文、德文、葡萄牙文、蒙古文、中文（國語發音）。也有鄰族的女真（滿族）文。

韓國語文的外來語來源與轉變

外來語成分

❶ **外來語**：西方語系為主。

① 現代韓國語文單字詞彙的特徵之一。
② **與外國文化接觸時**
　韓國開化時期接觸西洋文明
　　➡ 西化 ＝ 邁入近代國際化階段。
③ **日益增加**
　西方科技、文物、學術的傳入
　　➡ 借用外來語的音譯。
④ 借用語　直接引用音譯外來語比較便利快速
　　➡ 術語、專門用語。

❷ **現代西式的社會文化風潮**
：以英文為主。

① 朝鮮世宗大王的訓民正音：表音文字
　　➡ 最適合直接標記外來語。
② 現代 20 與 21 世紀的韓國：
　普遍使用外來語 ➡ 與日俱增。
③ **年輕世代**：最喜愛使用外來語
　　➡ 象徵現代感、前衛與時髦。
④ 目前韓國外來語使用情形：韓國漢字語、
　固有語（純韓文）都已有的常用單字詞彙
　　➡ 沒有必要用外來語代替。

轉化為固有語的特色

❶ 早期外來語使用久遠後，經韓國語言學者認定 ➡ 轉化為固有語。
❷ 當時所沒有的單字詞彙 ➡ 符合借用語的概念。
❸ **逐漸歸化為固有語**：英文最多，次為日、法、德、葡、蒙、中（國語）、女真（滿）文。

韓國文化小教室

韓國外來語的盛行，大多受到世界的政經新聞與國內電視娛樂節目的影響所導致。

UNIT 3-14
韓國語文的國語純化政策

韓國政府在韓國光復後，有鑑於韓國語文的外來語過於氾濫，體認國語必須淨化為自己民族的語言，而建立正統的語文規範與標準化。因此，提倡國語純化政策與運動。

圖解韓國文化

國語純化政策的由來

韓國語文的國語純化政策（국어순화정책），就是國語純化運動，意即將國語整頓為純淨與正確的語言，同時將低俗與違反規範的語言予以導正，以及除去外來的要素。其中是要將日治時期以日本語系統為主的單字，轉化為韓國正統的民族語，以提升韓國語文的純粹性。並且，將汙染韓國語文的要素，即低俗與卑俗的語言，以及外來語一併淘汰。1945 年，韓國光復後，韓國政府開始正式實行國語純化政策，如：日文的漢字詞「벤토」（便當）改正為純韓文的「도시락」（飯盒）；아나타（你）改為당신（當身），意為「您」；스시（壽司）改為초밥（醋飯之意）等。

爾後，對於外來的歐美語言也列入純化對象，如各行各業的術語、專門用語等。1976 年，在教育部設置「國語純化運動協議會」，制定《國語純化細則》，規範發音、語彙、文法、拼字法、語言活動等項目。原則是將外來語改為純韓文，如果沒有適合的純韓文，則改為漢字語。國語學者也共同參與，以韓文學會（한글학회）及其《韓文拼字法》（한글맞춤법）最著，運用容易、適切的純韓文或漢字語來轉換，這也是一種創新的語彙單詞，也是新造語（신조어），如：덮밥（蓋飯）、덧셈（加法）、뺄셈（減法）、곱하기（乘）、나누기（除）、별자리（星座）、책꽂이（書架）、통조림（罐頭）、달리기（賽跑、跑步）、갓길（路肩）等。創造出許多優秀的國語新字。但是也有過度轉化，而不能受到認同的國語新字，如：학교（學校）→배움터；간판（看板）→보람판；광맥（鑛脈）→쇳줄等。

此外，廣播媒體界也大力促進國語純化運動，以 MBC（文化）與 KBS（韓國）兩家電視臺最著。同時，也推廣到各級學校，從國語教育著手，徹底實踐國語純化與國語教育的密切結合，共同參與。

國語純化政策的問題點

韓國語文的國語純化政策的目的是使用標準語，限制外來語，以達到國語的淨化。對於方言或俗語、卑語，也必須加以限制，才能讓標準的國語順利推廣。可是方言的母語教育便會受到影響。因此，韓國政府首要任務就是先將歐美的外來語於以淨化，此項工作比較方便，只要將外來語翻譯成為韓文的固有語即可，如：루트→길（路）；레인코트→비옷（雨衣）。

但是，對於日本語的外來語而言，將日式（固有語）發音的外來語，翻譯成為韓文固有語或漢字語即可，此處的爭議性不大。爭議性最大的是，日式漢字語的外來語有些還是很實用，只要改成韓文的漢字語發音即可，無須淘汰。對此，有些學者則認為必須全部淘汰，如：電話（전화）；科學（과학）；權利（권리）等。如此，保留與廢除，就比較不易抉擇，難以進行。因此，判定準則為凡是字面與意義差距很大，以及不易辨識、艱澀難懂的日式漢字語，就理應淘汰，如：切手、取締、便當。

國語純化政策

時間	韓國光復後,韓國政府開始推動。
目的	提升韓國語文的純粹性。 將汙染韓國語文的要素,包含低俗與卑俗的語言、外來語,全部淘汰。
方式	將日治的日本語單字,轉化為韓國正統的民族語。 外來的歐美語言列入純化對象,如各行各業術語、專門用語。
原則	外來語改為純韓文。 如果沒有適合的純韓文,則改為漢字語。
結果	創造許多優秀的國語新字。 有些過度轉化,無法受到認同。
問題點	影響到方言母語教育。 日本語的外來語之保留與廢除不易抉擇。

有關日本語的外來語之純化問題

問題點	日式(固有語)發音的外來語	翻譯成為韓文固有語或漢字語即可,爭議性不大。
	日式漢字語的外來語	很實用,是否改為韓文漢字語或淘汰,爭議性最大。

↓

淘汰標準	1. 字面與意義差距很大。
	2. 不易辨識、艱澀難懂。

 韓國文化小教室

　現代的韓國提倡振興民族語而反對使用外來語的團體組織,如:韓文學會、韓文＋漢字、韓字文化連隊、首爾市行政用語純化委員會等;官方則為國立國語院。

UNIT 3-15
韓國的教育（一）：
幼稚園、小學、中學、高中

教育一向是國家民族強盛之大本。因此，韓國政府極為重視教育的發展，從幼稚園、小學、中學、高中、大學都是採行整體完善教育系統，國民素質大大提升。

圖解韓國文化

教育制度現況與幼稚園、小學

自古以來，韓國一向最重視教育。1949 年，大韓民國成立後，以「弘益人間」為教育理念，發展國民教育。韓國現行的學校教育制度為「6-3-3-4」年制。在小學方面，為初等教育，六年制，稱為「初等學校」（초등학교）。在中學方面，為中等教育，共六年制，前三年稱為「中學校」（중학교，相當國民中學），後三年稱為「高等學校」（고등학교，相當高級中學）。在大學方面，為高等教育，共四年制，稱為「大學校」（대학교）。

在幼兒教育方面，稱為「幼稚園」（유치원），不包括在學制內。現代的幼兒教育已經普遍成為學齡前的教育機構。以滿三到六歲的兒童為對象來招生，全國幼稚園近 9,000 所，就學率約 55%，院生約近 54 萬名，因此，近來幼稚園教育可說是急速成長中。小學為義務教育，全國小學約近 9,000 所，學生人數約 390 萬名，就學率約為 99%。一班人數由原有的 50 名大幅降到目前的 35 名。教育課程十分多樣。其中，小學一年級與二年級有人格基礎養成的重要課程。

國中與高中

在國中方面，為義務教育，全國國中約近 3000 所，學生人數約 202 萬名，就學率為 99.9%。一班人數由原有的 65 名大幅降到目前的 41 名。教育課程十分多樣。其中還有外國語（中、英、日、俄、法、德、西、阿）等選修課程。

在高中方面，分為一般性的普通教育、實業性的專門教育與特殊目的教育（科學、體育、藝術、外國語）等兩種。全國而言，一般性的普通高中約近 1200 所，學生人數約 140 萬名；而實業性的專門高中約近 780 所，學生人數約 93 萬名，學生人數比率 60:40，就學率為 96%。

高中的教育課程分為教學課程與特別課程兩種，以及外國語（中、英、日、越、俄、法、德、西、阿）等課程。

就讀普通高中的目標就是升學大學，而就讀專門高中的目標就是就業。因此，高中畢業後考試錄取大學的升學率而言，普通高中約為 40%（30% 落榜，30% 就業），專門高中約為 10%（5% 落榜，85% 就業）。此外，為了解決普通高中學生不願升學的問題，校內都設有職業課程。綜上所述，韓國從幼稚園一直到高中的教育體系與措施十分完善，使得國民素質大大提升，也奠立了國家發展的基礎。

各級教育一覽表

	幼稚園	初等學校	中學校		大學校
			中等學校	高等學校	
類別	非學制	義務教育	義務教育		
年制		6 年	3 年	3 年	4 年
就學率	55%	99%	99.9%	96%	75%
學校數量	9000 所	9000 所	3000 所	1980 所	400 多所
學生總數		390 萬	202 萬	233 萬	231 萬
每班學生		35 名	41 名		

高等學校

	一般性的普通教育	實業性的專門教育與特殊目的教育
學校數量	1200 所	780 所
學生總數	140 萬	93 萬
升大學比率	40%	10%
就業比率	30%	85%
備註	亦設有職業課程	

 韓國文化小教室

　　由於韓國長期受到儒家文化的影響，自古以來，教育一向是歷朝的重要國策之一。因此，韓民族素有「喜好讀書的民族」，以及「具有書香社會」的美稱。

UNIT 3-16
韓國的教育（二）：大學

韓國的大學是由大學校、大學院、單科大學、專門大學等學術教育機關所構成。在各種學術領域當中，具有授予法定學位的高等教育機關。

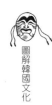

圖解韓國文化

韓國大學的由來

　　韓國史上最早的大學（대학），依據《三國史記》記載，是高句麗小獸林王 2 年（西紀 372 年）所設立的「太學」，為古代最傳統的高等教育機關，可說是一所國立大學。由於受到中國教育制度的影響，主要以儒家經典為教材，也可說是一所儒教大學。統一新羅神文王 2 年（西紀 682 年），模仿唐王朝的國子監而設立「國學」，也是一所國立大學。高麗成宗 11 年（西紀 992 年），設置「國子監」，爾後則曾經改名，依序為「國學」（忠烈王時）、「成均監」（恭愍王時）、「國子監」（恭愍王時）、「成均館」（성균관，忠烈王、恭愍王時）等，具有國立綜合大學的性質。朝鮮高宗 31 年（西紀 1894 年），甲午改革時期，「成均館」的特徵就是以中國教育制度為基礎的菁英中心，以及運用儒家教育來培養官吏，成為韓國最高的教育機關。

　　韓國獨立運動時期，唯一的大學為京城帝國大學，到了韓國光復後，在 1946 年，改名為「漢城（首爾）大學校」（서울대학교），為國立大學。爾後，私立大學數量大為增加，韓國大學教育日益茁壯與發達。同時，持續施行高等教育的改革與均衡發展，注重學術研究的理論與應用，以及致力國家與社會發展為目標。

韓國大學的類別與社會教育

　　大學以四年制為代表，分為大學校、大學院、單科大學、專門大學。因為領域性質不同，年制也有所不同，為四到六年，具有國家的授權來授予法定學位給修習期滿與及格的學生。

　　四年制的大學有大學校（綜合大學）、單科大學（獨立學院），其校內皆設有大學院（研究所博碩士課程；另有獨立設校的大學院大學）。專門大學（專科學校）則為二、三年制的短期大學（二專、三專）。此外，還有教育大學校、遠距大學校，如：放送通信大學校（空中大學）、網路大學校，以及技術學校（技術學院）、產業大學（科技大學）等。六年制則為醫科大學（醫學院）。

　　近來，大學的數量急速成長，已大眾化；同時，教育領域與系科多樣化，以符合現代社會的要求，也有助於大學的品質向上提升。近來，韓國的大學總數約 400 多所，大學生總數約為 231 萬名。就學率約為 75%，而且是快速成長中。

　　此外，也有社會教育，即推廣教育，依據《憲法》規定，目的是以多樣化的課程型態，來掃除文盲，促進終生教育，分布到各級學校中實施。還有職業技術訓練學院，以利就業。

　　社會教育設施主要是以現有的圖書館、博物館、文化院、大學附設終身教育院、文化中心等為主，民眾可以利用閒暇之餘，參與上課，有助提升生活品質，強化學校教育，以培育人文素養與拓展知識視野的一種全人教育模式，這也是目前高等教育正在發展的方向。

韓國大學教育的發展

年代	名稱	特色
高句麗小獸林王 2 年（西紀 372 年）	太學	以儒家經典為教材
統一新羅神文王 2 年（西紀 682 年）	國學	模仿唐王朝的國子監而設立
高麗成宗 11 年（西紀 992 年）	國子監	
高麗忠烈王	改名為「國學」、「成均館」	
高麗恭愍王	改名為「成均監」、「國子監」、「成均館」	
朝鮮高宗 31 年（西紀 1894 年）	成均館	以中國教育制度為基礎的菁英中心，運用儒家教育來培養官吏，成為韓國最高的教育機關。
韓國獨立運動時期	京城帝國大學	唯一的大學，於 1946 年改名為「漢城（首爾）大學校」為國立大學。

韓國大學分類

	說明	年制	備註
大學校	綜合大學／科技大學	4 年制	設有大學院
大學院	研究所博碩士課程		也獨設大學
單科大學	獨立學院／技術學院	4 年制	設有大學院
專門大學	專科學校	2、3 年制	
醫科大學	醫學院	6 年制	
遠距大學校	空中大學	4 年制	

 韓國文化小教室

　　「首爾大」（國立）的中文翻譯校名原為「漢城」，與漢字校名為「漢城大學校」（私立）相互混淆。所幸 2005 年，韓國政府將漢城改名為首爾後，國立漢大也改稱為「首爾大學校」。

UNIT **3-17**
韓國的大學（一）：首都圈大學

韓國的首都圈大學（四年制綜合大學），總數約有 82 所，全國約四分之一的大學集中於此處，學風鼎盛。

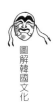

圖解韓國文化

首爾特別市（44 所）

　　韓國的首都圈（수도권）位於韓國西北部，區域範圍包括首爾、仁川與京畿道。首都圈集中了全國超過 45% 的人口，是全國的政治、經濟與文化中心。尤其是對於大學生而言，教育、就業、交通、醫療等生活機能十分完善，而且大學數量也非常多，全國最著名的名門大學都集中於此。因此，學風鼎盛，可說是家長的期望與高中學生報考大學時的首選地區，也是日後畢業之後的工作保證。

　　韓國的首都圈大學（四年制綜合大學），依照韓文字母順序，大學（대학교）一詞省略。如下：

　　‧首爾市方面（44 所）：天主教（가톨릭）、監理教（감리교）、建國（건국）、慶熙（경희）、高麗（고려）、光云（광운）、國民（국민）、基督（그리스도）、德成女子（덕성여자）、東國（동국）、同德女子（동덕여자）、明知（명지）、梨花女子（이화여자）、三育（삼육）、祥明（상명）、西江（서강）、西京（서경）、首爾科技（서울과학기술，公立）、首爾教育（서울교육，公立）、首爾基督教（서울기독교）、首爾（서울，公立）、首爾市立（서울시립，公立）、首爾女子（서울여자）、聖公會（성공회）、成均館（성균관）、誠信女子（성신여자）、世宗（세종）、淑明女子（숙명여자）、崇實（숭실）、延世（연세）、梨花女子（이화여자）、仁德（인덕）、長老會神學（장로회신학）、中央（중

앙）、總神（총신）、秋溪藝術（추계예술）、韓國科技院（한국과학기술원，公立）、韓國放送通訊（한국방송통신，公立）、韓國聖書（한국성서）、韓國外國語（한국외국어）、韓國藝術綜合（한국예술종합，公立）、韓國體育（한국체육대，公立）、漢城（한성）。

仁川廣域市（6 所）與 京畿道（32 所）

　　‧仁川市方面（6 所）：嘉泉（가천）、仁川（인천）、京仁教育（경인교육，公立）、安陽（안양）、仁荷（인하）、仁川（인천，公立）、青雲（청운）。

　　‧京畿道方面（32 所）：江南（강남）、京畿（경기）、京東（경동）、京仁育（경인교육）、檀國（단국）、大真（대진）、路德（루터）、首爾神學（서울신학）、首爾藝術（서울예술）、首爾長神（서울장신）、聖潔（성결）、水原天主教（수원가톨릭）、水原（수원）、新京（신경）、信韓（신한）、亞細亞聯合神學（아세아연합신학）、亞洲（아주）、安養（안양）、藝苑藝術（예원예술）、乙支（을지）、中部（중부）、中央僧伽（중앙승가）、車醫科學（차의과학）、加爾文（칼빈）、平澤（평택）、韓京（한경，公立）、韓國交通（한국교통，公立）、韓國福祉（한국복지，公立）、韓國產業技術（한국산업기술）、韓國航空（한국항공）、韓世（한세）、協成（협성）。

 韓國的名門大學

| 大多位在首都圈。 | 多數為私立大學，如：高麗大、延世大、西江大、成均館大、梨花女大、中央大、慶熙大、漢陽大、韓國外大。 | 少數公立大學，如：首爾大、首爾市立大。 |

 韓國首都圈地區「傳統的綜合大學」（4年制）Top20

順位	校名	性質	位置
01	首爾大	國立	首爾市
02	高麗大	私立	首爾市
03	延世大	私立	首爾市
04	西江大	私立	首爾市
05	成均館大	私立	首爾市
06	漢陽大	私立	首爾市
07	梨花女大	私立	首爾市
08	中央大	私立	首爾市
09	慶熙大	私立	首爾市
10	韓國外國語大	私立	首爾市
11	首爾市立大	市立	首爾市
12	仁荷大	私立	仁川市
13	亞洲大	私立	京畿道
14	建國大	私立	首爾市
15	東國大	私立	首爾市
16	弘益大	私立	首爾市
17	淑明大	私立	首爾市
18	國民大	私立	首爾市
19	崇實大	私立	首爾市
20	檀國大	私立	首爾市

★ 說明：1. 出處：韓國 DAUM 網站。
　　　　2. 所謂「傳統的綜合大學」：不含單科、專業、軍警、分校、短期等特殊性質的大學。

 韓國文化小教室

　　韓國全國最頂尖如天（SKY）一樣高聳的三所名門大學，各取其英文校名的字首組合成「SKY」，即國立首爾大學（Seoul National Univ.）、高麗大學（Korea Univ.）、延世大學（Yonse Univ.）。其後，又稱四所名門大學為「SKYS」，即加入西江大學（Sogang Univ.），爾後，又有成均館大學（Sung kyun Kwan Univ.）加入，成為「SKYSS」。此外，韓國稱呼「綜合大學」為「大學校」；稱呼校內「學院」、「獨立學院」為「大學」、「單科大學」。

UNIT 3-18
韓國的大學（二）：地方大學

韓國首都圈以外的地區，稱為地方。地方大學（四年制綜合大學）總數約有 117 所。

圖解韓國文化

韓國的東部與中部地方大學（41 所）

· **江原道（7 所）：**天主教關東、江陵原州、西原、江原（강원，公立）、春川教育（춘천교육，公立）、尚志、漢拏。

· **大田市（7 所）：**大田、大田神學、牧園、忠南（충남，公立）、浸禮神學、韓南、韓田（한밭，公立）。

· **忠清北道（11 所）：**極東、花村落、世明、純福音總會、嶺東、又石、中源、清州教育（청주교육，公立）、清州、忠北（충북，公立）、韓國教員（한국교원，公立）。

· **忠清南道（15 所）：**建陽、高神、公州教育（공주교육，公立）、公州（공주，公立）、金剛；拿撒勒、南首爾、培石、西南、鮮文、順天鄉、韓國技術教育（한국기술교육，公立）、韓國傳統文化（한국전통문화，公立）、韓瑞、湖西。

· **世宗市（1 所）：**大田天主教。

韓國的南部地方大學（76 所）

· **大邱市（6 所）：**慶北（경북，公立）、啟明（계명）、大邱天主教、大邱教育（대구교육，公立）、大邱韓醫、嶺南（영남）。

· **蔚山市（1 所）：**蔚山。

· **釜山市（14 所）：**慶星、高神、東明、東西、東亞、東義、釜慶（부경，公立）、釜山天主教、釜山教育（부산교육，公立）、釜山（부산，公立）、釜山外國語、新羅、靈山、韓國海洋（한국해양，公立）。

· **慶尚北道（18 所）：**伽倻、慶雲、慶州、金烏工科（금오공과，公立）、金泉、大邱天主教、大邱、大邱藝術、大邱外國語、大邱韓醫、大神、東洋、安東、嶺南、嶺南神學、威德、浦項工科、韓東。

· **慶尚南道（9 所）：**慶南科學技術（경남과학기술，公立）、慶南、慶尚（경상，公立）、釜山長神、仁濟、晉州教育（진주교육，公立）、昌信、昌原、韓國國際。

· **光州市（8 所）：**光信、光州教育（광주교육，公立）、光州、光州女子、南部、松源、全南（전남，公立）、朝鮮。

· **全羅北道（7 所）：**群山、西南、耶穌、圓光、全北（전북，公立）、全州教育（전주교육，公立）、全州。

· **全羅南道（11 所）：**光州天主教、東新、木浦天主教、木浦（목포，公立）、木浦海洋、世翰、順天（순천，公立）、山禪學、全南（전남，公立）、草堂、漢麗。

· **濟州道（2 所）：**濟州國際、濟州（제주，公立）。

韓國首都圈與地方的大學（四年制綜合大學）分布數量統計

序號	區域	位置	行政區劃	國（市）立	私立	小計（所）	
01	首都圈	西北部	首爾市	8	36	44	82 所
02			仁川市	2	4	6	
03			京畿道	3	29	32	
04	地方	東北部	江原道	2	5	7	42 所
05		中部	大田市	2	6	8	
06			世宗市	0	1	1	
07			忠清北道	3	8	11	
08			忠清南道	3	12	15	
09		南部	大邱市	2	5	7	77 所 · 119 所
10			蔚山市	1	0	1	
11			釜山市	4	10	14	
12			慶尚北道	2	16	18	
13			慶尚南道	3	6	9	
14			光州市	2	6	8	
15			全羅北道	3	4	7	
16			全羅南道	3	8	11	
17			濟州道	1	1	2	
總計（所）				44 所	157 所	201 所	

★說明：1. 出處：韓國 DAUM 網站。
2. 不含單科、專業、軍警、分校、短期等特殊性質的大學。
3. 韓國的大學，私立比國立多。

韓國地方「傳統的綜合大學」（四年制）Top20

順位	校名	性質	位置	順位	校名	性質	位置
01	浦項工大	私立	慶尚北道	11	慶尚大	國立	慶尚北道
02	釜山大	國立	釜山市	12	韓國海洋大	國立	釜山市
03	慶北大	國立	大邱市	13	釜慶大	國立	釜山市
04	全南大	國立	光州市	14	東亞大	私立	釜山市
05	全北大	國立	全羅北道	15	朝鮮大	私立	光州市
06	韓東大	私立	慶尚北道	16	嶺南大	私立	慶尚北道
07	忠南大	國立	大田市	17	仁濟大	私立	慶尚南道
08	忠北大	國立	忠清北道	18	公州大	國立	忠清南道
09	韓國教員大	國立	忠清北道	19	慶星大	私立	釜山市
10	濟州大	國立	濟州道	20	順天鄉大	私立	忠清南道

★說明：1. 出處：韓國 DAUM 網站。
2. 不含單科、專業、軍警、分校、短期等特殊性質的大學。
3. 以國立 12 所占多數，私立則 8 所。因此，地方大學多以國立大學聞名。

 韓國文化小教室

韓國地方的名門大學為國立大學，是學生就讀的首選，其次是傳統名門的私立大學。

UNIT 3-19
韓國的世界文化遺產

韓國的聯合國世界文化遺產可分為歷史文化遺產（11 項）與自然文化遺產（1 項）兩種，皆屬於有形的文化遺產。兩者都是象徵國家的精神指標與榮譽。

圖解韓國文化

新羅時代（含）以前的世界文化遺產：皆為歷史文化遺產

一、支石墓遺址： 屬於青銅器時代巨石文化的石墓，為研究史前文化的重要資料。分布於全羅北道高敞郡、全羅南道和順郡、仁川市江華郡（獲選年：2000）。

二、百濟歷史遺跡地區： 屬於三國時代的首都圈文化，有山城、古墳群、寺址、王宮、彌勒寺。分布於忠清南道公州市、扶餘郡、全羅北道益山市（獲選年：2015）。

三、石窟庵與佛國寺： 屬於統一新羅時代，建築雕刻，莊嚴精美，以石窟庵釋迦本尊佛像最著名。位於慶尚北道慶州市（獲選年：1995）。

四、海印寺藏經板殿的《高麗大藏經》： 屬於統一新羅時代，保存高麗八萬大藏經聞名，為世界佛教研究的珍貴史料。位於慶尚南道陜川郡（獲選年：1995）。

五、慶州歷史遺跡地區： 屬於新羅時代，有佛教文物、寺院、宮廷、古墳群，呈現古都慶州歷史文化，其中以皇龍寺與芬皇寺最著名。位於慶尚北道慶州市（獲選年：2000）。

朝鮮時代（含）以後的世界文化遺產

一、朝鮮王陵： 為朝鮮王朝時代國祚 500 年的 27 位國王與王妃的墳墓。分布於首爾、京畿道、江原道等地（朝鮮時代，獲選年：2009）。

二、宗廟： 為供奉朝鮮王朝時代歷代國王與王妃的祠堂，寺廟建築壯觀。每年定期舉行 5 次祭禮。位於首爾市鐘路區（獲選年：1995）。

三、昌德宮： 朝鮮王朝的王宮，其後苑名為秘苑，為御花園，正門為敦化門。位於首爾市鐘路區（獲選年：1997）。

四、水原華城： 具有國防與商務機能，為朝鮮王朝後期城廓的代表。位於京畿道水原市（獲選年：1997）。

五、韓國歷史村落良洞村與河回村： 良洞村位於慶尚北道慶州市，河回村位於慶尚北道安東市（獲選年：2010），為兩班文化代表的重地，也是朝鮮前期氏族村落中歷史最悠久，為最具代表韓國歷史的村落典型。

六、南漢山城： 為朝鮮王朝時代的千里長城，是具有防禦性的臨時山城首都建築。景色優美。分布於京畿道（獲選年：2014）。其高度為超過海拔 500 公尺，城廓全長約 12 公里，面積 2.4 平方公里。

七、濟州島的漢拏山萬丈窟、熔岩洞、城山日出峰： 為唯一的自然文化遺產，萬丈窟與熔岩洞位於濟州島中部的漢拏山與東北部區域。而位於濟州島東側為城山日出峰，其高度為海拔 182 公尺，也是火山岩。而漢拏山為國立公園，位於濟州島中部，其高度為海拔 1950 公尺，是濟州島與韓國境內最高峰。

韓國獲選的 12 項世界文化遺產

世界文化遺產名稱	時代	性質	位置	獲選年
支石墓遺址	青銅器時代	歷史文化遺產	1. 全羅北道高敞郡 2. 全羅南道和順郡 3. 仁川市江華郡	2000
百濟歷史遺跡地區	三國時代	歷史文化遺產	1. 忠清南道公州市、扶餘郡 2. 全羅北道益山市	2015
石窟庵與佛國寺	新羅時代	歷史文化遺產	慶尚北道慶州市	1995
海印寺藏經板殿的 《高麗大藏經》	新羅時代	歷史文化遺產	慶尚南道陝川郡	1995
慶州歷史遺跡地區	新羅時代	歷史文化遺產	慶尚北道慶州市	2000
朝鮮王陵	朝鮮時代	歷史文化遺產	1. 首爾市：城北區、瑞草區、江南區、 　　蘆原區 2. 京畿道：九里市、驪州市、南楊州市、 　　高陽市、坡州市、楊州市、 　　金浦市、華城 3. 江原道：寧越郡	2009
宗廟	朝鮮時代	歷史文化遺產	首爾市鐘路區	1995
昌德宮	朝鮮時代	歷史文化遺產	首爾市鐘路區	1997
水原華城	朝鮮時代	歷史文化遺產	京畿道：水原市	1997
韓國歷史村落： 良洞村與河回村	朝鮮時代	歷史文化遺產	慶尚北道：安東市、慶州市	2010
南漢山城	朝鮮時代	歷史文化遺產	京畿道：廣州市、河南市、城南市	2014
濟州島漢挐山熔岩 洞、萬丈窟、城山日 出峰		自然文化遺產	濟州道	2007

歷史文化遺產分布圖

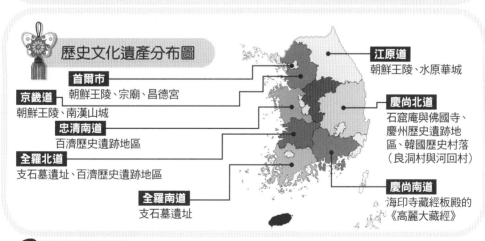

江原道
朝鮮王陵、水原華城

首爾市
朝鮮王陵、宗廟、昌德宮

京畿道
朝鮮王陵、南漢山城

忠清南道
百濟歷史遺跡地區

全羅北道
支石墓遺址、百濟歷史遺跡地區

全羅南道
支石墓遺址

慶尚北道
石窟庵與佛國寺、
慶州歷史遺跡地
區、韓國歷史村落
（良洞村與河回村）

慶尚南道
海印寺藏經板殿的
《高麗大藏經》

韓國文化小教室

　　朝鮮（北韓）歷史文化遺產有二項：1. 高句麗古墳群：分布於平壤與其外港南浦、黃海南道、中國東北，以東明王陵為代表（獲選年：2004）。2. 開城歷史建築與遺跡：開城為高麗王朝首都，王宮、城牆、城門等文物古蹟皆具精神與文化的價值。（獲選年：2013）。

UNIT 3-20
韓國的國家文化財產

韓國自古以來就非常重視歷史文物古蹟的保護、維修與發揚，都是國家的文化財產。

圖解韓國文化

韓國文化財產的定義與指定的文化財產

　　韓國的文化財產為韓國歷代祖先所遺留下來的歷史文物與古蹟，韓國政府為了有效保護與管理所有韓國文化財產，在1962年制定《文化財保護法》將文化財產分為指定的文化財產與非指定的文化財產等兩種。指定的文化財產又分為五種，即為國家指定文化財產、市道指定文化財產、文化財產資料、登錄文化財產與預備文化財產等。其中，國家指定的文化財產可細分為七種類型與細項：

　　一、國寶：具有極高價值與稀有珍貴的項目，如：崇禮門（首爾南大門，第1號）、訓民正音（第70號）。

　　二、寶物：建築、典籍、書籍、古文書、繪畫、雕刻、工藝品等重要項目。如：興仁之門（首爾東大門，第1號）、大東輿地圖（首爾大學，第850號）。

　　三、史蹟：遺跡、祭祀、信仰、政治、國防、交通、產業、教育、社會事業、墳墓、碑等項目，如：慶州鮑石亭址（第1號）、京畿水原華城（第3號）。

　　四、名勝：具有重要的風景名勝地區。如：江陵青鶴洞小金剛（第1號）、慶南巨濟島海金剛（第2號）。

　　五、天然紀念物：動植物生態區、地質、礦物等項目，如：大邱道洞側柏樹林（第1號）、全南珍島犬（第53號）。

　　六、重要無形文化財：音樂、舞蹈、戲劇、工藝、技術、飲食等具有重要歷史藝術與學術價值的項目，如：首爾宗廟祭禮樂（第1號）、農樂（第11號）。

　　七、重要民俗文化財：具有重要的衣食住行遊樂、產業、職業、通信、交易、生活風俗習慣、民俗信仰、藝能、活動等項目，如：德溫公主唐衣（京畿龍仁檀國大學，第1號）、慶北安東河回村落（第122號）。

　　其次為市（特別市、廣域市）道指定文化財產，即非國家指定的文化財產，具有保存價值的四種類型：有形文化財產、無形文化財產、紀念物、民俗文化財產。

　　文化財產資料為未被市道指定的具有保存必要的鄉土文化財產。登錄文化財產，又稱為近代文化遺產，近代已具或未具五十年以上的重要或特殊必要保存的文化財產，如：首爾南大門韓國電力公社社屋（第1號）。預備文化財產，為未具五十年以上的近代文化遺產，預先保存管理，如：花式溜冰選手金妍兒的溜冰鞋，以及各種重大獎項。

非指定的文化財產

　　就是指不包括上述指定的文化財產，而具有歷史與藝術保存價值的文化財產：

　　一、動產文化財產：如典籍、書畫、雕刻、工藝品、考古資料、民俗文化財等。

　　二、埋藏文化財產：如埋在土地、山中、水中（海、河、湖）等裡面而經過生成或堆積的天然洞穴、化石，以及具有重大地質學價值的文化財產。兩者也可說是鄉土文化遺產，遍布於各地方都市。

韓國的文化財產類別

指定的 文化財產	國家指定文化財產	有國寶、寶物、史蹟名勝、天然紀念物、重要無形文化財、重要民俗文化財等7類。
	市道指定文化財產	有形文化財產、無形文化財產、紀念物、民俗文化財產等4類。
	文化財產資料	未被市道指定的重要文化財產,如鄉土文化財產。
	登錄文化財產	屬近代文化遺產,已具或未具五十年以上的重要文化財產。
	預備文化財產	預先保存管理未具五十年以上的近代文化遺產。
非指定的 文化財產	動產文化財產	如典籍、書畫、雕刻、工藝品、考古資料、民俗文化財產等。屬鄉土文化遺產。
	埋藏文化財產	具有重大地質學價值的文化財產。屬鄉土文化遺產。

 國家指定的文化財產

種類	細項	舉例
國寶	具有極高價值與稀有珍貴的項目	崇禮門(首爾南大門,第1號) 訓民正音(第70號)
寶物	建築、典籍、書籍、古文書、繪畫、雕刻、工藝品	興仁之門(首爾東大門,第1號) 大東輿地圖(首爾大學,第850號)
史蹟	遺跡、祭祀、信仰、政治、國防、交通、產業、教育、社會事業、墳墓、碑	慶州鮑石亭址(第1號) 京畿水原華城(第3號)
名勝	風景名勝地區	江陵青鶴洞小金剛(第1號) 慶南巨濟島海金剛(第2號)
天然紀念物	動植物生態區、地質、礦物	大邱道洞側柏樹林(第1號) 全南珍島犬(第53號)
重要無形文化財	音樂、舞蹈、戲劇、工藝、技術、飲食	首爾宗廟祭禮樂(第1號) 農樂(第11號)
重要民俗文化財	衣食住行遊樂、產業、職業、通信、交易、生活風俗習慣、民俗信仰、藝能、活動	德溫公主唐衣(京畿龍仁檀國大學,第1號) 慶北安東河回村落(第122號)

韓國文化小教室

　韓國的文化財產主要分為有形(國家指定文化財產七類中,一到五及七)與無形(六)兩種文化財產,都受到國家法律保障與認證編號,成功地保存傳統民俗文化遺產。

UNIT **3-21**
韓國的吉祥物

韓國的動物類吉祥物以老虎、熊、三足烏與獬豸最著。具有歷史文化意義與價值，象徵一個民族與國家的崇拜圖騰，以及一個民族與國家發展的氣概與精神。

圖解韓國文化

老虎與熊

韓國歷史故事中，經常出現關於老虎與熊的記載。其中，以古朝鮮的檀君王儉神話最為著名。老虎與熊一同向來到人間的天子桓雄祈求變成人類，最後，老虎難以忍受考驗，又無法堅持到底而放棄為人，仍然為虎；熊則堅忍不拔，苦盡甘來，果然轉變為人，而且是一位美女，名叫熊女。

老虎與熊一直是活躍於韓半島與中國東北地區，因此，不只是韓民族，中國東北地區的少數民族也有許多有關於老虎與熊的記載，以致老虎與熊成為韓民族與中國東北地區少數民族的崇拜對象。

再者，古代的韓半島與中國東北地區的先民為濊貊民族，「濊」有水大而深的涵義，「貊」則有類似黑熊與貓熊的意味。但是，在高句麗建國神話中，東明聖王朱蒙始祖的兩位好友，即烏伊（오이）與摩離（마리），依照其韓國語的發音，與「濊」（烏伊）、「貊」（摩離）發音相似，而「烏伊」（濊）又與韓國語「老虎」（호랑이）的發音相似。因此，烏伊與摩離可說是「濊族」（虎）與「貊族」（熊）的代表，而濊貊民族應該是崇拜老虎與熊的民族。

韓國在 1986 年舉辦第 10 屆漢城（首爾）亞運，以及 1988 年舉辦第 24 屆漢城奧運時，都是以老虎為吉祥物，名叫「虎多利」（호돌이）。1994 年時，漢城市也曾以老虎做為市吉祥物，名叫

「王虎伊」（왕범이），為虎多利的子女。王虎伊的誕生是為了紀念漢城定都 600 週年。以上，都是韓國人傳統上對老虎倍感親切而加以崇拜與喜愛的表現。

三足烏與獬豸

三足烏，又稱為「金烏」，傳說為生活在太陽的烏鴉，有三隻腳。如此，太陽中有金黃色的三足烏鴉，即「金烏」，便成為太陽的別名。其中，高句麗民族崇拜三足烏，等同於對鳥（烏鴉）與太陽的崇拜，因此，三足烏可說是太陽神，代表光明的力量，可說是高句麗民族的圖騰。滿族始祖努爾哈赤曾經在對明王朝作戰時，被烏鴉救活，所以滿族也崇拜烏鴉，並認為是吉祥的鳥類。而烏鴉有三隻腳的意義，可解釋為三神一體思想，即天、地、人；也有象徵天帝、君主的意味；也有三太極（天地、日、月）的意味。

另外，獬豸（해치），又稱為「海陀」（해태），傳說為古代韓國的防火與驅凶避邪的神獸，也是判斷是非善惡的正義神獸，代表法律的審判者，性格忠直，公平無私。而形似獅子，額頭中央有角，腋下有一對翅膀，脖子有繫掛鈴鐺為其形體特徵。

韓國的古代宮殿建築都有獬豸石像佇立，鎮守保護。從古至今，相關的司法、監察、議事等政府機關都使用獬豸圖騰為象徵。2008 年，首爾市將獬豸做為新的市吉祥物，而替代原有市吉祥物王虎伊。

濊貊民族與吉祥物

	濊	貊
古代	水大而深。	似黑熊與貓熊。
高句麗建國神話	朱蒙的好友——烏伊：讀音與「虎」、「濊」相似。	朱蒙的好友——摩離：讀音與「貊」相似。

獬豸

 **性格** 　性格忠直，公平無私

 **意義**
❶ 古代韓國防火與驅凶避邪的神獸。
❷ 判斷是非善惡的正義神獸。
❸ 代表法律的審判者。

功能
❶ 鎮守保護韓國古代宮殿建築。
❷ 古今司法、監察、議事等政府機關的象徵。

形體特徵 　形似獅子，頭有角，有翅膀，脖子繫鈴鐺。

現代韓國的吉祥物

虎多利

漢城（首爾）亞運、漢城奧運

王虎伊
漢城市吉祥物

獬豸
首爾市新吉祥物

韓國文化小教室

　中文的「吉祥物」，韓文稱為「象徵物」，為韓國祖先所創造出祈求萬事如意的象徵物，以便順利達成幸福美好的目標，也是一種圖騰。代表著國家民族的精神文化。

第3章　韓國現代的精神文化

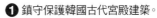

UNIT 3-22
韓國的國家學術研究機構（一）：韓國學與國史

韓國著名的兩大國家學術研究機構有韓國學中央研究院與國史編纂委員會，均為振興與發展韓國學為主，皆位於京畿道。

圖解韓國文化

韓國學中央研究院

1978 年時的名稱為「韓國精神文化研究院」（한국정신문화연구원），在 2005 年時，改名為「韓國學中央研究院」（한국학중앙연구원），位於京畿道城南市盆唐區，負責深入研究韓國文化的精髓與執行教育，奠定主體的歷史觀與健全的價值觀，探究韓國未來的定位與基本原理，以及為了再提升中興民族的國民精神，致力民族文化的昌盛而設置為目標。同時，進而強化其位階，做為韓國學的根據地與大本營，領航韓國學為目的的國家學術研究機構。

有鑑於急速產業化的歐美外來文化的氾濫影響下，可能造成韓國傳統文化的動搖，以及韓國文化的整體性受到威脅，最初是以韓國最具代表的哲學家朴鍾鴻博士為首的學界人士所提倡，並由國家成立。其任務是將相關韓國學資料經由收集、翻譯、研究、出版，予以系統化，以便強化韓國學的發展。

為了培養國內外的韓國學研究者與教授人員，在 1980 年開始附設韓國學大學院（研究所）。同時，為了集韓國民族的文化遺產與業績之大成，也著手進行《韓國民族文化大百科事典》、《韓國鄉土文化電子大典》的編纂工作。開設《數位韓國學》的網站，讓韓國學普及化。爾後，接管所有的圖書文化財產，並將韓國學資料予以資訊化。2007 年，為了韓國學的企畫研究與長期發展，而另設附屬機關，名為「韓國學振興事業團」。

國史編纂委員會

1946 年，制定與頒布了《國史館設置規定》，由國家成立於漢城（首爾）市景福宮緝敬堂，由高麗大學史學教授申奭鎬博士擔任首屆館長。1949 年，隸屬於教育部，原名「國史館」（국사관）則改制為「國史編纂委員會」（국사편찬위원회，簡稱「國編委」），位於京畿道果川市中央洞。其設置目的是，從對於國史的學識與研究經歷豐碩的人士中，由教育部部長委任審議有關國史編纂與資料收集。

實際運作的是編史部，下設通史、古中世史、近現代史、資料資訊等四個研究室。國編委的收藏資料，主要是以有關歷史的古書、古文書、一般圖書、視聽資料等，並將所有資料數位化，透過國編委網站，來提供多樣相關的國史資訊。

目前國編委致力於刊行韓國史研究的基礎資料，如《朝鮮王朝實錄》、《承政院日記》、《備邊司謄錄》等，歷代史的編纂，如《韓國三十六年史》、《資料大韓民國史》等；特殊資料，如《韓國史料叢書》等；以及經由學術資訊普及，促使韓國史研究的活性化，如《韓國史研究彙報》等。再者將現代歷史學者研究的成果集大成，整理成為套書，如《韓國史》、《韓國史論》。此外，還有多種套書持續進行編纂。總之，國編委傾全力將韓國史資訊化、大眾化與世界化。

兩大國家學術研究機構簡介

	韓國學中央研究院	國史編纂委員會
名稱沿革	1978 年，韓國精神文化研究院 2005 年，韓國學中央研究院	1946 年，國史館 1949 年，國史編纂委員會
位置	京畿道城南市盆唐區	**創始地**：漢城市景福宮緝敬堂 **現址**：京畿道果川市中央洞
由來	❶ 歐美外來文化的氾濫，威脅到韓國文化整體性。 ❷ 韓國哲學家朴鍾鴻博士倡設。	❶ **首任館長** 高麗大學史學教授申奭鎬博士。 ❷ 收藏歷史資料、達成綜合性的資訊事業、資料數位化、提供多樣的國史資訊。
設置目標	❶ 深化研究韓國文化的精隨與執行教育，奠定主體的歷史觀與健全的價值觀。 ❷ 探究韓國未來的定位與基本原理，提升中興民族的國民精神，成為韓國學的根據地與大本營。	❶ **教育部部長委任國史研究人士** 審議國史編纂與資料收集。 ❷ **編史部** 實際運作單位下設通史、古中世史、近現代史、資料資訊等四個研究室。
任務	❶ **韓國學資料系統化** 收集、翻譯、研究、出版，強化韓國學發展。 ❷ **韓國學大學院** 培養研究者與教授人員。 ❸ **集大成** 韓國民族文化遺產與業績。 ❹ **開設《數位韓國學》網站** 韓國學普及化。 ❺ 統管韓國學圖書文化財產並資訊化。 ❻ **韓國學振興事業團** 長期發展韓國學企畫研究的附屬機關。	❶ 致力刊行韓國史研究的基礎資料。 ❷ 將現代歷史學者研究的成果，整理成套書。 ❸ 持續進行編纂多種套書。 ❹ 傾全力於韓國史資訊化、大眾化與世界化。

韓國文化小教室

2006 年起，韓國政府為了重視歷史，指導正確的歷史觀念，以提升歷史的大眾化。因此，實施韓國史能力檢定考試，給予及格證照以資獎勵，以強化韓國史教育的普及。

UNIT 3-23
韓國的國家學術研究機構（二）：
學術院與頭腦韓國21世紀

韓國政府為了獎勵學者、學術團體的學術研究發展，設有「大韓民國學術院」，為國家學術研究機構，位於首爾市；大學方面則設有「頭腦韓國 21 世紀」獎學金制度。

圖解韓國文化

大韓民國學術院

　　1954 年時，大韓民國學術院（대한민국학술원）成立，位於首爾市瑞草區。主要領域為政治、法制、行政，簡稱「學術院」，其功能為國內外學者的代表機關，對於學術振興的政策諮詢與建議，學術研究與支援，國內外學術交流與學術活動的舉辦，學術院獎的授予，以及實施其他有關學術振興的事項。

　　其下分為總會、部會、分科會、事務局。總會為會員構成；部會分為人文社會（6 個分科會）與自然（4 個分科會）兩類；事務局則為處理業務的單位，也有出版刊物，如：《學術院會報》《學術院論文集》等。其中，會員的甄選資格為依據《大統領令》，國家給予優待，屬於有給職；並且依據《教育法》，對於學術研究有功者之大學教授，以及與大學同等位階的機構之教育人員，或在國家、公共團體機關具有學術研究年資二十年以上，或學術研究年資三十年以上，任期四年。再者，學術研究優秀而具有顯著功績者，則授予學術院獎。如此，有助於提升國家學術研究的發展，以及國際文化交流。

「頭腦韓國 21 世紀」獎助政策

　　頭腦韓國 21 世紀（두뇌한국 21 세기，Brain Korea21，BK21）的獎助政策是韓國教育部在 1999 年開始實施，是為了培育與獎勵具有世界級水準的大學院（研究所），以及優秀的研究人才，包含博碩士課程學生、新進研究人才（博士後研究員、約聘教授）等為主的事業，簡稱為「BK21」事業。獎助對象主要是以大學院博碩士課程學生為重點核心，稱為「BK21 獎學金」。如此，達到強化研究能力，保障研究人才，造就頂尖的大學院，促進國家均衡發展效果，以及提升國家競爭力等的最大目標。

　　BK21 獎助政策是由金大中大統領提出的「教育立國」方案。韓國政府一向十分重視教育在國民經濟發展中的作用，當時國家正處於金融危機，在重振國家經濟建設的過程中，以大量資金投入高等教育的大學院，促使卓越的學術研究風氣，能夠強化大學教育體制，並有效地呈現大學教育的優勢與成果，以達到韓國教育的均衡發展。因此，頭腦韓國 21 世紀獎助政策，就是計畫培育新興時代的高級研究與創新開發的人才，重點發展大學院的學術研究教育，以帶動整體大學教育的健全發展，造就韓國成為世界一流大學的搖籃，以再次振興國家經濟建設與發展。

　　具體成效有四點：一、創造優良的大學教育與學術研究的風氣，並提供經費與設備，全心投入學術研究活動。二、改善大學學術研究環境，擴充各類研究室與專業教室等基礎設施。三、革新大學課程與行政管理，加強產學合作，並且進行國際交流與合作。四、改革入學制度，吸引優秀的大學畢業生繼續升學就讀大學院。

大韓民國學術院

成立	1954 年	**主要領域**	政治、法制、行政	

大韓民國學術院

功能 國內外學者的代表機關。
進行振興學術、支援學術研究、舉辦交流活動、授予學術院獎等事項。

區分

總會	會員為主。
部會	下設分科會：人文社會（6 個分科會）、自然（4 個分科會）
事務局	處理業務、出版刊物。

會員甄選資格

❶ 依據《大統領令》，國家給予優待，屬於有給職。
❷ 依據《教育法》，對學術研究有功者，以大學教授與大學同等位階的教育人員為主，任期四年。
❸ 學術研究優秀而具有顯著功績者，則授予學術院獎。

頭腦韓國 21 世紀獎助政策

提出者	金大中大統領	**實施**	1999 年開始，韓國教育部主辦。

宗旨 培育世界級水準的大學院。
最大目標 強化研究能力、保障研究人才、造就頂尖大學院、促進國家均衡發展效果、提升國家競爭力。
獎助對象 主以大學院博碩士生為重點核心，稱為「BK21 獎學金」。
最大目標 ❶ 創造優良的研究風氣。❷ 改善大學環境設施。❸ 革新課程與行政管理。
❹ 改革入學制度。❺ 學以致用，展現自信，成果斐然。

歷年獲選 BK21 的大學 Top24

順位	校名	順位	校名	順位	校名	順位	校名
01	首爾大（國立）	07	浦項工大	13	漢陽大	19	亞洲大
02	高麗大	08	慶熙大	14	忠南大（國立）	20	蔚山大（國立）
03	延世大	09	全南大（國立）	15	梨花女大	21	建國大
04	釜山大（國立）	10	韓國科技院（國立）	16	慶尚大（國立）	22	西江大
05	成均館大	11	全北大（國立）	17	中央大	23	嶺南大
06	慶北大（國立）	12	忠北大（國立）	18	仁荷大	24	濟州大（國立）

★說明：1. 出處：韓國 DAUM 網站。 2. 校名（分校）重複不計。

 韓國文化小教室

「BK21」為由上（大學院）往下（大學部）扎根方式，以研究帶動教學，並強化教學。

UNIT 3-24 韓國的國家圖書館

韓國著名的兩大國家圖書機構有國立中央圖書館與國會圖書館，均為收集、整理、保存國家所有文獻，具有研究、考察、學習、教養、社會教育等機能，皆位於首爾市。

圖解韓國文化

國立中央圖書館

1945 年，韓國光復後，將以往日治的朝鮮總督府圖書館改名為「國立圖書館」（국립도서관）。1963 年，改名為「國立中央圖書館」（국립중앙도서관）。1988 年，移轉並重新建築於漢城（首爾）市瑞草區，具有超現代化的設施與機能。

具體機能有六項：一、保存與管理國內所有出版物。二、收集與保存國內外出版物。三、與國內各級圖書館，以及外國圖書館進行合作交流。四、執行圖書國際標準編號制度。五、圖書資料電子資訊化。六、開設圖書管理員研修教育。

主要藏書有人文科學、社會科學、自然科學等，都十分齊全，也有專業的藏書室，如：韓國學文獻室、系譜學資料室、參考圖書室、定期刊物室等。還有個人文庫藏書室，如：一山文庫室、領海文庫室、義山文庫室等。一般使用國立中央圖書館的讀者多為大學生與研究生為主，主要查詢博碩士學位論文、論文期刊、學報、專書為主。而自行出版物則有《圖書館》、《學術論著綜合目錄》、《外國圖書綜合目錄》、《大韓民國出版物總目錄》、《藏書目錄》等。總之，國立中央圖書館總網羅了韓國古今與國內外的圖書資料，也保存珍貴的圖書文化財產，是全體國民的圖書館，致力於國家精神文化的發展。

國會圖書館

1952 年，國會圖書館（국회도서관）原來在釜山，名為「國會圖書室」。1955 年，則升格為國會圖書館。1988 年，則設立在國會議事堂左側的獨棟建築物。位於漢城（首爾）市永登浦區汝矣島。

具體機能有九項：一、提供必要的國會議員立法活動資料。二、最新海外情報資料的分析與評價。三、國內外的立法參考資料的收集、研究、出版等。四、圖書館資料的收集、整理、保存、應用。五、各種書誌（傳統文獻）的編纂與發行。六、透過國際交流，進行文獻交換。七、保存與傳承國內出版的圖書館資料。八、存放聯合國刊行物，提供閱覽，兼具有聯合國圖書館的機能。九、提供、翻譯、研究與分析國會議員的相關立法、國政與出版物等資料處理。

主要藏書以社會科學為主。一般使用國會圖書館的讀者多以研究生為主，主要查詢博碩士學位論文、論文期刊、學報為主。同時，身為國家重要書誌與索引的專責單位，因此出版《韓國古書綜合目錄》、《定期刊行物紀事索引》、《國會法》、《韓國博士與碩士學位論文總目錄》、《大韓民國法令索引》、《國會會議錄索引》、《國會圖書館報》等，提供國內學界研究、考察。而自行出版物則有《立法調查月報》、《立法參考資料》、《海外資料》、《海外事情》、《藏書目錄》等，還有單行本與期刊的發行。國會圖書館也具備電子資訊化與現代化，以利檢索資料。

兩大國家圖書機構

	國立中央圖書館	國會圖書館
成立	1963 年	1988 年
位置	首爾市瑞草區。	首爾市永登浦區汝矣島,國會議事堂左側獨棟大樓。
機能	❶ 收集保管國內外出版物。 ❷ 與國內外國圖書館進行合作交流。 ❸ 執行國際標準碼。 ❹ 圖書資料電子資訊化。 ❺ 開研修教育。	❶ 提供國會議員立法活動資料。 ❷ 最新海外情報資料。 ❸ 國內外立法參考資料。 ❹ 圖書館資料、各種書誌、國際文獻交換、保存與傳承圖書館出版資料。 ❺ 存放聯合國刊行物、提供國會議員相關立法資料。
主要藏書	❶ 人文、社會、自然科學等藏書。 ❷ 專業藏書室:韓國學文獻室、系譜學資料室、參考圖書室、定期刊物室。 ❸ 個人文庫藏書室:一山文庫、領海文庫、義山文庫。 ❹ 自行出版物。	❶ 提供必要的國會議員立法活動資料。 ❷ 最新海外情報資料的分析與評價。 ❸ 國內外的立法參考資料的收集、研究、出版等。 ❹ 圖書館資料的收集、整理、保存、應用。 ❺ 各種書誌(傳統文獻)的編纂與發行。 ❻ 透過國際交流,進行文獻交換。 ❼ 保存與傳承國內出版的圖書館資料。 ❽ 存放聯合國刊行物,提供閱覽,兼具有聯合國圖書館的機能。 ❾ 提供、翻譯、研究與分析國會議員的相關立法、國政與出版物等資料處理。
使用讀者	多為大學生與研究生為主,查詢博碩士學位論文、論文期刊、學報、專書。	多以研究生為主,查詢博碩士學位論文、論文期刊、學報。

 韓國文化小教室

　汝矣島位於漢江內的小島,面積 4.5 平方公里,島上有許多知名的政經與媒體機構,如:國會議事堂、銀行、證券、大韓生命 63 大樓、KBS、MBC 等,也有大型休閒公園。

UNIT 3-25
韓國的國家博物館

韓國著名的國家博物館有國立中央、民俗、故宮、歷史、戰爭紀念等，皆為收藏、管理、保存國家所有文獻與文物，具有研考、調查、社會教育等功能，均位於首爾市。

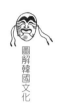

國立中央博物館與國立民俗博物館

國立中央博物館（국립중앙박물관）創立於 1909 年，原址為漢城（首爾）市昌慶宮內的李王家博物館，最初是朝鮮王朝王室美術品收藏中心。1915 年時，為日治的朝鮮總督府博物館。1945 年，韓國光復後，改制為「國立博物館」。1972 年，移轉到景福宮內，新建館區，改名為「國立中央博物館」。2005 年，國立中央博物館移轉於首爾市龍山區，新館正式啟用。如此，以展現符合 21 世紀統一韓國與世界化的文化時代，以及具有五千年文化的韓民族新形態。所藏遺物主要是韓國歷代以來的歷史、考古、美術、民俗等資料。其功能為讓全國民眾正確認識韓國傳統文化發展的主流，並推廣於全世界。

國立民俗博物館（국립민속박물관）創設於 1945 年，漢城市中區，1993 年移轉到景福宮內，直屬國立中央博物館。其功能為收藏與保存韓國民族悠久而傳統的歷代日常生活文化的視聽圖書資料、文物、造型、多媒體電子映像資料等，並以主題別與時代別的方式有系統地展覽，呈現十分活潑生動有趣的場景。

國立故宮博物館與大韓民國歷史博物館、戰爭紀念館

國立故宮博物館（국립중앙박물관）創立於 1908 年，原址為漢城（首爾）市德壽宮內的皇室博物館，其功能為收藏與保存朝鮮王室與大韓帝國皇室的文化遺產為主。2005 年，移轉到景福宮國立中央博物館原址，正式定名為「國立故宮博物館」。收藏品的主題分類有：王世子誕生教育、帝王紀錄、王室生活與文藝、國家禮儀、宮闕建築、宮廷繪畫與音樂、科學文化、御駕儀仗等照片、文物，可做為研究、調查、教育之用，讓民眾正確理解的韓國史觀。

大韓民國歷史博物館（대한민국역사박물관）創立於 2012 年的漢城市（首爾）景福宮光化門附近，以近現代史為主題，記錄大韓民國成立後的歷史發展。其功能為收藏與保存近現代史資料與文物，以便傳承後世，提高國民的自信心，達到社會統合，確保國家未來發展的原動力而設置的國立機關。

此外，還有戰爭紀念館（전쟁기념관），創立於 1994 年的漢城（首爾）市龍山區，其功能與其他博物館一樣，屬於收集與保存、研究考察、展示觀覽、教育活動等有關戰爭的各種資料。而所謂戰爭，主要是指南北韓戰爭（1950~1953），特別是為了紀念韓戰而對祖國犧牲奉獻者的功勳業績與不朽精神，進行紀念與宣揚，而以示反省警惕，勿忘戰爭的悲劇。展示內容從三國時代開始，一直到現代為止，各種護國戰爭資料與為國獻身捐軀者的文物。如此，可以激發全體國民的愛國心，增進民族團結意識，也是一種愛國教育的體現。

國家博物館

	國立 中央博物館	國立 民俗博物館	國立 故宮博物館	大韓民國 歷史博物館	戰爭紀念館
創立	1909 年	1945 年	1908 年	2012 年	1994 年
現址	首爾市龍山區（新館）	景福宮內，直屬國立中央博物館	景福宮國立中央博物館原址	首爾市景福宮光化門附近	首爾市龍山區
機能	正確認識韓國傳統文化發展的主流，並推廣於全世界。	普及與宣揚韓國文化。	主為收藏與保存朝鮮王室與大韓帝國皇室的文化遺產。	收藏與保存近現代史資料與文物。	收集與保存、研究考察、展示觀覽、教育活動等戰爭資料。
主要所藏	韓國歷代以來的歷史、考古、美術、民俗等資料。	韓國民族悠久傳統的歷代日常生活文化的視聽圖書資料、文物、造型、多媒體電子影像資料等。	有王世子誕生教育、帝王紀錄、王室生活與文藝、國家禮儀、宮闕建築、宮廷繪畫與音樂、科學文化、御駕儀仗等，照片和文物做為研究、調查、教育之用，以正確理解韓國史觀。	以近現代史為主題，記錄大韓民國成立後的歷史發展。	以 625 韓戰為主，加上從三國時代到現代為止，各種護國戰爭資料與為國獻身捐軀者文物。

韓國文化小教室

　韓戰又稱為「625 事變」。1945 年，二次大戰後，南北韓以北緯 38 度線為界，分立於韓半島。北韓在中共與蘇聯的支援下，於 1950 年 6 月 25 日入侵南韓。三年後，各自成立政府。南韓國號為「大韓民國」；北韓國號則為「朝鮮民主主義人民共和國」。

UNIT 3-26
韓國的國家語文機構

韓國著名的國家語文機構有國立國語院與國立韓文博物館，皆為執行與統一韓國語言文字的發展，皆位於首爾市。

圖解韓國文化

國立國語院

國立國語院（국립국어원）為 1990 年創立，制定與頒布《國立國語院編制法》後，負責韓國語言文字政策的建立與執行，以及調查、研究等項目，成為韓國語言文字政策運作的核心機關。位於首爾市江西區。

設立目的是要將有關韓國語言文字政策的重要資料給予科學化、系統化，以奠立韓國語言文字政策的基礎。並且編纂韓國語文辭典，以利修正與確立標準而統一的韓國語文，培養與強化韓語文生活的基礎。

再者，透過收集、保存、研究、調查、修正、整理、出版等多樣方式，將所有與韓國語文有關的資料，視為文化遺產。如此，可以提升韓國語文的生活品質與發展，也是實踐國家語文政策的重要機構。其機能有六項：

一、建立與執行韓國語言文字政策的方案：如韓國語言文字政策各種方案的提出、南北韓語言文字統一、漢字語與外來語使用情形、《國語基本法》（2005）實施等方案。

二、國語的整備：規範韓國語文的統一化與標準化，以利做為國民語文生活的基準依據，如：公布《韓文拼字法》、《標準語規定》、《外來語表記法》、《國語的羅馬字表記法》等語文法規，由國家主導。如此，《標準國語大辭典》（1999）出版，並且提供網路修正版（2008），達成語言與文字的一致性。

三、改善韓國語文的使用：負責公文書、傳播媒體用語、教科書內容的改善措施。如將艱澀的外來語改為漢字語或固有語，執行國語純化政策，並出版《國語純化資料集》。

四、提升國民使用的國語文能力：如開設國語文講座、網路學習、院內國語文化學校，來構成國語文的學習教育體系。

五、普及國內外的韓國語文：韓國語文教育的教材開發與教師培養，實行韓國語文教師資格證照制度，派遣國內韓國語文教師到外國的教學。

六、國語文資料的收集與整理：以學界的論著為主，每年發表出版《國語年鑑》，做為歷年國語文研究成果的集大成目錄，同時登錄在網路，提供檢索。並且也擔任國語文化遺產的集大成工作，收集與韓國文字相關的文化資料，登錄在網路，成為數位化的「數位化韓文博物館」，提供檢索。

國立國語院是專門執行國語國字政策的國家機構，國語國字政策是以標準與統一韓國語文為要務。

國立韓文博物館

國立韓文博物館（국립한글박물관）在 2014 年創立。為展示韓國文化遺產，即韓國文字的歷史與價值，以及提供學習與體驗機會的博物館。位於首爾市龍山區。設置目的為落實保存、推廣、振興、統一韓文的國家政策。其機能收集、保存、研考、教育、展示、交流等韓文與韓文文化的相關文物與資料，展現韓文的民族精神與民族文化。

國家語文機構

	國立國語院	國立韓文博物館
創立	1990 年	2014 年
負責項目	韓國語言文字政策的建立、執行、調查、研究,為韓國語言文字政策運作的核心機關。	展示韓國文化遺產,包含韓國文字的歷史與價值,提供學習與體驗機會。
設立目的	❶ 將韓國語言文字政策的重要資料科學化、系統化。 ❷ 奠立韓國語言文字政策的基礎。 ❸ 編纂韓國語文辭典,修正與確立標準而統一的韓國語文,並培養與強化韓國語文生活的基礎。 ❹ 將所有韓國語文資料,視為文化遺產,進行收集、保存、研究、調查、修正、整理、出版等。	實踐保存、推廣、振興、統一韓文的國家政策。
機能	❶ 韓國語言文字政策方案的建立與執行。 ❷ 國語的整備:統一化與標準化。 ❸ 韓國語文使用的改善:艱澀外來語改為漢字語或固有語,執行國語純化政策。 ❹ 提升國民使用的國語文能力。 ❺ 普及國內外的韓國語文。 ❻ 國語文資料的收集與整理。	❶ 收集、保存、研考、教育、展示、交流韓文與韓文文化的相關文物與資料。 ❷ 展現韓文的民族精神與民族文化。

 韓國文化小教室

　韓國語能力考試（TOPIK）的制度,為 1997 年開始實施。有助於掌握韓國語文教育課程的學習內容與方向,以及韓國語文教育的推廣與普及,使韓國語文達到世界化為目標。

第4章
韓國現代的生活文化

韓國的現代生活文化中，雖然時常反映了傳統文化與現代文化的鮮明對比，可是不但不會造成衝突，反而古今相互融合，以及東方傳統與西方文化兼容並蓄，創造出多樣的韓民族文化特色，例如：韓流的文化創意形象，獨一無二，舉世聞名。

UNIT *4-1*
韓國的民族服飾：韓服

韓服為韓國傳統的民族服飾，具備韓民族的固有樣式與精神意涵，也可稱為「國服」。
而改良式韓服則適合現代日常生活的作息，又稱為「生活韓服」。

圖解韓國文化

傳統韓服

　　韓服（한복）是韓國的傳統服飾，具有獨特的民族特色，即蘊含著韓民族固有的思想、習慣、行為、型態、技術等的樣式與精神。在思想方面，韓民族自古以來就崇拜太陽，白色象徵太陽，代表光明，而崇尚白色，因此，韓服以白色為主，有「白衣民族」的稱號，可說是韓服的最基本、最普遍的顏色。

　　一般韓服上衣短而合身，易於活動，而下裳寬鬆寬大又長，代表福氣，因此穿著韓服具有會帶來很大福氣的意義。行為方面，韓民族一般是盤坐或跪坐在地面的文化，而韓服以寬大為基礎，非常適合盤坐或跪坐在地面。型態方面，韓服的上薄下厚、上窄下寬的形式，柔和線條，相互調和，展現韓服輪廓的曲線美，特別是女性韓服最具代表。技術方面，由於韓服寬鬆，穿著起來毫無拘束感，而且穿脫十分方便。同時，可以凸顯身材優美曲線，也可以遮蔽體型的缺陷。適應季節氣候而言，依照布料特性製作，講究多層次穿著，也可依節氣穿搭，冬暖夏涼，具有調節體溫的功能。

　　韓服具有北方民族服飾的共同基本特徵，即上為短衣，外加背心；下則為長褲，外加長裙。起源於韓國三國時代的高句麗、新羅、百濟。爾後，到了朝鮮王朝時代則演變為嶄新的服飾風格，即上衣合身變短，下裳蓬鬆而寬長，裙腰變高及胸，一直流傳到現代。

　　同時，韓服也有其形式與禮節，由於韓服種類眾多，依照季節性而有不同的質料與色彩。當然也有代表身分、性別、年齡、地位、節日、用途、功能等不同的意味。色彩、紋路與裝飾也有所不同，有一般平民與貴族、宮廷與民間、禮服與常服、華麗與樸素等之分。

　　韓服的特色為具有端莊、賢淑、優雅、品味、曲線之美。最大特點為上衣的「V」字領下的長飄帶，結成「Γ」字形，襯托出韓服之美。近代開始，韓服被西方服飾給替代，一般而言，現代穿著韓服主要為女性，男性則較少，以西裝為主。而每逢年節、慶典、婚禮、宴會等隆重典禮或正式場合，大多穿著韓服。現在日常生活中，已經很少會穿著韓服。

改良式韓服：生活韓服

　　就現代生活而言，由於傳統韓服太過於正式嚴謹，如此，近年來，有所謂製作改良式的韓服，因應而生。講究年輕活潑、簡單輕便，利於日常生活穿著的家居服，也可做為公司行號、社團機構的制服，而加以推廣普遍化，又稱為「生活韓服」。

　　改良式韓服或生活韓服，可說是一種文化創意、民族創意，種類多樣，兼具過去傳統與現代創新的樣式設計，再加以融會貫通，仍然呈現出具有韓民族特色的民族服飾，深受大眾喜愛與歡迎。

傳統韓服

生活韓服

韓服的演變

三國時代　具北方民族服飾的共同基本特徵：上為短衣，外加背心；下則為長褲，外加長裙。

朝鮮王朝時代　上衣合身變短；下裳蓬鬆寬長，裙腰變高及胸。

韓國文化小教室

　　現代西方講究緊貼身體的衣褲，如：韻律褲、牛仔褲、窄管褲、內搭褲、自行車服等都是展現「身體」的曲線美，這與韓服展現「衣服」的曲線美有所不同。韓民族的傳統觀念認為，韓服寬長代表福氣，穿著韓服可以帶來很大的福氣。反之，現代流行上述的西方衣褲緊貼束縛身體（內衣褲／襪例外），則福氣無法進來。

UNIT **4-2**
韓國的流行服飾

自從韓流風靡全世界之後，韓國的流行服飾也深受世人歡迎。因此，「韓國」已經等同於「名牌」的象徵。

圖解韓國文化

韓國流行服飾的變遷與現況

　　韓流之前，韓國社會的穿著也已西化，尤其是牛仔服裝，可說是年輕人的代名詞，而且是男女老少皆宜。特別是牛仔褲永不退流行，還有類似牛仔褲的工作褲、休閒褲也普遍。

　　女性穿著裙子在韓國比較不流行，可能是一年四季中，春秋冬三季的氣候偏冷的因素，但是中學與高中的女學生制服一年四季都穿著裙子，上班族女性的制服也以裙裝為主，冬季時則裙子搭配黑色厚褲襪禦寒。上班族或在正式場合的男、女性，必須穿著正式西服。婦女居家則多穿著連身裙。而一般大學生的穿著仍以休閒為主，如：POLO衫、T恤、背心、牛仔褲、休閒褲、短褲。

　　服飾顏色方面，多為黑、白、米黃、膚色、棕色、深藍等色，樣式與色澤比較保守、成熟。自從韓流之後，韓國成為世界流行服飾的指標，一向以歐美日為主的傳統流行趨勢，就被韓流的發源地「韓國」給取代了，使得韓國躍升為世界流行服飾標竿的新秀，引領流行，成為世界潮流。樣式與色澤開始活潑、開放、多樣，以及年輕化。

　　所謂韓系、韓版、韓式、韓風、韓服（指現代的韓國流行服飾）等品牌用語，含有樣式新穎、變化無窮、創新前衛、年輕活潑、品質保證、時尚流行、色彩繽紛等韓流服飾的特徵。特別以女性而言，如：以傳統牛仔褲為基礎，延伸為窄管褲、鉛筆褲等；禦寒用厚褲襪，延伸為內搭褲襪；保暖褲改良為韻律褲、塑身褲等。芭蕾舞蹈用的衣褲都

改良延伸成為日常生活服飾，如：上半身衣服，講究合身、緊身，類似韻律服；下身衣服，則有裙褲、大陸褲（喇叭褲、瑜珈褲）、韻律褲與褲襪（平口褲、踩腳褲、內搭褲、全包覆），也是講究合身、緊身。甚至連帶影響到運動服飾，以往運動服飾樣式單調、寬大，只限體育活動，而今十分重視運動與休閒，也講究運動服飾的品味，將韓流服飾的合身、新潮、年輕、活潑等特點注入運動服飾的設計，就可以適合各種場合穿著。再者，也有從新潮風兼具復古風，或是再加上民族風，兼容並蓄，成為另類的流行趨勢。

　　一般而言，女性服飾比男性服飾多樣、多變化。但是近來，開始注重男性服飾的韓流設計概念，如合身、緊身，甚至也流行男用內搭褲。

　　韓國流行服飾設計的「韓式」概念，大致可歸納如下：一、兩件式：即假兩件，類似傳統韓服多層次穿法。二、拼接與撞色：也類似傳統韓服色澤搭配的特色。三、新潮時尚感：直覺上就可以感受到無法形容的韓流服飾品味。四、講究彈性布料：以利貼身的穿著，比較舒適、科學。

韓國流行服飾的大本營

　　韓國首都首爾市的東大門、明洞、梨花女大、弘益大學等地區為韓國流行服飾最著名的大本營。其中，東大門是韓國最大的流行服飾與各類運動服集散地，專營批發與零售。各式各樣的布料、服飾配件、飾品、鞋類、包包等，一應俱全。

韓國女性流行服飾的變遷

 樣式　　　　　　　　　　　　　　　**顏色**

之前

❶ 比較不流行裙子
❷ 女學生及上班族女性的制服為全年裙裝。冬季時，搭配黑色厚褲襪禦寒。

多為黑、白、米黃、膚色、棕色、深藍等色，樣式與色澤比較保守、成熟。

 韓流

之後

❶ 牛仔褲延伸為窄管褲、鉛筆褲。
❷ 禦寒用厚褲襪延伸為內搭褲襪。
❸ 保暖褲改良為韻律褲、塑身褲。
❹ 芭蕾舞蹈用衣褲改良為日常生活服飾。
❺ 假兩件。
❻ 講究合身、緊身。

色彩繽紛，多為色彩拼接與撞色。

韓國流行服飾

樣式與色澤	活潑、開放、多樣、年輕化。
特徵	韓系、韓版、韓式、韓風、韓服（指現代的韓國流行服飾）等品牌用語。 樣式新穎、變化無窮、創新前衛、年輕活潑、品質保證、時尚流行、色彩繽紛。
流行趨勢	1. 新潮風兼具復古風。 2. 或加上民族風，兼容並蓄。
設計概念	1. 兩件式：即假兩件。 2. 拼接與撞色：色澤搭配。 3. 新潮時尚感：直覺感受韓流服飾的品味。 4. 布料：講究彈性，貼身、舒適、科學。
大本營	1. 首都首爾市東大門、明洞、梨花女大、弘益大學等地區。 2. 東大門為：(1) 韓國最大的流行服飾與各類運動服集散地，專營批發與零售。 　　　　　　(2) 各式各樣的布料、服飾配件、飾品、鞋類、包包，一應俱全。

韓國文化小教室

　　由於現代的韓國非常重視假日休閒活動，因此，最受歡迎的時裝為牛仔褲、運動服、登山服（野外服裝）、背心（類似傳統韓服背心的穿著），輕便又實用，便於居家或外出。

第4章　韓國現代的生活文化

121

UNIT 4-3
韓國料理

韓國料理清淡少油為其特徵，一向注重食醫同源，飲食即是實藥的養生之道。

圖解韓國文化

民間的韓國料理

　　韓國料理（한국요리）以生冷涼拌與醃漬類為主，如泡菜與小菜類；也有烹煮類，如米飯、湯鍋類。傳統的韓國料理，基本上有米飯、湯、泡菜，以及各種小菜。

　　其中，米飯為韓國的主食，種類多樣，主要有白米飯、五穀飯，加上配料後，延伸為拌飯、紫菜飯、拳頭飯（飯糰）、炒飯、蓋飯、豬排飯、咖哩飯等。還有糯米，如：炒年糕、松糕等。湯則以湯鍋類為主，如泡菜鍋、豆醬（味噌）鍋、豆腐鍋、部隊鍋、雪濃（牛肉）湯、海帶湯、蔘雞湯等。

　　泡菜是韓國傳統的代表主菜，韓民族飲食的象徵，以大白菜與辣椒為主要材料。其次還有蘿蔔泡菜、水泡菜，以及白菜、黃瓜泡菜、韭菜泡菜、蔥泡菜等。各種小菜則種類頗多，如：魚板（天婦羅）、醃蘿蔔條、蒸蛋、綠辣椒條、黃豆芽、蓮藕、魚類、煎豆腐，以及各式泡菜等。至於調味材料，則以麻油、醬油、鹽、辣椒醬、辣椒粉、胡椒粉、豆醬、蔥、大蒜、生薑、洋蔥為主。

　　另外，也有麵食類，如麵條、冷麵、炸醬麵、刀削麵、麵疙瘩、拉麵（泡麵），以及包子、餃子、煎餅等。其中，拉麵大多必須烹煮，較少沖泡，內附湯粉調理包幾乎無油，為最大特色。

　　韓國飲食注重食醫同源的養生之道。同時，必須使用筷子、湯匙，普遍為鐵製匙筷，長湯匙、扁筷子，而飯碗多為鐵製，瓷碟、瓷盤為盛菜之用。

宮廷的韓國料理

　　宮廷料理為傳承韓國五千年歷史，歷經各朝代，直到朝鮮王朝才匯集而成，專供朝鮮王朝時期歷代國王用餐的膳食料理，匯集韓半島各地美食，是韓國飲食文化的精髓。

　　其食材是嚴選各地方品質最好或當季新鮮美味的優質特產品，經由料理技術出色的廚房尚宮們卓越的手藝，以一脈相承至今的料理技術與精心調製而成，呈現尊貴的美味與華麗的筵席，以及傳統飲食文化的璀璨面貌，發揮食材最極致的風味與精髓，也是美味與文化的結晶，是高級韓定食。

　　宮廷料理種類繁多，料理方式非常多樣化。另外，宮廷料理多為熟食，生冷涼拌與醃製類較少，不使用太刺激的辛香料，也避免較鹹味、辣味或重味的菜餚，都是利用天然清淡風味的食材來料理，注重食醫同源的養生之道。

　　最著名的掌廚宮廷料理的尚宮為韓熙順（1889~1971），為朝鮮王朝時代最後一位廚房尚宮，專責高宗與純宗的膳食。而目前的宮廷料理能手，以黃慧性最著名，為大學教授，曾經向韓熙順尚宮拜師學藝，學習宮廷飲食烹調，並且為國家保存宮廷料理的傳統文化，極力爭取宮廷料理為無形文物（重要無形文物第 38 號），於是韓熙順榮獲第一代宮廷飲食大師的國家最高殊榮，而黃慧性也獲選國寶級大師。因此，韓國宮廷料理的傳承與發揚光大，都須歸功於韓熙順尚宮與黃慧性教授。

韓國餐具組

使用鐵製的扁筷子、長湯匙、飯碗。

韓國宮廷料理

由來 | 傳承韓國五千年歷史，歷經各朝代，匯集到朝鮮王朝而成，專供朝鮮王朝歷代國王用餐。

食材 | 嚴選韓半島各地方品質最好或當季新鮮美味的優質特產品。

特色

❶ 種類繁多，料理方式非常多樣化。
❷ 多為熟食，生冷涼拌與醃製類較少，不用太刺激的辛香料，避免味濃。
❸ 利用天然清淡風味的食材來料理。
❹ 注重食醫同源的養生之道。

宮廷水刺桌（御膳）

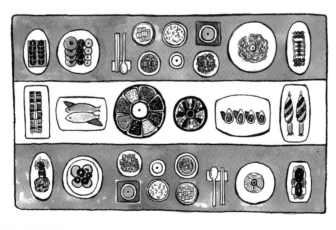

包含12碟菜餚的套餐，基本料理為2種飯、2種湯及煲湯、燉品、小火鍋、泡菜、醬料等。

 韓國文化小教室

　韓國泡菜具有相當高的營養價值，在醃漬發酵的過程中所產生的乳酸菌，可幫助消化及健胃清腸。同時，也被公認有益於提高人體免疫力，預防感冒、癌症等功效。

UNIT 4-4
韓國的小吃

韓國的小吃廉價美味，種類十分多樣，有店面，也有路邊攤，大多分布在大街小巷，可以打包，也可以站著吃。深受年輕人及學生的喜愛。外來小吃則以西式、日式為主。

圖解韓國文化

韓國的傳統小吃：粉食

　　韓國的小吃稱為「粉食」（분식），原指以麵粉製成的食品，現在則指以經濟實惠的價格來簡單享用的飲食，也可當作正餐的配菜，屬於全天候的小吃。

　　韓國小吃種類非常多樣，大多在學校周邊或路邊、街上販賣，著名的有海苔飯、辣炒年糕、血腸、魚板、油炸物、糖餅、魚片、魷魚乾、烤串、鯛魚燒、菊花燒、雞蛋糕、包子、烤栗子等。

　　店面的粉食，除了有上述小吃之外，還有麵食類，如：麵條、刀削麵、麵疙瘩、拉麵（泡麵）、包子、餃子等。其中，最具代表性的街頭小吃為海苔飯、辣炒年糕、血腸。海苔飯類似日本壽司。辣炒年糕為白色的長條年糕，醬汁辣甜。血腸是在豬腸中，放入類似臺灣冬粉的較粗粉條為主的韓式香腸。魚板類似日本黑輪、甜不辣，以魚肉製成，可與蘿蔔、洋蔥等一起熬煮。油炸物有魷魚、餃子、地瓜、蝦子等沾滿麵糊後，以油炸製成。糖餅為圓平的煎餅，內餡以黑糖、核桃、松子等堅果為主。魚片與魷魚乾是用火烤方式食用。烤串是用竹籤串成的小吃，以雞肉烤串與蔬菜烤串為主。鯛魚燒、菊花燒、雞蛋糕是分別以魚形、花形、蛋形的模子來烘烤製成，而內餡以紅豆泥、黑糖、奶油、乳酪、地瓜泥等為主。包子的內餡以紅豆泥為主，其他也有肉類、蔬菜的餡料。烤栗子是以烘烤製成，類似臺灣的糖炒栗子。

　　另外，還有糯米糕、蕎麥涼粉，為韓國傳統的宵夜小吃。糯米糕是以糯米做成的年糕，內餡以紅豆泥為主。蕎麥涼粉是將蕎麥去殼磨碎後，煮成凝凍，切成條狀。同時，宵夜美食還有粥品、豬腳、白切肉包菜、烤地瓜等。其中，豬腳是非常鮮嫩而有彈性，附沾醬。白切肉包菜是將豬肉與傳統豆醬、大蔥、蒜頭等食材一起烹煮後，將熟肉晾乾後，切片，再用蔬菜夾肉包飯食用。在韓國到處可見豬腳與白切肉包菜的專賣餐廳，全都是二十四小時營業，並且提供外送宅配的服務。

　　韓國的傳統小吃，一般而言，比較清淡少油，也是注重食醫同源的養生之道。

韓國的外來小吃：
西式與日式料理

　　韓國的外來小吃有著名的西式、日式等料理的速食連鎖店。

　　西式方面，有麥當勞、漢堡王、肯德基、必勝客、大力水手炸雞（Popeyes Chicken & Biscuits）、儂特利（樂天利，Lotteria）等，以及澳拜客（Outback）、星期五美式餐廳（T.G.I. Fridays）、Bennigans等。日式方面，則有吉野家。其中，西式速食以漢堡、炸雞、薯條、披薩最為普遍，也最受小孩與年輕人的喜愛，但是一般認為比較油膩，注重油炸，營養不太均衡。因此，飲食西化可說是影響現代生活健康與否的關鍵與隱憂。而日式方面，則與韓國相同，講究清淡少油的養生之道，十分符合韓國的飲食健康觀念，因此日式料理也逐漸普遍起來。

韓國最具代表性的街頭小吃

海苔飯 辣炒年糕 血腸

 鯛魚燒、菊花燒、雞蛋糕

內餡以紅豆泥、黑糖、奶油、乳酪、地瓜泥等為主。

鯛魚燒 菊花燒 雞蛋糕

 豬腳與白切肉包菜

韓國文化小教室

韓國的用餐禮節
1. 長輩先行用餐。
2. 忌諱談論不潔事物。
3. 用餐速度要適中,不可太快或太慢。
4. 用餐時,多不交談。
5. 飯碗不可端起,以避免燙傷。
6. 雙手不可同時使用匙與筷。
7. 匙筷勿放在碗上,應放置桌上。
8. 韓式扁平金屬筷子:只是用來夾菜。
9. 金屬長匙:用來舀米飯與舀湯。

白切肉包菜

豬腳

韓國的飲品與中華（中國）料理

韓國的飲品多樣，有傳統的飲品，也是注重食醫同源的養生之道，以酒最普遍；也有外來的飲品，以咖啡最受歡迎。中華料理可說是韓國常見的飲食，其特色是外送服務周到，無論在何處，使命必達。

圖解韓國文化

韓國的飲品

韓國飲食（한국음식）一向注重食醫同源的養生之道。在飲品之中，在傳統的茶類方面，有人蔘、生薑、桂皮、柚子、桔梗、木瓜、石榴、五味子、枸杞子、紅棗、薏仁、玄米、玉米鬚、水正果等天然食材，製成多種的養生茶品，其中，水正果是由柿餅、桂皮、生薑、黑胡椒、蜂蜜或紅糖等原料製成，味道香甜，為常見的飯後飲品。還有一般的紅茶、綠茶、麥茶。

傳統的酒類方面，有燒酒、瑪格利（濁酒）、藥酒、清酒、花酒、水果酒、食醯（甜米酒）等。還有一般流行外來的啤酒、洋酒、高粱酒，適度飲用有益健康，一般韓國人在交際應酬時，最喜歡喝酒，具有助興與增進氣氛的功能，酒店也多，形成飲酒文化。

咖啡方面，可說與酒並駕齊驅，流行以久，是韓國人的最愛，也是具有助興與增進氣氛的功能，香醇濃郁聞名，也是西式飲品中的第一，咖啡店十分普遍，而咖啡自動販賣機遍布街上與大學校園中，到處林立，更是普遍。此外，各式的果汁、碳酸飲料、乳酸菌飲料、牛乳飲品等也是琳瑯滿目。

韓國的中華（中國）料理

韓國的中華（中國）料理（중화 [중국] 요리），起源於清王朝時期。當時，韓中兩國經貿往來頻繁，華籍商人定居韓國成為華僑，開設中國餐館，而成為「中華（中國）料理」，爾後，持續發展，十分普遍，可說是韓國常見的飲食，深受到韓國人的喜愛，種類也非常多樣。其中，以炸醬麵最為有名。

韓國炸醬麵據說是來自於中國大陸山東省籍的華僑所創，以春醬（甜麵醬、大豆醬）為調味醬料，色澤為黑色，再加上洋蔥、蝦、肉類等。而麵條是由米或麥做成，具有彈性，成為獨樹一格的風味，可說是韓國式的炸醬麵，也是國民美食之一。其次，是炒飯，並附有春醬，拌在一起，非常可口，爾後，韓國料理也延伸發展出泡菜炒飯。

其他著名的菜色，如：雜菜粉條、乾烹雞、糖醋肉、餃子、煎餃、溜三鮮飯、炒碼麵、烏龍麵、麻婆豆腐、辣子雞、八寶菜、全家福、海參湯、酸辣湯、雞蛋湯、餃子湯、玉米粥、兩張皮、海蜇涼拌、丸子等。

此外，韓國的中華料理店逐漸由韓國人經營居多，最大特色就是外送服務，非常周到。無論顧客在何處，只要一通電話，外送員便騎著機車配送，一定是使命必達。在顧客用餐完後，都習慣將餐具整齊疊起，放置原地，以方便外送員來回收。

韓國的飲品

傳統茶類
❶ 注重食醫同源的養生之道。
❷ 人蔘、生薑、柚子、五味子、紅棗、薏仁、玄米、玉米鬚、水正果（常見的飯後飲品）。

外來酒類
啤酒、洋酒、高粱酒。

現代茶類
紅茶、綠茶、麥茶。

咖啡
韓國人的最愛，西式飲品中的第一，咖啡店、咖啡自動販賣機遍布。

傳統酒類
❶ 適度飲用有益健康
❷ 飲酒文化：
燒酒、瑪格利（濁酒）、水果酒、食醯（甜米酒）。

其他
各式的果汁、碳酸飲料、乳酸菌飲料、牛乳飲品。

水正果
由柿餅、桂皮、生薑、黑胡椒、蜂蜜或紅糖等原料製成。

韓國的中華料理

清王朝時期，韓中兩國經貿往來頻繁，華商（華僑）定居韓國，開設中國餐館。

成為韓國常見的飲食，以炸醬麵最著名。

現代最大特色
❶ 逐漸由韓國人經營。
❷ 機車配送，使命必達。

韓國文化小教室

　　韓國飲酒的基本禮節，如：晚輩與長輩喝酒時，晚輩必須先向長輩倒酒。由長輩先喝酒後，晚輩才能飲酒。同時，晚輩喝酒時，必須側身，不可面對長輩，而且還須摀住嘴。喝酒時，必須相互倒酒，來表示友誼與尊重。替他人倒酒時，一定要使用右手來拿酒瓶。使用左手倒酒，可說是不禮貌。接受他人倒酒時，必須雙手拿起杯子，以表示謝意。同時，左手要扶著右手，以表示尊重。再者，韓國人喝酒時，習慣喝完一杯再倒酒續杯，不喜歡杯內有酒時又再倒酒。敬酒時，客人不可拒絕主人的第一杯敬酒，連續三次拒絕主人的敬酒，主人就不會再敬酒了。

UNIT 4-6
韓國的韓屋與現代住宅

韓國現代生活的居住建築，有傳統的韓屋與現代的住屋，同時並存，形式多樣。

圖解韓國文化

韓國的韓屋

韓屋是韓國傳統建築樣式的房子，也稱為「朝鮮屋」（조선옥）。韓屋的特點是重視地形位置與季節氣候，通常採行「背山臨水」為原則，來建造在後面有山、前面有水的地方，可說是一種地理風水理論。同時，由於冬季十分寒冷，在屋內地面下都有暖炕，即溫突設施，以達到禦寒保暖的效果，為韓屋最大的優點；而夏季也非常炎熱，則在屋內地面上，鋪設地板，並且採取寬闊敞開的形式，以達到通風涼爽的效果。

韓屋內部的基本組成，包括大門、庭院、廚房、舍廊房（客廳）、內房（內廳）、地板、畜舍、化妝室、醬缸臺（醃製醬菜放置場所）等。而韓屋的建材，都是來自於大自然界，例如：樹木、稻草、石頭、泥土、瓦片與紙張。傳統的韓屋以樹木做樑柱，周圍牆壁與地板則是以石頭混水泥的方式搭建，以木板做窗沿，並且在牆壁與窗戶貼上傳統的韓紙，地板則鋪上油光面的韓紙。

韓屋一般可分為兩類，即貴族階層所居住的瓦片房屋與平民階層所居住的稻草房屋，可從屋頂的材質來清楚辨識。但在現代，稻草房屋幾乎已經看不到了，瓦片房屋至今仍然存在，因此，現代韓國社會大眾所指稱的「傳統韓屋」，都是以瓦片房屋為代表，多為名勝古蹟，如：首爾市的南山谷與北村、京畿道龍仁市韓國民俗村、慶尚北道安東市的安東河回村與慶州良洞村、全羅北道全州市、濟州島城邑等最為著名。

韓國的現代住屋

韓國現代的房屋稱為「洋屋」（양옥），洋屋的樓房建築有低有高，種類用途很多，但是主要以住屋為生活必備的基本需求，就種類而言，可分為公寓與住宅兩種。公寓是新式的高樓大廈；住宅則是指有庭院的舊式兩層樓房，門戶獨立。

現代人都十分注重居住與周邊環境的品質，因此，韓國新建住屋的建築，都是將舊式的住宅拆除，原地重建新式的大型公寓，並且附設社區公園與公共設施，以利住民眾休閒活動，也設置社區保全警衛，大大提升居住環境的品質、美化與安全。

房屋形式可分為家庭式與套房式。租屋普遍，大致可分為一房（套房）、自炊房（雅房）與下宿（供應早晚兩餐）等類型。此外，還有考試院，舊式而言，特色是房間狹小，租金低廉，入住方便，適合應考的考生、一般大學生，也有社會人士；新式而言，則比較寬敞舒適，設備齊全，租金比較昂貴。

以上的韓國現代住屋都有溫突（暖炕、地板熱氣）的電氣設施，除了可以禦寒保暖之外，也同步提供熱水，這也是韓國現代住屋的最大優點。

再者，一般韓國的傳統住屋，習慣上，進入屋內，必須脫鞋，以及席地而坐，就地而睡，沒有椅子與床鋪，同時，家具很少，多為櫃子與矮桌；而現代住屋則各種桌、椅、床、櫃等基本家具都很齊備。

南山谷韓屋村

韓屋內部格局

內部基本組成：大門、庭院、廚房、舍廊房（客廳）、內房（內廳）、地板、畜舍、化妝室、醬缸臺（醃製醬菜放置場所）。

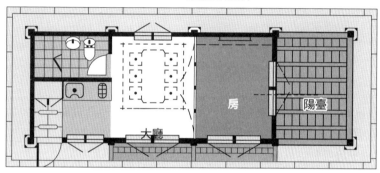

房

陽臺

大廳

現代租屋房

一房	套房
自炊房	雅房
下宿	供應早晚兩餐
考試院	1. 舊式： 房間狹小，租金低廉，入住方便。 2. 新式： 寬敞舒適，設備齊全，租金昂貴。

一房一廳一廚一衛平面圖

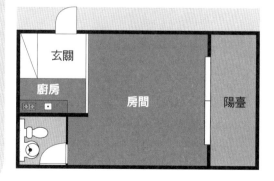

玄關

廚房

房間

陽臺

韓國文化小教室

韓國溫突的原理是以廚房爐灶，燒柴或煤炭來產生熱氣，經由屋底的管道暖和室內。

129

UNIT 4-7
韓國的交通（一）：道路與鐵道

韓國政府大力建設道路與鐵道的交通網絡，使現代生活的大眾交通運輸十分密集與便利，有效地紓解擁擠的狀況，其中最大特色就是通勤的車費非常低廉。

圖解韓國文化

韓國的道路交通

韓國的全國交通非常完善，陸上交通設施區分為道路交通與鐵道交通兩種。在道路交通方面，有高速國道與一般道路。

朴正熙大統領時期，1968 年，建設第一條現代化高速道路（고속도로），稱為「京仁」高速道路（首爾到仁川，24 公里）。1970 年，又進一步建設了一條，稱為「京釜」高速道路（首爾到釜山，426 公里），為韓國第一號線高速道路。爾後，陸續擴大建設，全國總計有 32 條高速道路，總長達 4500 公里。高速道路的交通運輸事業極為發達，有助於各地社會的產業經濟均衡發展。而一般道路則有一般國道、特別市與廣域市道路，及地方道路三種。

再者，道路交通工具，在大眾運輸是以巴士、計程車為主，車內都有冷暖氣設備。其中，巴士的路線非常眾多，班次也非常密集，十分便利，車費更是低廉。而計程車也很普遍；私人則以轎車、貨車為主。以往，摩托車只是勞動者的貨運工具，幾乎沒有一般民眾騎乘，但是近年來，大眾騎乘摩托車的數量逐漸增加，停放在大街小巷，普遍可見。自行車則仍為休閒運動工具為主。

韓國的鐵道交通

韓國的鐵道（철도）系統密集，以首爾為中心，在鐵道交通方面，有火車（기차，機車）與電鐵（전철）。其中，火車的鐵道，全國總計有 61 條，總長達 3129 公里，遍布全國各地，十分交通便利，在都市之間，有效地擔任起客運與貨運的重要聯繫。

其中，盧泰愚大統領時期，1992 年，以首爾為中心，建設韓國高速鐵道（Korea Train eXpress，KTX，首爾到釜山，420 公里）。而盧武鉉大統領時期，2004 年正式開始營運，縮短通車時間，提升通車效率。此外，還有湖南線（首爾到光州、木浦）、全羅線（首爾到麗水）。

一般火車（電氣化列車）種類，依據列車速度與車型，分為三種：一、特級快車，即 ITX（Intercity Train eXpress，都市間準高速鐵道）。二、快車即新鄉村號、無窮花號、Nuriro 號。三、普通車即通勤列車。

再者，電鐵（電氣化鐵道列車）是指地下鐵（지하철），首爾的地下鐵系統全國最大規模的地下鐵道網，舉世聞名。可說是非常密集又便利的通勤交通工具，快速、省時又平穩，車費也非常便宜，最受大眾歡迎。朴正熙大統領時期，1974 年正式開始營運，目前共有 9 條路線，總長達 332 公里，遍布首都圈一帶。另外，仁川（2 條路線）、釜山（5 條路線）、大邱（3 條路線）、大田（2 條路線）、光州（2 條路線）等廣域市都有地下鐵系統。車廂內皆有冷暖氣設備。

韓國高速公路與鐵道地圖

計程車的種類

一般計程車	車型與顏色依地區而有差別,首爾大多為橘色,而首都圈多為銀色,其他都市也有黑色。
模範計程車	為高級計程車,車身黑色。
大型計程車	可適合團體遊客 6 到 10 人乘坐的黑色車種。
「Call Van」的計程車	外型類似大型計程車的黑色車種,收費方式為與司機議價,而不跳錶計程,同時,會依照旅客的行李體積大小與數量多寡來另外計價。

韓國文化小教室

韓國的巴士種類,可分為市區公車、座席公車、社區型循環公車、高速國道客運。

UNIT 4-8
韓國的交通（二）：海運、航空及地址

韓國的海運與航空交通事業也非常發達，配合陸上的道路與鐵道交通事業，構成最經濟實惠的全國大眾交通運輸網，安全、迅速、便利與密集為其優點。再者，韓國的地址新式標記法，是清楚辨識道路與建築物位置最便民利民的重要措施。

圖解韓國文化

韓國的海運與航空交通

韓國的全國海運業與航空業的設施非常完善，交通也非常便利。在海運方面，由於韓國國土三面環海，以貨物的輸出與輸入為主，海運交通事業十分發達。其中，大多是依賴海外進口的石油、鐵礦石等工業原料，海運交通事業的地位具有重要性與絕對性。

韓國具有大規模的港口設施，有釜山港、蔚山港、仁川港等。同時，濟州島、鬱陵島、獨島與白翎島等島嶼，都有與韓半島本島進行密切聯繫，國內島嶼內外往來頻繁，而以旅客運輸為主。目前，全國總共有 49 處港口，其中貿易港口有 27 處，沿岸港口則有 22 處。航行國外者，多前往歐、美、非、澳、中東等地。此外，外國的遠洋船隻，如貨船、遊輪也時常停泊在韓國的港口。

航空方面，韓國擁有國際機場 8 處，國內機場 7 處，肩負起國內外航空交通事業。其中，原來屬國營的大韓航空（대한항공），在 1969 年民營化後，公司規模快速成長，不斷壯大，為第一家民航事業公司。其後，在 1988 年，第二家民航事業公司，即亞細亞那航空（아시아항공，韓亞航空）也成立。這兩家都經營國內線與國際線。

國內機場，總共有 7 處，即原州（江原橫城郡）、浦項（慶北浦項）、泗川（慶南泗川）、群山（全北群山）、麗水（全南麗水）、蔚山（蔚山北區）、光州（光州光山區）；國際機場則總共有 8 處，即金浦（首爾江西區）、仁川（仁川永宗島）、襄陽（江原襄陽郡）、清州（忠北清州郡）、大邱（大邱）、務安（全南務安）、金海（釜山）、濟州（濟州）。

其中，韓國首都首爾的國際機場原為「金浦國際機場」（김포국제공항）。2001 年，「仁川國際機場」（인천국제공항）正式啟用，取代金浦國際機場，成為韓國現今規模最大的機場，也成為韓國國際航空的重要樞紐。

韓國地址的新式標記法

韓國地址（名住）原來傳統的標記法是以行政區劃單位來訂定，如：洞、邑、面、里、統、村、班、番地等，再冠上建物名稱，如金星、現代、大宇、雙龍等。但一般韓國民眾絕對找不到地址的建物位置，耗時又勞民，即使找到鄰號，也不連號，跳號了。所以，向人問路的比率很高，如此，造成民怨。據說只有郵差與警察才熟悉。於是在金大中大統領時期，開始依據《道路名住所法》，著手更新地址，製作路名標示牌，以及重新編製門牌號碼。結果，很多民眾也不太適應新式地址，而揮之不去傳統地址標記法。

直到 2014 年 1 月 1 日開始，全國統一啟動改用以道路名稱為主的新式地址標記法，省時又便民，清楚又好找。而郵政區域號碼也一併更新。例如：韓國高麗大學原來地址為「136-701 首爾市城北區安岩洞 1 番地」；新式地址為「02841 首爾市城北區安岩路 145 號」。

韓國機場位置圖

↑ 國際機場
↑ 國內機場

襄陽
仁川 金浦
原州
清州
群山
大邱
浦項
蔚山
務安 光州
金海
泗川
木浦
麗水
濟州

韓國地址的變遷

以行政區劃單位為主，再加上建物名稱。
只有警察和郵差熟知。

➡

金大中大統領時期，著手更新地址，製作路名標示牌、重新編製門牌號碼。
一般民眾難適應。

➡

2014 年起，改以路名標示，郵政區域號碼也一併更新。

 韓國文化小教室

韓國的航空公司除了有大型的韓航、韓亞航之外，還有飛行國內外的廉價航空，如：濟州航空、Eastar Jet（易斯達）、Jin Air（真）、T'way Air（德威）。

133

UNIT 4-9
韓國的商圈與商店

韓國的商圈都很繁華熱鬧。商店型態也多樣，以連鎖、便利為趨勢，都是購物天堂。

商圈與便利商店

韓國的商圈都很繁華熱鬧，皆能展現出最新的時尚潮流，著名的有鐘路、東大門、明洞、梨花女子大學（梨大）、新沙洞林蔭道（首爾表參道）。其中，鐘路商圈自古以來就是全國聞名的第一大商業區。而東大門商圈為批貨與零售的集散地，有「不夜城」之稱。明洞主要為年輕人的購物天堂，有商店，也有攤販。梨大商圈號稱「女人街」，主要販售女性用品，如：美妝、服飾、精品。新沙洞林蔭道的商家是近年來首爾的流行指標，充滿著時尚潮流的魅力。

商店方面，韓國的便利商店稱為「便宜店」（편의점）。特色是全年無休，二十四小時全天候營業，一般是連鎖經營，位於交通便捷之處，店面規模較小，販售生活日常用品、食品、貨物，種類多樣，可說是小型超市。韓國的便利商店有三大巨頭，即CU、G S25、7-11（세븐－일레븐）。其他還有 Ministop（미니스톱）、StoryWay（스토리웨이）、Homeplus365。全國各地都有據點，提供民眾購物的便利服務。

賣場與百貨公司

在賣場方面，韓國開始於 1990 年代，結合超級市場、百貨公司與倉儲等三大概念的型態而構成大規模零售的賣場，是一種倉庫型的商店，為大型量販店（Hypermarket），也是一種大型折扣店（대형할인점，大型割引店）。販售商品種類眾多，而且齊備，應有盡有，如：食品、生活日用品、書籍、文具、玩具、服飾、美妝、家電、電子商品、家具、車類用品等。價格也比一般商店低廉，又有折扣的優惠。經營方式是以多功能與全方位為主。而其特徵是以連鎖方式，以及因應當地特色，快速地在全國各地拓展，設立分店，屬於平民化的大眾消費購物場所。

韓國的量販店有三大巨頭，即樂天賣場（롯데마트）、E- mart（이마트）與 Home plus（홈플러스，英商），遍布全國各地。其他還有 Kim's club（킴스클립）、Mega mart（메가마트）、Hanaro mart（하나로마트）、東亞賣場（동아마트）、大百賣場（대백마트，大邱百貨）、好事多（코스트코，costco，美商）等。

百貨公司方面，韓國的百貨店（百貨公司）一般都是販售最新的流行時尚商品與生活用品，精品專櫃多樣，也有超級市場。雖然商品是走向精緻化的經營路線，講究名牌與品牌，但是一應俱全，也有定期折扣優惠活動，分布在全國各地。韓國的百貨公司有三大巨頭，即現代、樂天、新世界。其他還有 Galleria（갤러리아）、Ak Plaza（AK플라자）、NC百貨店。同時，也有韓國 Outlet（아웃렛）購物中心，屬於百貨公司性質，也有量販店的折扣優惠活動，可說是一種名牌商品的暢貨中心、折扣購物中心，著名的有驪州、坡州、樂天、現代、Mario、New Core、2001等。而經營方式都是以連鎖為主，全國各地都有據點。

韓國各類型商店的特色

便利商店 （便宜店）	賣場	百貨公司 （百貨店）	Outlet 購物中心
❶ 全年無休，24 小時營業。 ❷ 小型超市。 ❸ 連鎖經營，位於交通便捷之處，店面小，販售多樣貨品。	❶ 結合三大概念的型態 ➡ 超級市場、百貨公司、倉儲。 ❷ 商品多樣齊備。 ❸ 價格低廉，有優惠。 ❹ 主為多功能與全方位經營。 ❺ 連鎖方式，分店遍布全國，屬平民化的大眾消費。	❶ 販售最新流行時尚貨品，屬精緻化的精品專櫃，講究名牌與品牌。 ❷ 有超級市場、折扣優惠活動。	❶ 名牌的暢貨 ✚ 折扣中心。 ❷ 換季的流行商品、品質優良的低價商品。 ❸ 連鎖據點分布全國，服務便民。

第 4 章 韓國現代的生活文化

韓國各類型商店的知名品牌

	👑Top3	其他
便利商店 （便宜店）	❶ CU ❷ G S25 ❸ 7-11	Ministop、StoryWay、Homeplus365
大賣場	❶ 樂天賣場 ❷ E-mart ❸ Home plus	Kim's club、Mega mart、Hanaro mart、東亞賣場、大百賣場（大邱百貨）、好事多（costco）
百貨公司 （百貨店）	❶ 現代 ❷ 樂天 ❸ 新世界	Galleria、Ak Plaza、NC 百貨店
Outlet 購物中心		驪州、坡州、樂天、現代、Mario、New Core、2001

韓國文化小教室

韓國首爾地下鐵車站地下商街也十分熱鬧，有高速巴士車站（Goto Mall）、永登浦站、江南站、蠶室站、COEX（韓國綜合貿易中心）三成站（最大的地下商場）、鐘路沿線。

UNIT **4-10**
韓國的文教事業

韓國的文教事業眾多，書店以教保與永豐為著名。出版社和文具店也非常發達，皆呈現出濃厚的書香文化氣息，而文具商品設計很重視民族文化特色。

圖解韓國文化

書店

　　韓國兩大書店為「教保文庫」（교보문고）與「永豐文庫」（영풍문고）。教保文庫是全韓國規模最大的複合式連鎖書店，次為永豐文庫。

　　教保文庫總店位在首爾市鐘路區鐘路一街的光化門地下鐵站附近，交通便利，而分店共有 23 家，遍布全國，是全韓國藏書量最豐盛與最完備齊全的大型書店。販售的書籍種類十分眾多，有大學用書、學術著作、教科書與參考書、一般圖書、專業用書、兒童用書、外文書、工具書、期刊雜誌等資料，應有盡有，總數高達 230 萬本以上，非常有系統地分門別類展示擺設，並且設有多部查詢電腦機器，便於找出書籍的位置。全店採行全面開放式，空間廣闊，布置優美，環境舒適，有如一座大型圖書館。所有商品種類有圖書、文具用品、電子產品、生活雜貨、禮品、飾品、流行精品、CD、DVD 等，可說是琳琅滿目，賞心悅目。同時，附設有美食餐廳、連鎖商店、美妝店等。

　　永豐文庫的總店位於首爾市鐘路區鐘路二街，鐘閣地下鐵站附近，分店共有 28 家，遍布全國，藏書量也非常完備齊全。

　　韓國南部最著名的書店是釜山寶水洞書店街。位於釜山市中區，南浦洞站地下鐵站附近。1950 年，625 韓戰發生時，民眾前往釜山避難而形成的書店街。815 韓國光復後，附近學校的學生上下學必經此處，而當時的學生們購買書籍非常困難，所以，一對夫妻便在此處擺設地攤，販售舊書，也收購舊書。爾後，人潮逐漸眾多，商家也沿街林立，而書籍供不應求，所需增加，使書店也逐漸聚集增多，於是形成了舊書店街，但是也有販賣新書。如此，每逢學校開學時，就會湧入許多欲販售與購買書籍的學生們，此處便成為當地的文化知識寶庫。

出版社與文具店

　　韓國的出版社眾多，總數約有 2 萬家，由文化觀光部管轄。而上述的教保文庫與永豐文庫也有經營出版業務。在京畿道坡州市設有坡州出版都市（파주출판도시），為國家文化產業園區，也是出版圖書村，為文觀部所屬機關。其內有 250 多家出版社，負責從製作書籍到銷售的一貫作業。如此，也可知韓國的出版事業十分發達，也造就書香社會。

　　韓國的文具店，以首爾市東大門地下鐵站附近最著名。位於巷內，共有 120 多家文具店，被稱為「東大門文具街」，形成於 1960 年代，為歷史悠久的文具、玩具、禮品、飾品的批發中心與集散地。商品眾多，一應俱全，一次購買大量則有優惠，過季商品更低廉。

　　另外，ART BOX（아트박스）的首爾市永登浦店為著名的文具用品專賣店，販售各種可愛的卡通人物文具、商品、辦公室用品等，位於永登浦地下鐵站附近。總之，韓國文具商品風格，一向注重民族文化的創意設計，講究可愛與精緻風格，極受世人喜愛與歡迎。

韓國代表性文教區

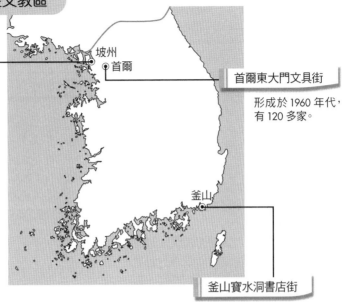

坡州
首爾
釜山

坡州出版都市

◆ 國家文化產業園區，
  文觀部所屬機關。
◆ 有 250 多家出版社，
  從出版到銷售一貫作
  業。
◆ 具有多樣化的文化空
  間，如：咖啡書店、舊
  書店、藝廊與餐廳等。
◆ 現代式建築與傳統風
  格所融合而成的韓
  屋，具有獨特的文化
  藝術價值。

首爾東大門文具街

形成於 1960 年代，
有 120 多家。

釜山寶水洞書店街

韓戰時形成的書店街。
➡ 韓國光復後，販售學生用
   書籍及收購舊書。
➡ 人潮與商家漸多，形成舊
   書店街，兼賣新書。

韓國的兩大書店

教保文庫

總店	首爾鐘路一街光化門附近，交通便利。
分店	共 23 家，遍布全國。
藏書量	是全韓藏書量最豐盛、最完備齊全，應有盡有。
特色	全店採全面開放式，商品種類眾多，琳琅滿目，賞心悅目。

永豐文庫

總店	首爾鐘路二街，鐘閣附近，交通便利。
分店	共 28 家，遍布全國。
藏書量	藏書量也豐盛、完備齊全，應有盡有。
特色	與教保文庫相似。

UNIT 4-11
韓國的醫美藥妝

韓國醫美藥妝的品質,位居世界第一。精良的醫療技術,延年益壽;而新興的醫學美容,可謂鼻祖,帶動整形潮流。藥妝品牌一流,多樣齊全,深受世人愛用。

圖解韓國文化

醫療與美容

韓國醫學發達,每一所大學幾乎都有附設醫院(大型醫院,韓文稱為「病院」〔병원〕),而一般醫院(의원)與診所(韓文也稱為〔의원〕也很普遍,醫療人員的數量不斷增加。同時,為了提升醫療服務質量,實施全國統一的韓國國民健康保險的醫療保險措施,優惠就醫,醫療保健的管理與服務制度十分完善。

由於韓國飲食注重養身,以及環境衛生的改善,疾病有效的預防,再加上醫療技術的進步,使得韓國國民平均壽命都逐年增加,目前男性平均壽命已經增加約為 75 歲,女性平均壽命則增加約為 82 歲。

韓國的美容業也很發達,如美顏化妝、美髮、美體等美容整體造型設計。但是,屬於醫學美容的整容產業,異軍突起,成為熱門的新興行業。韓國整容技術舉世聞名,韓文稱為「成形手術」(성형수술)。整容醫院以首爾最多,約超過 4000 家,其中,約 650 家都集中在江南區狎鷗亭,俗稱「韓國整形一條街」,以致韓國被公認是世界聞名的整形大國。

這是由於現代社會競爭非常激烈,除了才能重要之外,外表也很重要,為了讓人有良好的第一印象,順利成功地就職就業,講究外貌就成為時尚與流行。尤其,電子媒體塑造許多俊男美女的偶像藝人,使得民眾爭相模仿而整形,如同一個模子刻出。而醫美的整容手術就是達到美貌最快速、最有效的手段,尤其是女性整形占最多數,而手術項目多為開雙眼皮、削尖下巴、磨平顴骨、腹部與臀部抽脂、臉部拉皮、豐胸等,而變性也不少。另外,整形觀念也逐漸讓男性接受,為了講究外表形象,因而趨之若鶩。

藥品與化妝品

韓國藥品多樣又齊全,藥局(약국)也遍布大街小巷,以西藥最多,中藥(韓文稱為「韓藥」〔한약〕)藥局則較少,主要分布在首爾市東大門區祭基洞,是韓國最大人蔘與藥材的集散地,面積規模頗大,市場內也有一千多家的藥材商店與中醫(韓文稱為「韓醫」〔한의〕)醫院,也有批發零售農產品與海產品的商店與攤商,例如:人蔘、藥草、蔬果、雜糧、魚類等,也是傳統市場。

此外,韓國化妝品品質日益提高,複合式連鎖的藥妝店(韓文也稱為「藥局」〔약국〕)也普遍,尤以美妝天堂,即明洞最有名,聚集有許多相關的專賣店,集合了彩妝、美妝與保養等化妝用品之外,還有養身的醫藥、保健等商品。同時,物美價廉,也大量行銷到世界各地,深受消費者青睞與愛用。

藥妝產業集中地

明洞，美妝天堂，聚集許多專賣店。

京東藥令市場，韓國最大人蔘與藥材的集散地。

整容醫院集中於狎鷗亭，俗稱「韓國整形一條街」。

道峰區　蘆原區　江北區　恩平區　鐘路區　城北區　中浪區　東大門區　西大門區　大門區　中區　城東區　廣津區　江東區　江西區　麻浦　龍山區　松坡區　陽川區　永登浦區　銅雀區　瑞草　江南區　九老區　衿川　冠岳區

韓國各類型商店的知名品牌

興起原因	❶ 現代社會競爭非常激烈，重視才能和外表，有良好的第一印象，就能順利成功地就職就業。 ❷ 講究外貌就等於時尚與流行。 ❸ 電子媒體塑造俊男美女的偶像藝人，民眾手相模仿而整形，導致一個模子刻出。 ❹ 速成法的捷徑：恢復自信，受人賞識，嶄露頭角，勝人一籌。
手術項目	開雙眼皮、削尖下巴、磨平顴骨、腹部與臀部抽脂、臉部拉皮、豐胸、變性。
消費者	女性占最多數，男性也接受。

 韓國文化小教室

　　由於韓國影劇中的美女藝人，吸引了大量外國人參加韓國觀光醫療旅遊，赴韓消費，促使韓國醫療美容整形產業的蓬勃發展。也進而提升了經濟與觀光產業的發展。

UNIT **4-12**
韓國的氣候

韓國的氣候屬於溫帶氣候，具有四季分明與四季皆美的特色。春季溫暖，夏季炎熱而多雨，秋季涼爽，冬季寒冷而下雪。如此，孕育了韓國文化的獨特性。

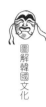

圖解韓國文化

氣溫

　　韓國位於東北亞的韓半島，山多，平原少。同時，韓半島的主體脊梁，即太白山脈，南北縱貫於半島東部，因而氣候多樣化且多變。一年四季有明顯差異，即春秋兩季天氣清爽，而冬季酷寒、夏季悶熱。就氣溫而言，屬於溫帶大陸性氣候。北部比南部寒冷，東部比西部寒冷。氣溫越往北越冷。再者，梅雨季節（장마철）結束的 7 月底以後，高溫多濕的北太平洋氣團開始擴張，壟罩在東亞地區，使得天氣逐漸晴朗，陽光也會很強烈。因此，到了 8 月時，這氣團便發揮最大威力，而出現最高溫，就是盛夏。韓國最熱的紀錄，曾經高達攝氏 40.0 度，在大邱市（1942/8/1）。而最冷的紀錄，曾經低於攝氏 -43.6 度，在朝鮮（北韓）慈江道中江郡（1933/1/12），位於白頭山附近。

　　值得一提的是，韓國冬季時的氣溫，最重要的特色是三寒四溫（삼한사온）。這是依照氣溫的波動所產生的變化現象，由於受到強烈的大陸性西伯利亞高氣壓影響下，往南擴展，壟罩韓半島，使氣溫急速下降，之後在高氣壓減弱後，形成低氣壓，於是嚴冬中也有春季的天氣，也會下雨或下雪。因此，約有 7 天週期是受到寒流的來襲後而氣溫反覆升降的現象。於是，冬季有 3 天是持續低溫寒冷，接著有 4 天逐漸升溫暖和，週而復始，為「三寒四溫」。寒流從 11 月中旬開始，到 2 月底時，會多次來襲。有時到了 3 月也有寒流來襲，稱為「春寒」（꽃샘추위）。

降雨與下雪

　　韓國屬於濕潤的季風氣候範圍，降雨偏多。全年降雨量以南部多於北部，以東部多於西部，但是有時降雨形態極不規則，分布也不均勻，如濟州道與鬱陵島最多。而內陸則以首都首爾市是韓國的多雨地帶。雨勢越往北越少，這是受到地形與季風的影響，而造成多雨或少雨現象。同時，受到寒冷與乾燥的大陸性西伯利亞氣團的影響，冬季雨少而乾燥。

　　夏季降雨與豪雨的降雨量，最重要是受到季節性的影響，一年的降雨量，以 6 月到 9 月最多，占 70%，其中，夏季 6 月底開始，受到梅雨鋒面的影響，降下豪雨，形成災害。而梅雨是夏季雨季中最重要的現象，多在 7 月到 8 月發生，這是受到北太平洋氣團的影響，呈現高溫多濕的氣候，其中，7 月就占 28% 的雨量。雨勢大小的關鍵就要依據梅雨季節的降雨量與 7、8 月的颱風，以及局部的陣雨來決定。有時也會帶來豪雨為主的大雨，也會有颱風的來襲，而造成暴雨及水災。

　　此外，冬季的下雪比降雨多，如：韓國下雪最多的地區在鬱陵島，而下雪最多的地帶則在東海岸的太白山脈與內陸的小白山脈周邊的山區。

　　韓國的氣候四季氣候分明，呈現四季自然美景，創造出韓國傳統文化的獨特性，尤其是在飲食的泡菜；衣飾的韓服；住屋的溫突（暖炕）；節慶的農樂；娛樂的滑雪等方面，都與季節關係密切。

韓國的降雨與下雪

降　雨

| 全年降雨量 | 南部多於北部，東部多於西部。 |

| 降雨形態 | 1.極不規則，分布不均勻。
2.濟州道與鬱陵島最多。
3.雨勢越北越少。 |

| 內陸多雨地帶 | 首爾市 |

| 雨勢大小的關鍵 | 梅雨季節。
7 月及 8 月的颱風 ➕ 局部陣雨，豪雨為主 ➡ 暴雨水災。 |

| 降雨量 | ★ 夏多
1. 豪雨
一年中以 6 月到 9 月最多（70%）。
2. 梅雨
夏季雨季中最重要的現象，以 7 月（28%）到 8 月為多，高溫多濕。
★ 冬少：乾燥。 |

 下　雪

| 雨雪量 | 冬季下雪比降雨多。 |

| 下雪最多的地區 | 鬱陵島。 |

| 下雪最多的地帶 | 東海岸的太白山脈與小白山脈。 |

 韓國文化小教室

韓國四季特色

春	夏	秋	冬
3 月～5 月	6 月～8 月	9 月～11 月	12 月～2 月
溫	熱	涼	寒
• 春寒：寒流為主因，11 月中旬起，到 2 月底或 3 月。	• 降雨多：梅雨季與颱風季。 • 8 月出現最高溫。最熱紀錄：大邱市。	• 天氣最宜人。 • 韓文的「天高馬肥」，即中文的「秋高氣爽」，意為韓國秋天的藍天高掛，空氣清爽，糧食豐盛，馬匹也壯碩，是很適合活動的季節。	• 乾燥。 • 下雪比降雨多，下雪最多的地區在鬱陵島。 • 北部比南部寒冷，東部比西部寒冷。 • 三寒四溫：3 天持續寒冷，4 天逐漸溫暖，週而復始。

UNIT 4-13
韓國的故宮

首爾市是從朝鮮王朝到大韓民國的今日，具有六百年以上悠久歷史的首都，擁有著名的五大故宮，即景福、昌德、昌慶、德壽與慶熙等宮，皆為國寶史蹟。

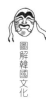

圖解韓國文化

景福宮

景福宮位於首爾市鐘路區，為朝鮮王朝的法宮，即正宮，是國王居住生活與主政治國的王宮，也是五大故宮中，規模最大、建築最美的宮闕。1394 年，太祖李成桂在朝鮮王朝建國後，訂定國都為漢城（首爾）後而創建的第一座宮殿。宮名的由來，取自中國《詩經》：「君子萬年，介爾景福。」

其中，著名的重要文化財產有，一、**勤政殿：**國王登基、處理國政之正殿。殿前廣場有東西兩側的品階石，文官居東，武官居西，依照品階高低排列集合。二、**慶會樓：**兩層樓閣式建築，為招待外國使節之用。三、**香遠亭：**兩層樓閣式建築，位於蓮花池中的小島。四、**光化門：**兩層城樓式建築，為景福宮的正門。五、**國立民俗博物館：**展示從史前到 1910 年的韓國歷史文物。

昌德宮、昌慶宮、德壽宮與慶熙宮

昌德宮（창덕궁）位於首爾市鐘路區。朝鮮太宗時（1406 年），建築為景福宮的離宮，也是第二座宮殿，朝鮮歷代國王們居住生活與治國之處，保存原有造型的重要宮殿，為韓國史蹟。

其中，著名的重要文化財產有，一、**秘苑：**是韓國唯一的宮闕後苑，也是韓國庭院的代表，價值頗高。建築傑出與設計卓越的昌德宮與後苑，最具韓國宮殿型態而一併獲選為世界文化遺產。二、**仁政殿：**國王登基與處理國事正殿。三、**宣政殿：**國王會見大臣，商議政務之處。四、**奎章閣：**為宮廷王室的圖書館。五、**敦化門：**兩層城樓式建築，為昌德宮的正門。

昌慶宮（창경궁）位於首爾市鐘路區。為朝鮮太宗傳位給世宗後（1418 年），退位休養的宮殿。著名的重要文化財產有，一、**明政殿：**為正殿。二、**弘化門：**兩層城樓式建築，為昌慶宮的正門。

德壽宮（덕수궁）位於首爾市中區。朝鮮成宗時（1469 年）的建築。原名慶雲宮，為行宮。著名的重要文化財產有，一、**中和殿：**大韓帝國的正殿。二、**石造殿：**大韓帝國時期接見外國使臣之處。三、**大漢門：**一層式建築，為德壽宮的正門。

慶熙宮（경희궁）位於首爾市鐘路區。朝鮮光海君時（1623 年）所建。原為王族的私宅，初稱「敬德宮」，在英祖時（1760 年）改稱為「慶熙宮」。著名的重要文化財產有，一、**崇政殿：**正殿。二、**興化門：**一層式建築，為慶熙宮的正門。

韓國五大故宮的共同特點，是皆為朝鮮王朝時代的重要宮闕，皆位於首爾市江北的市中心，地位都十分重要，都歷經多次的歷史性災難，也都能重新恢復原貌，建築宏偉，景色秀麗，皆為韓國國寶與韓國國家史蹟，展現韓國歷史與文化的優越性。

韓國五大故宮比較表

	景福宮	昌德宮	昌慶宮	德壽宮	慶熙宮
位置	首爾鐘路區	首爾鐘路區	首爾鐘路區	首爾中區	首爾鐘路區
創建	朝鮮王朝太祖李成桂訂定國都於漢城（首爾）後。	朝鮮王朝太宗時（1406年）	朝鮮王朝太宗傳位給世宗後（1418年）	朝鮮王朝成宗（1469年）	朝鮮王朝光海君（1623年）
用途	國王生活與治國的王宮。	歷代國王們居住與治國之處。	退位休養的宮殿。	為行宮，原名「慶雲宮」。	原為王族私宅，初稱「敬德宮」。
重要文化財產	1. 勤政殿： 國王登基、處理國政之正殿。 2. 慶會樓： 兩層樓閣式建築，招待外國使節。 3. 香遠亭： 兩層樓閣式建築，位於蓮花池的小島上。 4. 光化門： 景福宮正門，兩層城樓式建築。 5. 國立民俗博物館： 展示韓國歷史文物。	1. 秘苑： 韓國唯一的宮闕後苑，也是韓國庭院的代表。 2. 仁政殿： 國王登基與處理國事正殿。 3. 宣政殿： 國王晤臣議政之處。 4. 奎章閣： 王室圖書館。 5. 敦化門： 昌德宮正門，兩層城樓式建築。	1. 明政殿： 正殿。 2. 弘化門： 昌慶宮正門，兩層城樓式建築。	1. 中和殿： 大韓帝國的正殿。 2. 石造殿： 西式建築，大韓帝國時期接見外國使臣之處。 3. 大漢門： 德壽宮正門一層式建築。	1. 崇政殿： 正殿。 2. 興化門： 慶熙宮正門，一層式建築。

韓國五大故宮位置圖

韓國文化小教室

　　「宗廟」（종묘）是1395年，朝鮮王朝太祖李成桂在首都漢城鐘路區建蓋，為恭奉朝鮮王朝歷代國王和王后的神主牌位，與舉行祭禮的儒教祠堂，也是故宮，分為正殿與永寧殿，為韓國史蹟。宗廟祭禮與其音樂都是國家重要無形文化財，也是世界文化遺產（1995年）。

UNIT 4-14
韓國的景點（一）：首都圈

韓國的首都圈欣欣向榮，擁有許多著名的景點，充滿歷史文化的特色。

圖解韓國文化

首爾特別市

　　韓國首都為首爾特別市，原稱「漢城」，是全國政經、社會、文化的首善中心。全國人口有四分之一居住在此，而以漢江分為南、北兩大區域，江北擁有濃厚的歷史文化氣息；江南則展現繁華的商業景象。著名的熱門購物景點有東大門、南大門、鐘路、明洞、仁寺洞、新村（弘益大、梨花女大）、梨泰院、乙支路、大學路（首爾大原址）、狎歐亭等，都是時尚流行的指標，也都有便捷的地下鐵站。著名的自然風景景點則有：一、**漢江**：自古以來為貿易與運輸的重要航道，現今則成為具有休閒運動功能的園區，江中有汝矣島，以賞櫻著稱，島上有汝矣島公園、63 大廈。二、**清溪川**：原被高架道路所覆蓋，爾後拆除（2003 年），恢復河流，重現美景，而成為休憩廣場。三、**南山公園**：南山（265 公尺）為首爾的象徵，位於市中心，也是市內規模最大的公園。園內有白凡廣場、八角亭、N 首爾塔（479.7 公尺）、海洋水族館、植物園、噴水池、南山圖書館、烽火臺（朝鮮史蹟）等。有空中纜車設施。從山頂上可俯瞰周邊的市容美景，適合登山健走，具有休閒與觀光的功能。四、**北漢山國立公園**：為首都圈唯一的國家公園，由巨大的花崗岩構成，山高水麗，景色優美而壯觀，為兼具綠色生態環保與歷史文化傳承的功能。

仁川廣域市、京畿道

　　仁川廣域市為韓國第二大港都，位於首爾西部。著名的熱門景點有仁川華人街，多為中國山東華僑經商聚居（1883 年起），形成韓國規模最大的華人商圈，當地建築也深具中國風味，又稱為「仁川中國城」。大多經營中式餐館為主，韓國炸醬麵即發源於此。

　　著名的自然風景景點有，一、**江華島**：為韓國第五大島，已經與陸地連接。島上歷史文物遺跡頗多，如：支石墓（世界文化遺產），是青銅器時代埋葬貴族的石造墳墓、高麗故宮、廣城堡、甲串墩臺、傳燈寺、歷史博物館等；摩尼山（468 公尺）上的塹星壇，為檀君王國祖祭天的祭壇，從頂峰可以俯視全島嶼與黃海。二、**月尾島**：位於仁川西側。島嶼形狀有如半月型，也與陸地相連，島上有美食餐飲店、文化藝術街、主題樂園、遊船等設施。三、**席毛島**：位於江華島西側，島上有古老的普門寺、海鷗群飛翱翔海面、海水浴場，可以環島旅行。四、**永宗島**：為仁川國際機場（2001 年啟用）所在地，有多樣的韓國傳統文化藝術設施。曾經榮獲各項航空類評比世界第一的殊榮。

　　京畿道為韓國首善的道級行政區域，著名的熱門景點有韓國民俗村，位於龍仁市，呈現朝鮮後期的風俗民情，也有傳統的韓國飲食。著名的自然風景景點則有，一、**水原華城**：位於水原市，為朝鮮時代兼具農工商的城堡，以守護朝鮮首都漢城，入選世界文化遺產。二、**南漢山城**：位於首爾東南約 25 公里的廣州市，新羅至朝鮮的史蹟，城廓全長約 12.3 公里，號稱韓國的萬里長城，入選世界文化遺產。

首都圈範圍

仁川廣域市	仁川華人街	韓國規模最大的華人商圈。
	江華島	韓國第五大島，歷史文物遺跡頗多。
	永宗島	仁川國際機場所在地。
京畿道	韓國民俗村（龍仁市）	朝鮮後期風俗民情與傳統韓國飲食。
	水原華城（水原市，世界文化遺產）	朝鮮時代兼具農工商的城堡，守護朝鮮首都漢城。
	南漢山城（廣州市，世界文化遺產）	號稱韓國萬里長城。

首爾市景點地圖

🛍 購物
📷 景點

韓國文化小教室

　　大學路原為以國立首爾大學為中心的主要道路，位於鐘路五街。為了校區擴大發展，1975 年，首爾大學遷移到江南的冠岳區冠岳路的冠岳山邊。

UNIT 4-15
韓國的景點（二）：
江原道與忠清道、大田、世宗

江原道位於韓國東部，以滑雪著稱。忠清道位於韓國西部，分為南北兩道，其間有大田市，皆以溫泉、科技著稱；世宗市則位於忠南，以行政首都、影劇拍攝景點著稱。

圖解韓國文化

江原道

　　位於韓國東部，是韓國最早邁入秋冬季節的道級行政區域。青山碧海，風景秀麗，擁有歷史文物與名勝古蹟，以及繁華熱鬧的商圈，其中以春川明洞最著名。

　　著名的自然風景景點則有：一、**國立公園**：秋天滿山楓葉，冬天遍布白雪，如：雪嶽山、五臺山、雉岳山。因此，江原道為韓國最佳滑雪聖地，也是韓國最大溫泉所在地。二、**南怡島**：位於京畿道與江原道之間，以朝鮮前期將軍南怡之墓在此而得名。秋冬時節景致最美，近來成為韓劇取景之首選。三、**太白山**：為韓半島的主要山脈，冬季的太白雪花祭最具代表。四、**鏡浦臺**：位於江陵市，以元宵節賞月為其特色。五、**歷史古蹟**：有雪嶽山的新興寺（新羅古寺），寺內有世界上規模最大的青銅佛像，稱為「統一大佛」；洛山寺（新羅古寺）位於東海岸，附近有海水觀音石像，屹立望海，為東亞最大的觀音像。

忠清南道、忠清北道、大田廣域市、世宗特別自治市

　　忠清南道位於韓國西部，著名的自然風景景點有：一、**雞龍山國立公園**：由於山脊形狀如一條戴有雞冠的龍而得名，為春天賞櫻，夏天賞綠，中秋賞秋，冬天賞雪的名山。二、**百濟國都**：即公州市的公山城（熊津）與扶餘郡的扶蘇山城（泗沘），都是依山而建

的防衛城廓，均以秋景聞名。獨立紀念館（1987 年 815 開館）位於天安市，展示韓國獨立運動時期，建立「大韓民國」的艱辛奮鬥過程，及相關史料文物。

　　忠清北道位於忠南的東側，是唯一沒有濱海的道級行政區域。著名的自然風景景點有：一、**國立公園**：俗離山，意即遠離俗世之山，山中有法住寺（新羅古寺），寺內有大青銅彌勒佛（33 公尺），是世界最大的彌勒佛像；月岳山，有溪谷、瀑布，其中有神勒寺，為新羅元曉大師所建；小白山是由韓半島的山脈主幹太白山向西南延伸，為慶尚、江原、忠清等道的分界線。二、**丹陽八景**：係指丹陽郡的四岩三峰一門，共有 8 個文化古蹟，景致秀美。還有古藪洞窟，深達 1700 公尺，在 4.4 億年前所形成。洞內有鐘乳石與石筍，神奇天然景象造成雄偉的地下宮殿、釋迦摩尼像石筍、聖母石等。三、**水安保溫泉區**：為韓國首次發現的天然溫泉，擁有三萬年的悠久歷史。四、**忠州湖**：為群山圍繞所形成韓國最大而最潔淨的湖泊。

　　大田廣域市有著名的景點為：一、**科技發展**：即 EXPO 科學主題公園與中央科學館；二、**溫泉療效**：儒城溫泉區。**世宗特別自治市**是為了紀念及推崇朝鮮第 4 代國王世宗大王而命名，位於忠南，是新興都市，原以行政首都為主，爾後改以教育科學為主的經貿、高科技、綠能、大學等多功能的特區。由於是新開發的城市，環境優美，近來成為韓國影劇拍攝景點而聞名。

重要景點地圖

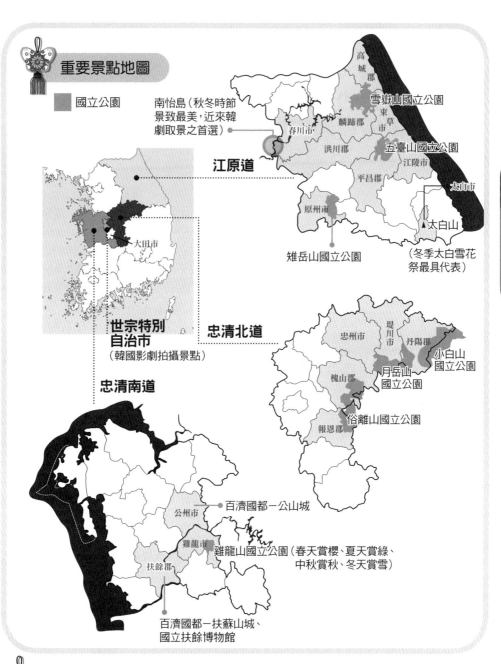

國立公園

南怡島（秋冬時節景致最美，近來韓劇取景之首選）

江原道

高城郡
麟蹄郡
東草市
雪嶽山國立公園
春川市
洪川郡
五臺山國立公園
江陵市
平昌郡
太白市
原州市
太白山
雉岳山國立公園
（冬季太白雪花祭最具代表）

世宗特別自治市
（韓國影劇拍攝景點）

大田市

忠清北道

忠州市
堤川市
丹陽郡
小白山國立公園
槐山郡
月岳山國立公園
俗離山國立公園
報恩郡

忠清南道

公州市
百濟國都－公山城
雞龍市
雞龍山國立公園（春天賞櫻、夏天賞綠、中秋賞秋、冬天賞雪）
扶餘郡
百濟國都－扶蘇山城、國立扶餘博物館

各地古寺

江原道	雪嶽山新興寺	新羅古寺，有世界規模最大青銅佛像「統一大佛」。
	洛山寺	新羅古寺，位於東海岸，有東亞最大觀音像屹立望海「海水觀音石像」。
忠清北道	法住寺	新羅古寺，位在俗離山，有大青銅彌勒佛（33公尺），世界最大的彌勒佛像。
	神勒寺	位在月岳山，由新羅元曉大師創建。 寺名由來：據說元曉具有駕馭龍馬的神奇威力。

UNIT *4-16*
韓國的景點（三）： 慶尚道與大邱、蔚山、釜山

慶尚道位於韓國東部，分為南北兩道，皆以歷史文化寶庫著稱。蔚山市與釜山市屬於慶南。大邱市與鬱陵島、獨島屬於慶北。

圖解韓國文化

慶尚南道與慶尚北道

　　慶尚南道保存新羅悠久的歷史文化與名勝古蹟，景色秀麗。著名的自然風景景點則有國立公園：一、**智異山**：位於小白山脈。最南端有溪谷瀑布，尤以日出與夕陽為全國第一；二、**閑麗海上公園**：有許多奇岩幽谷及美麗海景，其中，巨濟島是韓國第二大島嶼。著名的人文風景景點，有海印寺（新羅古寺），位於陝川郡，歷史文物眾多，寺內有「八萬大藏經」，為韓國國寶，也是世界文化遺產。

　　慶尚北道為韓國古代新羅文化的所在地。其中，以新羅、伽倻佛教文化與朝鮮時期儒教文化為代表，可說是永續傳統文化的寶庫。著名的自然風景景點則有：一、**國立公園**：周王山為慶尚地區最大的景點，峻峰奇峽，景色秀美。二、**道立公園**：聞慶嶺、金烏山、清涼山等三處，都有歷史文化古蹟。

　　著名的人文風景景點，都是世界文化遺產。一、**新羅古都慶州**：以佛國寺與石窟庵最具代表，建築雄偉精緻。二、安東河回村（柳氏）與慶州良洞村（孫氏、李氏）：保存朝鮮時期儒教文化的同姓氏族村落，可區分為兩班貴族的木造瓦屋（韓屋）與平民的茅草土屋，以河回假面最有名。三、**慶州歷史遺跡地區**：分布在慶州各地的新羅遺跡，如：雁鴨池、瞻星臺、大陵苑（天馬塚）、慶州皇龍寺址、芬皇寺等，附近有國立慶州博物館，展示新羅珍貴文物。**四、浮石寺（新羅古寺）**：位於榮州市，據說義湘大師奉王命建寺時，石頭浮起而得名。建築宏偉美觀。**五、書院**：紹修書院（朝鮮中期）在浮石寺附近，是韓國史上第一個書院，其中的榮州，歷來文風鼎盛，素有「儒生故鄉」的讚譽；陶山書院（朝鮮後期）位於安東市，為紀念朝鮮儒學大師退溪李滉。慶北外海東海還有所管轄的鬱陵島與獨島，都是觀光旅遊景點。

大邱、蔚山、釜山

　　大邱廣域市位於慶北，著名的自然風景景點有八公山，山峰連綿如屏障，佛教遺跡眾多。著名的人文風景景點有：一、**大邱藥令市場**：為中藥材料聚集地。二、**大邱國際機場**。

　　蔚山廣域市位於慶南，為重工業城，可欣賞海景。

　　釜山廣域市為韓國第二大城，有釜山港，是韓國最大的國際港口。著名的自然風景景點有：一、**海雲臺**：是全國最受歡迎的海灘。二、**松島**：為運動休閒勝地。著名的人文風景景點有，一、**札嘎其市場**：韓國最大的水產市場。二、**國際市場**：著名的傳統市場。

 韓國文化小教室

　　新羅末期，唐人周鍍據山叛亂，自立為「周王」，因而得名「周王山」。

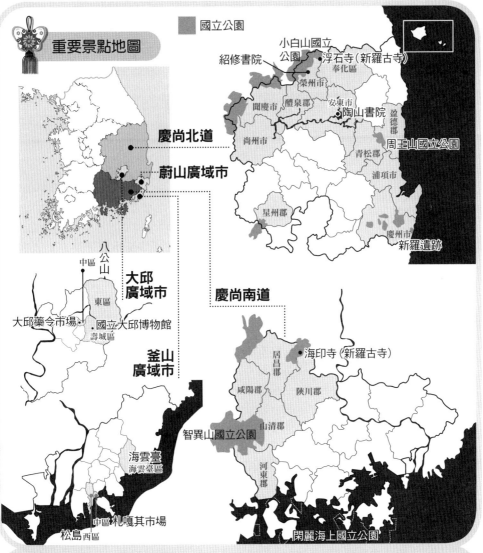

國立公園

重要景點地圖

小白山國立
公園
紹修書院
浮石寺（新羅古寺）
奉化區
榮州市
聞慶市
醴泉郡
安東市
陶山書院
盈德郡
慶尚北道
尚州市
青松郡
蔚山廣域市
浦項市
周王山國立公園
星州郡
慶州市
新羅遺跡

八公山
中區
大邱
廣域市
慶尚南道
東區
大邱藥令市場
國立大邱博物館
壽城區
海印寺（新羅古寺）
居昌郡
釜山
廣域市
咸陽郡
陝川郡
山清郡
智異山國立公園
海雲臺
海雲臺區
河東郡
中區札嘎其市場
松島 西區
閑麗海上國立公園

慶尚北道的文化景點

新羅古都慶州	以佛國寺與石窟庵為代表，建築雄偉精緻，表現佛教藝術之美。
安東河回村（柳氏） 慶州良洞村（孫氏、李氏）	1. 保存朝鮮時期儒教文化的同姓氏族村落。 2. 可區分為兩班貴族的木造瓦屋（韓屋）與平民的茅草土屋。 3. 河回假面最有名。
慶州歷史遺跡地區	雁鴨池、瞻星臺、大陵苑（天馬塚）、慶州皇龍寺址、芬皇寺、國立慶州博物館等，展示新羅珍貴文物。
浮石寺	據說義湘大師奉王命建寺時，石頭浮起而得名，建築宏偉美觀。
書院	1. 紹修書院：朝鮮中期建立，為韓國史上第一個書院。 2. 陶山書院：朝鮮後期建立，紀念朝鮮儒學大師退溪李滉。

UNIT 4-17
韓國的景點（四）：全羅道與光州、濟州道

全羅道位於韓國西部，分為南北兩道，光州市位於全南，皆以傳統音樂、美食等文化著稱。濟州道位於全南外海最南的島嶼，以觀光旅遊著稱。

全羅南道、全羅北道與光州廣域市

全羅南道西南側有黃海與南海，沿岸有近 2000 座小島，是擁有最多島嶼的道級行政區。著名的自然風景景點有國立公園，皆以春花夏樹與秋楓冬雪為特色，如：一、**月出山**：奇岩異石，風景秀麗，還有歷史古蹟，如：無為寺、百濟著名學者王仁博士遺址。二、**邊山半島**：有瀑布峽谷，也有古寺與海水浴場。三、**多島海海上公園**：位於全南最南端沿岸，是韓國最大的國立公園。著名的人文風景景點則有，一、**雲住寺**：位於千佛山，新羅道詵國師建立。二、**樂安邑民俗村**：位於順天市，保存朝鮮時代的城牆與茅草屋。三、**務安國際機場**。此外，全南又以新鮮的海產與美食聞名，也以傳統民俗音樂清唱的「判所里（판소리）」著稱。

全羅北道著名的自然風景景點有：一、**國立公園**：皆以春花夏樹與秋楓冬雪的美景為其特色。如：內藏山，有森林瀑布，以及內藏寺與白羊寺等古寺。智異山，堪稱韓民族的神山，為韓國第一座國立公園（1967 年），山青水秀，雄偉壯觀，有溪谷瀑布，文化遺址眾多，有華嚴寺。德裕山，有溪谷瀑布及歷史古蹟，如赤裳山城、護國寺址等，還有舉世聞名的茂朱滑雪度假勝地。二、**道立公園**：景致秀麗，有馬耳山與禪雲山，寺廟也多，如：禪雲寺（百濟）。

著名的人文風景景點則有：一、**全州韓屋村**：保存傳統韓屋面貌的村落而聞名。二、**松廣寺**：位於完州郡的新羅古寺，朝鮮後期則封為護國院剎。全北有許多傳統歷史文物，如：韓食、韓屋、韓紙、韓樂「判所里」等聞名。

另外，**光州廣域市**，位於全南，為全羅地區最大的中心城市，具有保家衛國聖地的悠久輝煌歷史。著名的自然風景景點有無等山國立公園，以秋楓冬雪的絕景著稱。山上有許多寺廟，以新羅古寺的證心寺著稱。著名的人文風景景點則有：一、**國立光州博物館**：收集保存全南的歷史文物。二、**忠壯路**：號稱「光州的明洞」，是最新流行的時尚街。

濟州特別自治道

即濟州島，是韓國最大火山島，又名「三多島」，即以風多、石頭多、女人多而聞名。位於韓國最南端，與全南相望的島嶼。氣候溫暖，景色壯麗，是韓國第一旅遊景點。著名的自然風景景點，多為世界自然遺產。例如：一、**龍頭岩**：形似仰天長嘯的龍頭，堪稱是大自然的傑作。二、**漢拏山**：為韓國最高的休火山，是國立公園，山上有白鹿潭，如同天池。三、**城山日出峰**：以欣賞海上日出聞名。著名的人文風景景點則有：一、**城邑民俗村**：位於漢拏山麓，為韓國傳統的民俗村落。二、**濟州民俗村博物館**：保存當地原始文物風貌。

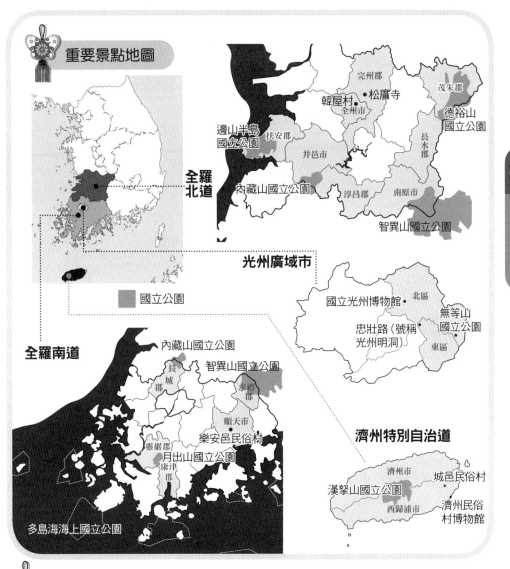

各地人文景點

全羅南道	雲住寺	新羅道詵國師建立，以千佛千塔傳說聞名。
	樂安邑民俗村	保存朝鮮時代的城牆與茅草屋。
全羅北道	全州韓屋村	保存傳統韓屋面貌。
	松廣寺	新羅古寺，在朝鮮後期為護國院剎。
濟州特別自治道	城邑民俗村	韓國傳統民俗村落。
	濟州民俗村博物館	保存原始文物風貌（西紀 1890 年前）。

韓國文化小教室

百濟學者王仁，曾受日本應神天皇之邀，赴日傳授百濟先進文化，遺址為王仁的故鄉。

UNIT 4-18
韓國的休閒活動與體育運動

韓國可謂是休閒活動與體育運動的強國，尤其是相關服飾與用品，帶動流行，深受歡迎。

圖解韓國文化

休閒活動

　　「休閒」韓文稱為「餘暇」（여가），是韓國在現代生活中一向重視的課題，由於國民所得的增加與養身保健的觀念再提升，越來越多民眾利用工作或課業之餘，依照自己的興趣來進行休閒活動，舒解疲勞與壓力，活絡筋骨與身心，增進工作或學習效率，以及減肥瘦身，遠離疾病，以達到健康長壽的目標。一般而言，韓國民眾最常見也最喜歡的休閒活動類別依次為：收看電視、上網與網路交友、散步、玩電動遊戲。

　　由於韓國交通便利，有高速鐵路、地下鐵、火車、客運、飛機，以及自家轎車，外出旅遊蔚為風氣，也帶動相關休閒產業的發展。觀光景點與文化設施環境的維護、開發與設置，遍布全國各地，且各具特色，如歷史文化古蹟、自然風景區、公園、博物館、寺廟等，都是最受民眾歡迎的最佳去處。出國旅遊也很普遍。其中，休閒活動方式，以走出戶外、接近大自然的登山最受歡迎，其次是健走、散步、慢跑、越野自行車。最大特點為有益身心、簡單輕便、經濟實惠。所以，韓國開發生產許多相關的運動服飾與用品，設計實用精美，以登山服最著名，其次，尤以健走、慢跑與自行車的服裝，開始講究套裝式的整體美感，當然也有單件式，都是強調身材曲線的合身或貼身，與年輕活潑的運動休閒風格，賞心悅目。如此，也成為日常生活的衣著，並使韓國品牌引領了世界潮流。其他常見的室內休閒活動，有：KTV唱歌、跳舞、聚會、聽音樂、閱讀等。

體育運動

　　韓國在1988年成功地舉辦漢城（首爾）奧運盛會之後，建立了國家形象，促進了國家經濟發展與國力提升，從此，韓國崛起，開始受到全球高度矚目。其中，韓國也名列體育運動大國之一。而韓國最喜愛的球類運動，如：棒球、足球、籃球、保齡球、高爾夫球。武術運動，如：跆拳道、合氣道。競技運動，如：游泳、競速滑冰、直排輪、射箭（洋弓）。有氧運動，如：韓式摔角、健身、有氧韻律舞蹈、瑜珈、國民健康體操。

　　值得一提的是，韓式摔角（씨름）是韓國的傳統國術，原為古代男性競技運動，現代則為全民運動，尤其是女性方面，更熱衷參與。在女子競技服裝上，講究套裝，著重貼身與樣式，而男子則維持上半身裸身，下著貼身短褲。有學校、社會團體、政府機構等代表隊，可見韓式摔角是非常受到重視的國民運動。

　　有氧韻律舞蹈與瑜珈是90年代開始流行的，以女性為對象的運動，近來男性也有參與，相關的學院（即補習班）到處林立，也開發生產許多有關有氧韻律舞蹈與瑜珈的運動服飾及用品，也講究套裝，注重貼身與樣式，亦成為日常服飾，兼具運動與休閒的功能，再經改良設計，大多能適合各種運動。

　　綜上所述，一些休閒活動中，也有體育運動，可稱為休閒運動。而體育運動也可以當作休閒運動，也是休閒活動的一種。總之，韓國也將體育運動休閒化、生活化。

韓式摔角

歷史地位	韓國傳統國術,原為古代男性競技運動,現代則為全民運動,也是重要的國民運動。
競技服裝	**女** 講究套裝,著重貼身與樣式。 **男** 上半身裸身,下著貼身短褲。
代表隊	學校、社會團體、政府機構皆有。
比賽方式	參賽者的腰間和大腿上繫有帶子,兩人相互抓住對方的帶子,使用技巧和力量,將對手膝部以上的部位摔倒在地者,就贏了。

 韓國熱門運動

球類運動	棒球、足球、籃球、保齡球、高爾夫球。
武術運動	跆拳道、合氣道。
競技運動	游泳、競速滑冰、直排輪、射箭(洋弓)。
有氧運動	韓式摔角、健身、有氧韻律舞蹈、瑜珈、國民健康體操。

🎭 韓國文化小教室

　韓國國民健康體操是為了提升國民健康,在 21 世紀的千禧年時,從跆拳道開發改良,再配合韓國傳統音樂曲調而成,強調韓民族的傳統特色,以團體競技為主。

韓國的演藝事業：音樂、舞蹈、影劇、綜藝

韓國的演藝事業為帶動韓流風潮的鼻祖，可謂是韓國文化立國的先驅與功臣。

圖解韓國文化

音樂與舞蹈

20世紀90年代時，韓國的演藝（연예）事業大興，再從東亞竄起，突飛猛進，迅速發展到今日，熱潮仍然不退，形成一股強大的韓國風潮，即「韓流」。因此，韓國政府便開始推展以文化為導向的經濟活動，成功地實施所謂文化立國政策，使得韓國演藝事業不斷地蓬勃發展，並且向世界對外輸出，讓「韓流」席捲全球。其中，以韓國演藝事業的音樂、舞蹈、影劇、綜藝等四項為最著稱。

在音樂方面，韓國流行音樂興起，原以抒情、哀怨、民歌為主的曲風，主唱多以一到二人為主。到了90年代，曲風開始走向舞曲，輕快活潑；音樂製作也走向電子音樂，悅耳震撼，主唱從一到多人都有。舞曲與電音的結合，創造出許多賣座新曲，也捧紅了許多知名的偶像歌手，如：酷龍（Clon）、寶兒（BoA）、高耀太（Koyotae）等，可說是韓流的創始功臣。而昔日屬於年長所唱的愛唱歌曲（老歌）也重新配樂製作成舞曲，膾炙人口。

目前韓國開始流行以三到十五人為主的多人偶像團體，用意大概是在激勵團隊士氣與精神，以及展現團結一致的向心力。偶像團體眾多，在曲風、整體造型上，都極度相似，如：嘻哈（Rap）風、喜用英文團名、歌詞。在舞蹈方面，雖然開創許多創新與特異的經典舞步與動作，但是在塑造模式上又都極度相似，如：女子團體多以火辣性感為取向，而男子團體多以俊秀新潮為取向。

戲劇、電影與綜藝節目

在戲劇方面，韓國電視的戲劇，即韓劇，也開始創新，其特點為不論歷史或現代，題材簡單，劇情活潑多樣，穿插喜劇效果，講究角色性格的塑造，演員大多為本科畢業或受過專業演技訓練。拍攝技術與製作過程也非常嚴謹、優質，整體而言，作品品質有如電影般的唯美生動，再配合創作的主題與劇情音樂歌曲，相輔相成，大大地深植人心，如《冬季戀歌》、《浪漫滿屋》、《大長今》。同時，韓國的電影也有上述的相同特點，如《共同警備區》、《王的男人》。偶像明星與偶像藝人人才輩出，如：裴勇俊、宋慧喬、李英愛、李準基、宋康昊，都受到大眾歡迎與喜愛。

在綜藝方面，韓國綜藝節目的主題內容十分多樣化，多以歌唱、競賽、挑戰、猜謎、尋人、搞笑、探訪、談話、體驗生活等風格為主。參與者以明星藝人為主，也有部分觀眾報名。

最初，韓流是從韓國音樂開始，爾後帶動韓劇的流行，也帶動韓國電影、綜藝的流行，使韓國的音樂、舞蹈、影劇、綜藝等風格風靡全球，成為學習與模仿對象，而取代歐美日。韓國的演藝事業不僅帶動新潮服飾流行，也帶動國際文化交流，更是促進韓國語文、教育、經濟、貿易、科技、觀光等產業蓬勃發展的功臣。這種優勢不只是將演藝事業以創新的題材呈現，同時透過節目來傳達韓國歷史文化，使得世人不但能藉此獲得娛樂，還可以從中學習到韓國歷史文化，具有寓教於樂的功能。

韓國演藝界歷年的流行代表人物（1960~2017）

年代	影劇	歌手
1960	金振奎、申榮均、朴魯植、文貞淑	宋大琯、薛雲道、玄哲、太進兒
1970	崔戊龍、許長江、黃海、尹靜姬	趙容弼、周炫美、羅勳兒、南珍
1980	申星一、申永一、安聖基	李文世、李仙姬、金完宣、卞真燮
1990	朴重勳、崔民秀、李德華、姜受延、全道嬿	金建模、高耀太、神話、安在旭
2000	薛耿求、宋康昊、崔岷植、李美妍、張真英、李英愛、河智苑	寶兒、HOT、酷龍、SES、東方神起
2010 ~ 2017	柳承龍、李炳憲、河正宇、李貞賢、金敏喜、宋仲基、黃政民	少女時代、PYS、Super Junior、防彈少年、BigBang、Exo

演藝界的韓流特色

音樂	舞蹈	戲劇電影
❶ 韓流的創始功臣。	❶ 開創創新與特異經典舞步與動作。	❶ 題材簡單，劇情活潑多樣，穿插喜劇效果。
❷ 結合舞曲與電音（流行歌曲與老歌）。	❷ 塑造模式極度相似。	❷ 講究角色塑造，演員專業。
❸ 捧紅偶像歌手、偶像團體眾多。	❸ 女子團體：火辣性感為主。	❸ 拍攝嚴謹、優質。
❹ 曲風與造型西化。	❹ 男子團體：俊秀新潮為主。	❹ 結合主題與劇情音樂歌曲，深植人心。

韓國文化小教室

透過韓國演藝事業的傳播，不論是衣食住行育樂，韓國的各種產品皆成為熱賣，頗受歡迎。

UNIT 4-20
韓國的韓流、文化立國與文化創意產業

韓國的韓流，最初是由韓國民間自動自發而興起的成果。爾後，再由韓國政府主導文化立國政策，於是文化創意產業興盛，而成為最成功、最典範的文化強國。

圖解韓國文化

韓流：二次漢江奇蹟

「韓流」（한류）一般是以韓國的演藝事業為代表，即音樂、舞蹈、影劇、綜藝等主要項目。爾後，逐漸擴展到日常生活的衣食住行育樂，以及提升了科技、資訊、旅遊觀光、醫美藥妝等產業，甚至也強化了韓國語文、韓國歷史等教育事業。如此，形成一個相輔相成、相得益彰的循環體系，使得韓國的經濟貿易與國家競爭力突飛猛進，也成功地提高國家的形象與地位，於是韓國邁入了先進國家之列。

這個韓流的特色是首先由韓國國內民間力量所展現的，是自發性的，是自然形成的，絕無依賴外國勢力的，可說是一種韓民族的團結愛國表現，運用在各種領域、各行各業，而且最重要的是從韓國的作品中，都能展現出來的韓國歷史文化，來認識韓國，體驗韓國，因而具有非常強大的流行威力。於是，韓國開始崛起，贏得國際聲譽，使韓國成為歐美日等國的競相學習對象。韓流可謂二次的「漢江奇蹟」。

韓國文化立國政策與
韓國文化創意產業

自從「韓流」席捲全球之後，在邁入 21 世紀之際，韓國大統領金大中致力以「文化立國」為政策，由韓國政府大力主導文化創意產業（문화창의산업）發展，積極地擴大了對外文化、經貿、科技等活動，可說是舉世聞名的文化創意產業鼻祖。

韓國政府陸續頒布《國民政府新文化政策》、《文化產業發展五年計畫》、《文化產業前景 21》、《文化產業推進計畫》、《文化產業振興基本法》等十多種相關法規。同時，成立專責機構，如：韓國文化產業振興院／委員會，為推動韓國文化創意產業的育成與發展，再由新興文化創意產業為基礎，引領各類高科技產業的發展。

再者，韓國政府為解決文化創意產業資金的需求問題，而設立文化產業振興基金，提供貸款資金支援，並且鼓勵個人創業，提供獎助金，協助成立個人工作室。此外，在全國各地舉辦有關韓流商品博覽會，以及設置 20 多處相關的文化創意產業園區。如此，韓國政府致力落實政策，積極展現成果，可知韓國文化創意產業發展的績效非常顯著，如：產業規模擴大，產品形象提高，收入大幅增加，同時在韓流的加持下，韓國製造等同值得信賴與品質保證。於是韓國文化創意產業的各種產品，連帶韓國歷史文化意識皆遍及世界各國，深獲世人愛用。

總之，以上的成就，都是從金大中大統領執政開始，再歷任盧武炫、李明博、朴槿惠、文在寅等大統領的陸續卓越領導，讓「韓流」持續發威，讓文化立國政策以及韓國文化創意產業，成為成功的典範，以文化創造經濟，實在功不可沒。於是，韓國躍升為文化強國。

韓流的特色

意義 　　　指 20 世紀 90 年代，韓國大眾流行文化。

產業
- **主要** 韓國演藝事業（音樂、舞蹈、影劇、綜藝），為韓流首要功臣。
- **次要** 民生（衣食住行育樂）、科技、資訊、旅遊觀光、醫美藥妝等，強化韓國語文、韓國歷史教育。

成果
❶ 經濟貿易與國家競爭力突飛猛進。
❷ 成功提高國家形象與地位，韓國邁入先進國家之列。

特色
❶ 民間力量為首：自發性、自然形成。
❷ 韓國作品最重要性：展現韓國歷史文化，認識韓國，體驗韓國。
❸ 韓國崛起：有自信而累積實力，鴻圖大展，繁榮進步。
❹ 二次的「漢江奇蹟」再現：知名度提高，贏得國際聲譽，舉世極高重視。

韓國躍升文化強國

文化立國
❶ 政府大力主導：金大中大統領提出政策，發展文化創意產業。
❷ 文化創意產業鼻祖：21 世紀新興產業。
❸ 舉世聞名：積極擴大對外文化、經貿、科技等活動。
❹ 頒布法規、成立專責機構：推動韓國文化創意產業的育成與發展。
❺ 以文化創意產業為基礎：引領各類高科技產業發展。
❻ 設立基金：提供貸款，鼓勵個人創業。

韓國文化創意產業
❶ 韓流商品博覽會。
❷ 文化創意產業園區。
❸ 韓流加持：產業規模擴大、產品形象提高、收入大增。
　　　　　韓國製造 ══ 值得信賴與品質保證。
❹ 韓國文化創意產業產品兼具韓國歷史文化意識。
❺ 歷任大統領卓越領導的成就，居功厥偉：由金大中開始，到盧武炫、李明博、朴槿惠、文在寅。

韓國文化小教室

　韓國文化創意產業，也可稱為「韓流產業」，包括有韓國的歌曲（K-pop）、食品（K-food）、化妝品（K-beauty）、時尚流行（K-fashion）、醫療（K-medical）、投資（K-venture）、運動休閒（K-sport&leisure）、娛樂（K-entertainment）等職業項目。並設置「韓流大賞」獎勵。

UNIT *4-21*
韓國的言論機構：
電視廣播與新聞傳播媒體

韓國的言論機構有電視臺、廣播電臺與報社，以及其他新聞傳播媒體機構，大多兼具無線、有線、網路等三種路徑的經營方式。因現代網際網路普及與發達，都可利用電腦或智慧型手機來收視與收聽。

電視公司與廣播公司

　　韓國的言論機構有電視廣播與新聞傳播媒體等。廣播的韓文稱為「放送」（방송），電視公司（電視臺）與廣播公司（電臺）都統稱為「放送局」（방송국）。電視公司，韓文稱為「television 放送局」（텔레비전 방송국），以韓國放送（한국방송，KBS）、文化放送（문화방송，MBC）、首爾放送（서울방송，SBS）、韓國教育放送（교육방송，EBS）等四家全國性質的電視公司（放送會社，방송회사）最有名。

　　廣播公司，韓文則稱為「radio 放送局」（라디오 방송국），一般電視公司都設有廣播電臺。而廣播公司則以基督教放送（기독교방송，CBS）、交通放送（교통방송，TBS）最有名。由於網際網路普及與發達，大多兼具無線、有線、網路等三種路徑的經營方式，都可透過電腦或智慧型手機，從其網頁進入點選收視或收聽，十分便利。

新聞報社與新聞網路媒體

　　新聞報社方面，報紙的韓文稱為「新聞（紙）」（신문〔지〕），報社的韓文則稱為「新聞社」（신문사），以《朝鮮日報》（조선일보）、《中央日報》（중앙일보）、《東亞日報》（동아일보）、《韓國日報》（한국일보）、《世界日報》（세계일보）、《文化日報》（문화일보）等報社，以及《京鄉新聞》（경향신문）、《每日經濟新聞》（매일경제신문）、《韓民族》（한겨레，固有語）等九家全國綜合性質的報紙最有名。同時，各家也有專屬網頁，文字語言內容除了韓文版為主之外，還有中文、日文、英文等外文版可供選擇，方便外國讀者閱讀，也方便國人學習外文。同時，一般報社也會出版定期性質的雜誌，以月刊居多，如：《女性朝鮮》、《月刊朝鮮》、《月刊中央》；周刊次之，如：《周刊朝鮮》、《周刊東亞》、《周刊京鄉》。

　　新聞網路媒體方面，有專門的網際網路電視臺與廣播電臺，大多屬於新聞傳播媒體性質，兼具無線、有線、網路等三種路徑的經營方式，透過電腦或智慧型手機使用網際網路，可以收視或收聽，以 JTBC（中太放送，中央日報與太平洋放送合併）、MBN（每日經濟放送 TV，每日經濟新聞）、CHANNEL A（채널 A，東亞日報）、CHOSUN TV（조선 TV，朝鮮日報）、YTN（聯合新聞通信社，연합뉴스통신사）、合同通信與東洋通信合併（中文譯為「韓聯社」）等六家全國綜合性質的新聞網路媒體機構最有名。

韓國言論機構

電視公司	韓國放送（KBS）、文化放送（MBC）、首爾放送（SBS）、韓國教育放送（EBS）最有名。
廣播公司	❶ 電視公司皆有設置。 ❷ 基督教放送（CBS）、交通放送（TBS）最有名。
新聞報社	❶ 以《朝鮮日報》、《中央日報》、《東亞日報》、《韓國日報》、《世界日報》、《文化日報》、《京鄉新聞》、《每日經濟新聞》、《韓民族》最有名。 ❷ 主為韓文版，另有中文、日文、英文等外文版，方便外國讀者閱讀與國人學習外文。 ❸ 定期雜誌出版： （1）月刊居多：《女性朝鮮》、《月刊朝鮮》、《月刊中央》。 （2）週刊次之：《周刊朝鮮》、《周刊東亞》、《周刊京鄉》。
新聞網路媒體	❶ 專門網際網路電視臺與廣播電臺：多屬新聞傳播媒體性質。 ❷ 以 JTBC（中太放送）、MBN（每日經濟放送 TV）、CHANNEL A（東亞日報）、CHOSUN TV（朝鮮日報）、YTN（聯合新聞通信社＝韓聯社）最有名。

👺 韓國文化小教室

韓國電視新聞媒體景點

	地點	活動及展示內容
新聞（報紙）博物館	首爾市鐘路區	1. 展示韓國報紙歷史，回顧報紙發行與製作過程，並且闡述當時的社會文化。 2. 收藏世界各國的報紙，以供研究考察之用。 3. 以東亞日報、電臺等文化產業的變遷史為主題特展。 4. 使用影像媒體展現報紙的未來趨勢、新聞資訊。
MBC WORLD 放送主題公園	首爾市麻浦區	1. 韓國第一家以韓流為中心的電視主題樂園。 2. 可以探究電視中的夢幻世界，體驗電視名劇的韓劇主角，也如同置身於熱門娛樂節目裡，一起與韓流明星勁歌熱舞。

第 4 章 韓國現代的生活文化

UNIT 4-22
韓國的科技與網路資訊

韓國以「科技立國」促成經濟繁榮，造就漢江奇蹟。再配合「教育立國」，培育出科技尖兵。而「文化立國」則帶動科技與資訊網路產業的再興，也促成經濟與教育的發達。

科學技術

20 世紀的 60 年代，韓國政府在朴正熙大統領首次提倡「科學立國，技術自立」的國家科學技術發展政策，即「科技立國」政策，其業績，如：1962 年，開始實行「經濟開發五個年計畫」，在逐步發展經濟過程中，首重科技的振興與推動。1966 年，在漢城（首爾）市設立韓國科學技術研究院（KIST），網羅產業科技人才，發展與振興產業科技。1967 年，中央政府設立科學技術處，管理與執行科技政策，現已升格為科學部。1968 年，實行「教育立國」政策，積極培養科技人才。1970 年，推行「新鄉村運動」，提倡科學技術的農業與農村現代化。1971 年，在大田市設立韓國科學技術院（KAIST），培養高級科技人才。1972 年，制定《產業技術振興法》，推動民間參與科技研究，成功地培養許多著名的大企業集團，如：三星、現代、大宇、LG（樂金）、SK（鮮京）。1973 年，展開全國民的科學化運動。同時，設立國防科學研究所，實踐自主國防。並且在大田市設立大德研究園區，實現科技立國政策。1977 年，在漢城（首爾）與大田設立韓國科學財團（KOSEF），振興與培養基礎科學教育與科技研究。「科技立國」的成果，帶動了韓國社會、經濟與文化等領域的快速成長，創造出 90 年代的「漢江奇蹟」（한강의기적）的成就，即前述的「五年計畫」在 1996 年順利完成。

到了 90 年代末，金大中大統領執政時，提出第二次「教育立國」的口號，其中，以實踐高等教育改革的「BK21 工程」（韓國頭腦21 世紀工程）最著稱，目的在建設世界一流的頂尖大學，以及培養優秀人才。

網路資訊

90 年代，韓國在電腦與超高速網際網路的快速普及之下，實施網際網路資訊連結服務，受到全國國民的歡迎與愛用。尤其，金大中大統領在「文化立國」時期，以韓流的優勢，致力投資在超高速的寬頻網際網路資訊產業的發展，於是超越美日，居於領先地位。同時，寬頻普及率世界第一，首先造就寬頻網際網路文化。因此，韓國成為世界上網絡資訊最快速與最發達的國家。朴槿惠大統領執政期間，則全力發展以國民為本的工作理念，即電子政府信息的公開，多次居世界第一。再者，韓國著名的入口網站，以 Naver（네이버）、Daum（다음）為主，其次有 Nate（네이트）、korea.com（코리아닷컴）等。

韓國的科技與網路資訊產業中的半導體、電腦及其設備、手機、通訊、網際網路、遊戲網路、可充電池、鋼鐵、石化、汽車、造船、生物醫學、醫療器材、機器人、航太、高速鐵路等都名列前茅，位居世界第一。可知，韓國等同科技與網路資訊的大國。

歷年經濟開發計畫

1966
相關機構
韓國科學技術研究院（KIST）
目的
網羅科技人才

1971
相關機構
韓國科學技術院（KAIST）
目的
培養高級科技人才

1967
相關機構
中央科學技術處（科學部）
目的
管理與執行科技政策

1972
相關機構
《產業技術振興法》
目的
民間參與科技研究

1968
相關機構
教育立國政策
目的
培養科技人才

1973
相關機構	**相關機構**
國防科學研究所	大德研究園區
目的	**目的**
實踐自主國防	實現科技立國政策

1970
相關機構
新鄉村運動
目的
提倡科學技術的農業與農村現代化

1977
相關機構
韓國科學財團（KOSEF）
目的
振興與培養基礎科學教育與科技研究

漢江奇蹟（90年代）

科學技術並重	邁向先進國家之列＋成為開發中國家的指標。
科技立國	帶動韓國社會、經濟與文化快速成長，「五年計畫」完成（1996）。
二次教育立國 （金大中大統領）	1.「BK21 工程」（韓國頭腦 21 世紀工程）最著稱。 2. 實踐高等教育改革。 3. 建設世界一流的頂尖大學與培養優秀人才。

 韓國文化小教室

　　韓國政府為了仿造英國「科技城市」概念，在 2015 年，將京畿道城南市盆堂區板橋洞「科技谷」打造為韓國科技城市，成為創投、遊戲、金融與物聯等新科技的據點。

UNIT 4-23
韓國的人際關係

韓國的人際關係以儒家思想為主，不論家庭與社會都充滿濃厚的儒教理念來維繫。注重倫理輩分為最大特色，其中，可從韓國語言得到最佳印證。

圖解韓國文化

家庭的人際關係

　　韓國一向特別重視人際關係。家庭重倫理，社會講輩分，都是依靠儒教來維繫。所以，儒教的理念在韓國社會的意識中已經根深蒂固，這可以從韓國的人際關係中獲得證明。

　　以家庭而言，根據儒家思想，多以三或四代同堂的大家族，敬老愛幼，和睦融洽，美滿幸福。長輩與子女的互動，甚至擴及與親戚家族的上下聯繫，都是一體適用。但是由於國家社會的急速現代化，大家族式的傳統生活方式逐漸消失，而以年輕人為主的小家庭成為普遍現象。親戚家族之間的人際關係就逐漸疏遠，逢年過節才有團聚。

　　就韓國兩性的人際關係而言，男尊女卑（남존여비）的傳統觀念一直存在於家庭與社會之中。但是在現代生活中，女權意識普遍抬頭，講求男女平等，這種重男輕女的思想已經逐漸式微。為了符合世界潮流，韓國政府也立法規定男女都有平等的權利保障。

社會的人際關係

　　在社會方面，一般韓國人雙方見面時，一定會詢問對方的年齡，被問者不會介意，也沒有忌諱，不會覺得問者無禮，因為這已經成為韓國習以為常的傳統話題，也是韓國文化的重要部分。由於韓國是儒家文化的國家，極為注重倫理與輩分的上下位階關係，以所謂「長幼有序、男女有別」為基本準則最著稱。如果因而有所顧忌，以致產生排斥，感到被冒犯而大不悅的話，這必定

不是韓國人。無法入境隨俗的話，也不適合立足於韓國。

　　除了年齡之外，為了雙方彼此相互信賴，以及相互瞭解，進而可以維持良好的人際關係，雙方的生肖、學經歷、身分、職位、家庭與社會背景等話題，雖然屬於個人的隱私問題，但是適度地關心也是屬於禮節的一部分，在韓國是必要的。

　　更重要的原因是，韓國語言中的句子語尾，有著階級順序，即上、中、下的規則，即對上（長輩，高級敬語）、對中（平輩／同輩／也適用長輩，中級敬語）、對下（晚輩／也適用同輩，半語／非敬語）等三種變化的區分。而部分單字也有一般、敬語與謙虛等三種區分。如果知道對方年齡的話，就能正確使用韓國語的語尾規則，是禮貌的一種。反之，錯用語尾規則，則極為失禮。

　　韓國社會中對對方的稱呼，多使用家族式稱呼的模式，如：叔、嬸、兄、姊，如同一家人。當然也有稱呼（姓名＋）「氏」（씨，先生、小姐通用）、先生、小姐，以及工作職稱，但是不能直接稱呼對方姓名，以表示尊敬。

　　韓國人非常講究人情味，最重視地緣、同窗情、血緣等三種關係，尤其在選舉、執政、謀職、求才、升遷等情形最常見。值得一提的是，韓國民族屬於北方民族性格，比較強勢急速，十分講求效率，工作步調與生活節奏都很快速，甚至連走路、用餐、飲酒、處事、搭乘交通工具等的速度都很快速。因此，「快快」（빨리빨리）在韓國人際關係中，具有鼓勵與勸勉的正面作用。

家庭的人際關係

韓國重視 人際關係	儒教的理念	兩性的 人際關係
1. 家庭重倫理，社會講輩分。 2. 維繫力量：儒教。	1. 在韓國社會意識中根深蒂固 ➡ 從韓國人際關係中得證。 2. 家庭成員：也存在人際關係。 3. 根據儒家思想：三或四代同堂的大家族為主 ➡ 敬老愛幼，和睦融洽，美滿幸福。 4. 一體適用：長輩與子女互動，與親戚家族上下聯繫。 5. 家庭型態的普遍現象：國家社會急速現代化 ➡ 傳統大家族 ➡ 年輕人小家庭。 6. 親戚家族團聚：逢年過節。	1. 男尊女卑的傳統觀念 ➡ 家庭與社會。 2. 現代女權意識抬頭，講求男女平等 ➡ 重男輕女思想式微。 3. 符合世界潮流，韓國政府立法規定 ➡ 保障男女平等權利。

社會的人際關係

必問對方年齡	❶ 韓國人見面時：不介意，沒忌諱，不覺無禮。 ➡ 韓國傳統話題 ➕ 韓國文化的重要部分。 ❷ 基本準則：注重倫理與輩分的上下位階的關係 ➡ 「長幼有序、男女有別」。 ❸ 生存之道：(1) 有顧忌、排斥、被冒犯而大不悅 ➡ 必非韓國人。 (2) 無法入境隨俗 ➡ 不適合立足韓國。
個人隱私問題	❶ 為了彼此互信瞭解，維持良好人際關係 ➡ 在韓國是必要的。 ❷ 適度關心的禮節，生肖、學經歷、身分、職位、家庭與社會背景。
韓國語言的階級順序	❶ 三種句尾規則：上、中、下 對上（長輩，高級敬語）、對中（平輩／同輩／適用長輩，中級敬語）、對下（晚輩／適用同輩，半語／非敬語）。 ❷ 部分單字也有一般、敬語與謙虛等三種區分。 ❸ 重要因素：如知對方年齡等話題 ➡ 正確使用韓國語語尾規則 ➡ 禮貌 錯用語尾規則 ➡ 失禮。 ❹ 社會中稱呼對方模式：(1) 使用家族式稱呼：叔、嬸、兄、姊。 (2)（姓名＋）「氏」（先生、小姐通用）、先生、小姐、工作職稱。 (3) 不可直呼對方姓名 ➡ 表示尊敬。
講究人情味	❶ 最重視地緣、同窗情、血緣。 ❷ 常見於選舉、執政、謀職、求才、升遷。
「快快」	❶ 具鼓勵與勸勉的正面作用。 ❷ 北方民族性格：比較強勢急速。 ❸ 講求效率：工作步調與生活節奏都很快速 ➡ 走路、用餐、飲酒、處事、搭乘交通工具。

韓國文化小教室

　　韓國最講究人際關係。通常藉由戶外活動、聚餐、喝酒、喝咖啡、聊天等輕鬆愉快的方式互動，進行討論、檢討、意見交換、決策，可說是一種良好溝通。

UNIT 4-24
韓國的社會福祉

韓國的社會福祉為照顧全體國民的國家政策，實踐幸福美滿的生活為目標。

圖解韓國文化

社會保障

　　韓國社會政策的重心就是要「防貧」。1960 年代以後，韓國政府開始立法有關社會福祉（사회복지）的基本制度，其中以社會保障（사회보장）為最重要。社會保障主要有區分為社會保險與公共扶助兩種。例如：社會保險有各種年金及保險法，公共扶助則有各種弱勢保護及福利法。其中，最具代表性的社會福祉就是年金制度。

　　1983 年，為了使社會福祉服務各領域的運作整體化，修訂《社會福祉事業法》，展開嶄新的社會福祉時代。同時，以社會保險方式將年金制度化，首先實施軍公教年金，就軍公教而言，在醫療、生育、退休、傷亡等，給予適當的補助金，目的是期望安定其經濟生活與分享福利。

　　1988 年，年金制度擴展到所有全國勞工團體。同年，實施國民年金，是以老年，身障等沒有收入所得時，以國民年金給予生活基本補助金。1999 年，將軍公教勞工年金與國民年金合併統稱為「國民年金」，並擴大受惠範圍為全國國民，一體適用。此外，醫療保險也是先由軍公教開始，在 1977 年實施。爾後，在 1989 年，擴大受惠範圍為全國國民，也是全國統合為一。

社會福利：
住宅、就業、女性地位

　　在住宅方面，1988 年，韓國政府有鑑於都市人口激增，開始推動都市開發與更新計畫，透過政府主導，或由民間參與，以區域為主，大規模地在建築計畫用地或老舊社區上，興建或改建為社區型的大型公寓，以及整修拓寬道路。如此，穩定房價與地價，解決都市住宅不足的問題。同時，也美化市容，提升良好的住居環境品質。

　　就業方面，韓國從現代化之後，從 1960 年代，原有的農、林、漁業的傳統勞動就業結構為主，而從 1970 年代到目前，快速變遷為以新興勞動就業結構，即服務業為主。韓國政府以補助與投資來鞏固中小企業的營運與就業權利，並且透過公共工程的投資，擴大公共工程的建設，提供就業機會。同時，也開放外國投資與外國企業進駐，創造更多的就業機會。此外，為了增加就業機會，韓國政府擴大開辦職業訓練措施，培訓人才，提升技能，輔導就業。

　　女性地位方面，韓國社會，早期仍然存有男尊女卑、重男輕女的傳統觀念，在 20 世紀 80 年代，強調女性權利、男女兩性平等的世界潮流中，韓國政府也立法保障女性地位，在家庭、教育、就業、參政等領域的地位，都有顯著提升，也有傑出表現。

　　因此，在韓國的社會政策中，社會保障與社會福利都是相輔相成的，即以社會保障來維護全體國民的社會福利，以社會福利來實踐全體國民的社會保障。

韓國的社會保障發展

	年金	醫療保險
1977	——	軍公教開始
1983	實施軍公教年金	——
1988	實施勞工年金、國民年金（弱勢）	——
1999	軍公教勞工年金與國民年金合併	——

韓國的社會福利：住宅、就業、女性地位

住宅	❶ 都市人口激增： （1）推動都市開發與更新計畫（1988）：政府主導＋民間參與。 （2）以區域為主：大規模興建或改建 ➡ 社區型的大型公寓，整修拓寬道路。 ❷ 穩定房價與地價，解決住宅不足。 ❸ 美化市容，提升良好住居環境品質。
就業	❶ 就業結構變遷：韓國的現代化，以新興勞動服務業為主（1970） ➡ 農林漁業的傳統勞動就業結構遞減。 ❷ 韓國政府的補助與投資：鞏固中小企業的營運與就業權利，擴大投資與建設公共工程 ➡ 提供就業機會。 ❸ 開放外資與外商進駐：創造更多就業機會。 ❹ 開辦職業訓練：培訓人才，提升技能 ➡ 增加就業機會。
女性地位	❶ 韓國早期傳統社會觀念：男尊女卑、重男輕女。 ❷ 現代世界潮流：強調女性權利，男女兩性平等。 ❸ 韓國政府立法保障女性地位：家庭、教育、就業、參政 ➡ 地位提升，表現傑出。
韓國社會政策	❶ 社會保障與社會福利相輔相成。 ❷ 以社會保障維護全民的社會福利，以社會福利實踐全民的社會保障。

韓國文化小教室

韓國由於韓流之故，成為經貿大國之一。因此，在幸福指數，位居世界第 27 名。

UNIT 4-25 韓國的政治與地域文化

韓國政治已邁入民主化，政治穩定，經濟發達，但地域感情的特殊文化比較遺憾。

圖解韓國文化

政治發展

韓半島在美俄兩國的介入下，大韓民國在首都漢城（首爾）市獨立建國，是為韓國（南韓），由美國主導。而俄國則主導朝鮮民主主義人民共和國的成立，是為朝鮮（北韓）。

韓國當選首任大統領為李承晚（第1、2、3任），爾後有尹潽善（第4任）、朴正熙（第5、6、7、8、9任）、崔圭夏（第10任）、全斗煥（第11、12任）、盧泰愚（第13任）、金泳三（第14任）、金大中（第15任）、盧武鉉（第16任）李明博（第17任）、朴槿惠（第18任）、文在寅（第19任）。其中，李承晚共執政十二年，曾獲美國大量的經濟援助，奠定了經濟發展的基礎。

1961年，朴正熙發動516政變，執政長達二十六年，其「科技立國」與「教育立國」使韓國經濟發達，創造「漢江奇蹟」。1979年，朴正熙被襲身亡後，全斗煥取得執政，經濟仍然持續成長。1987年，盧泰愚接任政權，受到6月民主運動的影響，實踐修訂《憲法》、大統領直接選舉，在1988年，當選首位民選大統領，實現民主化。同時，成功地舉辦漢城奧運，使國家地位快速提升。

1992年底，金泳三當選，為首任的文人大統領，稱為「文民政府」，實踐拆除日帝建築、廉政與民主化改革，但遭遇1997年底的亞洲金融危機為美中不足的憾事。1997年底，在野黨領袖金大中當選，為首次政黨輪替的大統領，稱為「國民的政府」，成功地實施經濟改革，走向國際化，而帶動韓流興起，開創了文化立國的典範，成為文化創意產業的新興鼻祖，經濟復甦繁榮，成果卓越。此外，推動陽光政策，首次訪問朝鮮（北韓），與其建立和平友好關係，因而獲得諾貝爾和平獎殊榮。

2002年底，盧武鉉當選為首位的平民大統領，稱為「參與政府」，延續金大中治國理念。2007年底，以企業CEO（執行長）、整治清溪川、將漢城的中文地名改稱「首爾」與環保英雄等事蹟聞名的漢城市市長李明博當選大統領，政黨再次輪替。期間，韓流持續發威，文創產業大興，經貿高度發達。2012年底，朴正熙的女兒朴槿惠當選，為首位女性大統領，執政期間延續了韓流成果。2017年5月，文在寅當選大統領，以親民形象繼續致力政經發展。

地域文化

韓國一向講究民族團結與民族統一，但一涉及政治立場或政黨傾向，尤其是每逢選舉活動就會引起地域感情，產生涇渭分明的對立現象，如慶尚道（新羅故地）與全羅道（百濟故地）的對立。在古代，新羅曾經滅亡百濟、高句麗，成為統一新羅。因此，新羅與百濟的敵對是有歷史因素。

以大統領為例，慶尚道一向屬於保守派（執政黨），如朴正熙、全斗煥、盧泰愚、金泳三、李明博、朴槿惠；而全羅道則屬於自由派（在野黨），如金大中、盧武鉉。如此，形成政治性的地域文化。

韓國歷任大統領

	姓名	就任年	特殊政績
1			
2	李承晚	1945 年	曾獲美經援,也進行土地改革。
3			
4	尹潽善	1960 年	
5			
6			
7	朴正熙	1961 年	發動 516 政變,執政 26 年。 「科技立國」與「教育立國」,創造「漢江奇蹟」。
8			
9			
10	崔圭夏	1979 年	
11	全斗煥	1979 年	持續「漢江奇蹟」。 提出申辦漢城奧運。
12			
13	盧泰愚	1988 年	首位民選大統領。 取得漢城奧運主辦權,實現民主化。 成功舉辦漢城奧運。
14	金泳三	1993 年	首任文人大統領。 拆除日帝建築,實踐廉政。 遭逢 1997 年亞洲金融危機。
15	金大中	1998 年	首次政黨輪替。 成功實施經濟改革,韓流興起。 開創文化立國典範,文化創意產業的新興鼻祖。 推動陽光政策,首次訪問北韓,建立和平友好關係,榮獲諾貝爾和平獎。
16	盧武鉉	2003 年	首位平民大統領。
17	李明博	2008 年	政黨再次輪替。 曾任漢城市長的績效:整治清溪川、環保英雄。 韓流持續發威,文創產業大興,經貿高度發達。
18	朴槿惠	2013 年	朴正熙的女兒,首位女性大統領。 延續韓流成果。
19	文在寅	2017 年	政黨再次輪替,親民形象。

慶尚道與全羅道的對立

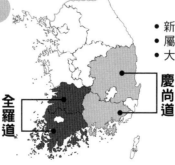

- 新羅故地
- 屬保守派(執政黨)
- 大統領:朴正熙、
   全斗煥、
   盧泰愚、
   金泳三(原屬自由派轉為保守派)、
   李明博、
   朴槿惠、
   文在寅(屬自由派)

- 百濟故地
- 屬自由派(在野黨)
- 大統領:金大中、盧武鉉

慶尚道

全羅道

韓國文化小教室

　　韓國政治體制是依照《大韓民國憲法》規定而實施的三權分立,即行政(大統領)、立法(國會)、司法(法院)。但是,大統領為國家領袖,任期為 5 年,不可連任。

UNIT 4-26
韓國的經濟與貿易

韓國經貿發達，歸功於大企業。但透過革新後，中小企業也興起，兩者並重及均衡發展，使韓國位居世界經貿大國之列，再創經濟奇蹟。

圖解韓國文化

經濟發達

　　韓國經濟發達，已經成為高速經濟成長的先進國。經濟發展過程中，最獨特之處就是以財閥（재벌）企業為主的大企業、大財團的型態來發展經濟。財閥是複合企業，主要以家族或親戚所構成，由母企業為中心，旗下擁有許多子企業，透過多樣化經營，形成一貫體制活動的企業群。著名的民間財閥企業，前 20 名，如：三星、現代汽車、SK（鮮京）、LG（樂金）、Lotte（樂天）、GS（金星）、現代重工業（Hyundae）、韓進（Hanjin）、韓華（Hanwha）、斗山（Doosan）、新世界（Sinsegae）、CJ（第一製糖）、LS（Leading Solution）、大宇造船海洋（Daewoo）、錦湖韓亞（Gumho Asiana）、大林（Daelim）、富榮（Booyoung）、東部（Dongbu）、現代（Hyundae）等。

　　財閥形成的原因是在 1960 年，韓國朴正熙大統領政府實施「經濟開發五個年計畫」時，為了發展工業，而大規模資助財閥，使財閥成為韓國經濟發展的主力。而不屬於財閥的著名國營或公營大企業，前 12 名為：韓國電力、韓國土地住宅、浦項鋼鐵（Posco）、韓國道路、農協、韓國瓦斯、韓國通信、首爾住宅（SH）、韓國水資源、韓國鐵道、韓國石油、仁川都市。

　　韓國政府在推行扶植大企業發展後，便忽略了以中小企業來進行經濟發展的型態，於是中小企業開始衰退，在韓國經濟發展中的比重較低。但是，有鑑於中小企業普遍，數量龐大，應該有助於經濟發展。因此，80 年代，韓國政府開始重視中小企業，進行改革，調整大企業與中小企業的分工體系。到了 21 世紀起，韓國政府擴大對中小企業的扶植與革新，使中小企業成為經濟發展的尖兵，成果良好，而成為發達國家。目前韓國產業發展重點，如：第一產業的農林漁；第二產業的工業、能源；第三產業的服務業（金融、運輸、觀光）；第四產業的科技、資訊、醫療、教育；第五產業的文化創意產業（韓流產業）。其中，韓國在電子工業（半導體、手機、液晶顯示器、網際網路普及率）與造船業的競爭力居世界第一，科學技術競爭力則居世界第六。同時，鋼鐵、造船、製車、石油化工、紡織、食品、塑膠、機械、家電、能源、合金等項目，也都居世界領先地位。

貿易展望

　　由於韓國缺乏天然資源，於是引進以加工貿易為中心的輸出主導型態，為經濟成長的主要政策，便有賴於輸出與輸入的貿易往來，為世界第 6 大出口國與第 9 大進口國。主要貿易對象有中國、美國、日本、中華民國臺灣、英國、德國、印尼、馬來西亞等國。而韓國也開放外國投資，主要來自美國、日本、歐盟、新加坡、中國。再者，韓國也加入各項重要的國際組職，如：亞太經濟合作會議（APEC）、世界貿易組織（WTO）、東南亞國協（ASEAN）、經濟合作與發展組織（OECD）等，也與美國、歐盟、中國等 52 個國家簽訂自由貿易協定（FTA）。

韓國的財閥

成因　1960 年，韓國朴正熙大統領政府實施「經濟開發五個年計畫」，大規模資助財閥。

特色
❶ 以家族或親戚為主。
❷ 以母企業為中心，旗下子企業眾多。
❸ 多樣化經營，一貫體制活動的企業群。

著名企業　三星、現代汽車、SK（鮮京）、LG（樂金）、Lotte（樂天）等。

對中小企業發展的態度

重視大企業而忽略中小企業，使得中小企業衰退。　➡️　體認到中小企業普遍而數量龐大，仍有助經濟發展。　➡️　80 年代，開始重視中小企業，進行改革。

現今韓國產業發展重點

第一產業　農林漁

第二產業　工業、能源

第三產業　服務業（金融、運輸、觀光）

第四產業　科技、資訊、醫療、教育

第五產業　文化創意產業（韓流產業）

貿易展望

貿易主要政策	因韓國天然資源缺乏，以加工貿易為中心的輸出主導型態。
政策結果	1. 依賴進出口貿易。 2. 韓國經濟迅速發展：世界第 6 大出口國與第 9 大進口國。
主要貿易對象	中國大陸、美、日、中華民國臺灣、英、德、印尼、馬等。
開放外國投資	美、日、歐盟、星、中國大陸。
加入重要國際組職	亞太經合會議（APEC）、世貿組織（WTO）、東協（ASEAN）、經合組織（OECD）等。
簽訂自由貿易協定（FTA）	與美、歐、中國大陸等 52 國。

 韓國文化小教室

韓國經濟產業發展大部分來自三星與現代這兩大企業，占韓國經濟的一半以上的比率。

第5章
韓國現代的民俗文化

韓國的民俗文化，歷史悠久，源遠流長，具有濃厚的傳統地方色彩，以及獨特的
傳統生活習慣。有嚴謹的禮俗，也有充滿歡樂趣味的氣氛，可說是精采又熱鬧。
呈現韓民族樂天的獨特性格。

UNIT 5-1
韓國的信仰（一）：本土巫俗宗教

韓國的民間宗教信仰為巫俗信仰，也是本土或土著信仰。以薩滿為中心，藉由超自然力量來進行天與人之間的溝通橋梁，為一種原始宗教，其中，長栍也是另一佳例。

圖解韓國文化

韓國民間宗教信仰：巫俗信仰的由來

　　韓國本土的民間宗教信仰為巫俗信仰，簡稱為「巫俗」、「巫」，是韓國傳統的原始宗教，也可稱為「薩滿教」（살만교、샤머니즘），起源於非常久遠的古代社會，是韓民族的主要信仰。

　　薩滿教的信仰，主要分布在北亞，如：俄羅斯西伯利亞的烏拉阿爾泰語系諸種族與通古斯族，及其遠東地區的古亞細亞族諸種族，也分布在東北亞、東南亞、中亞、北歐、美洲、大洋洲等地，屬於自然崇拜類的原始宗教。「薩滿」（shaman）一詞是來自女真語及其他通古斯語族的語言，具有「智者」、「曉徹」之意。由此可知，韓民族、中國北方的蒙古族、中國東北地區的女真族（滿族），以及其他滿語族群等，也是信奉薩滿教。

　　再者，「薩滿」一詞的漢字寫法是「巫覡」（무격），有性別區分，即巫是女性，覡是男性，因此，也稱為「巫覡信仰」或「巫俗信仰」。而女巫與男覡的韓文寫法是「巫堂」（무당）與「博數」（박수），兩者統稱為「巫堂」。韓國一般以女性巫堂為主，有個人的祭儀場所，也可以在村落或民家來舉行巫俗儀式。

巫俗信仰與長栍信仰的影響

　　薩滿教是以薩滿為中心的信仰體系，由巫堂藉由反覆地跳舞與唱歌，呼喚神明進來，在陷入恍惚入迷的異常心理狀態之下，與超自然的存在，即神靈、精靈、死靈等直接接觸，進行交流，傳達神明的訊息，但薩滿並不具備超自然力，而是具有與神明直接聯繫的人物，也具有上天堂或下地獄的能力，是聯繫神明與人類之間的媒介者。同時，可以借助神明的力量，透過預言、解夢、占卜、治療、祭儀等宗教性的方式，來施展咒術，主要任務是在斷吉凶、除惡靈、治病痛，以及祈求農業豐收、家族安樂、戰爭勝利，還有控制氣候等。因此，薩滿的功能，可說是各種疑難雜症的治療師，也如同千變萬化的魔術師。

　　在韓國，巫堂分為兩大類型，一是降神巫：即神明附身於巫堂，分布於漢江以北，占多數比例。二是世襲巫：即家族內傳承的巫堂，分布於漢江以南與東海岸一帶，僅次於降神巫。

　　此外，韓國有長栍（장승）的木頭造型，也屬於巫俗信仰的一種，可說是巫俗信仰的代表。即雕刻成人臉模樣的兩根長形柱子，豎立在鄉村或寺廟的入口處，其作用有三種，一是做為一種劃分各區域的界碑，二是路標，三是鄉村的守護神。而其功能具有保佑平安幸福、糧食豐收，以及消災解厄、驅吉避凶、避邪納福等功能。一般而言，有一對男女的模樣，佇立在鄉村的入口。兩根柱子分別寫著「天下大將軍」與「地下女將軍」。

 巫堂

巫堂的造型

巫堂藉由歌舞來呼喚神明。

 韓國巫堂

漢江以北 | **降神巫**
神明附身,在漢江以北,為多數。

漢江以南 | **世襲巫**
家族內傳承,在漢江以南與東海岸一帶,較少數。

 長栍

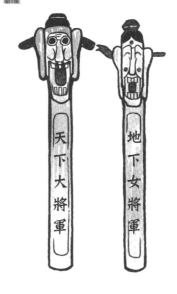

韓國文化小教室

　韓國巫俗的起源,應該是在韓國史的開端,即韓國建國神話的開國始祖檀君王儉朝鮮時代。如:熊與老虎的出現,天神桓因與天神之子桓雄的出現,以及熊轉化為美麗的熊女。再者,太白山與神壇樹的神聖化,都具有精靈信仰與圖騰信仰的紀錄。

UNIT 5-2
韓國的信仰（二）：外來宗教

韓國的信仰中，也有外來的宗教，主要為佛教、儒教、道教、基督教、天主教、回教等六大宗教，為現代民間的主要信仰。

圖解韓國文化

韓國的佛教、儒教、道教

　　韓國佛教（불교）正式進入韓國是在古代三國時期，屬於大乘佛教教義，發展至今，已走入民間社會，成為民俗信仰，並且邁向現代化。以消災祈福、護國護民、國泰民安與弘益人間等理念為宗旨，寺廟大多隱居山林之中，市區則少見，其建築都是傳統的韓屋風格，具有韓民族傳統文化的獨特性。韓國佛教宗派普遍林立，其中，有七大佛教團體最具代表，如：曹溪宗、太古宗、天台宗、真覺宗、觀音宗、總和宗、普門宗。以位於首爾市區的曹溪宗歷史最久，規模最大，被尊為現代韓國佛教之祖，可說是韓國佛教界的領導者。而每年農曆 4 月 8 日佛誕節最具代表，為國定假日。韓國佛教信徒約占全國人口數的 25%。

　　韓國儒教（유교）文化是在高句麗時期就有傳入，如：祭天儀式的東盟、《廣開土王（好大王）陵碑》碑文、古墳壁畫等，都有儒教思想的呈現。爾後，尤其在教育與治國方面，都與儒家思想或儒學有關，也影響了百濟、新羅、高麗、朝鮮等歷代王朝的高度重視。其中，將儒教視為具有宗教性質是從朝鮮王朝開始的。如：經典、倫理、制度、儀禮、祭祀等觀念，都普遍深入到個人、家庭、社會、國家，成為日常生活中，最廣泛的民俗信仰，而被視為一種宗教。因此，到了現代韓國，到處充滿濃厚的儒教氣息。其中，以每年的祭孔活動最具代表。

　　韓國道教（도교），是在韓國所發展出來的道教，有思想、儀式、宗教團體及信徒。最早是在高句麗時期就有傳入，尤其在歷代王朝的治國方面，都與道教有關，如：道場、祭典、風水理論等。而在民間則流行星相、占卜、命運、咒術、修道等項目，同時，也結合了巫、佛、儒三教，成為普遍的民俗信仰，也成為韓國傳統文化的一部分。

韓國的基督教、天主教、回教

　　基督教（기독교）早在 18 世紀的朝鮮後期傳入韓國，目前是韓國的最大宗教。基督教信徒約占全國人口數的 30%。可分為兩大宗教集團，即改新教（개신교，占 19%）與羅馬天主教（로마천주교／가톨릭교，占 11%）。其中，以位於首爾市中區明洞的天主教明洞聖堂為韓國最大的天主教堂，也是韓國基督教的代表。每年 12 月 25 日耶誕節是最具代表，為國定假日。有七大基督教（改新教）團體最著名，如：長老會（合同）、長老會（統合）、監理會、浸禮會、一神的教會、福音教會、長老會（改革）。而韓國（羅馬）天主教會則有 3 個總教區，即首爾、大邱、光州，以及 12 個分教區。不論是基督教的改新教與羅馬天主教的信徒，大多以成年人為主，尤其在各大都市的大街小巷，或在大學校園周邊，都有許多教會或青年團契，數量之多，可說居於世界首位。其次，韓國回教／伊斯蘭教（회교／이슬람교）以在首爾市龍山區梨泰院清真寺的社區為主。信徒非常少數，只占 0.4%。

外來宗教傳入時代及特點

古朝鮮
↓
前三國時代
（三韓、漢四郡）
↓
**三國時代
（新羅、百濟、
高句麗）**

佛教

★傳入時間：
　高句麗小獸林王 2 年，西
　紀 372 年；百濟枕流王 1
　年，西紀 384 年；新羅法
　興王 2 年，西紀 514 年。
★為大乘佛教。
★寺廟多隱居山林，為韓屋
　風格建築。
★七大最具代表的佛教團體：
　曹溪宗、太古宗、天台宗、
　真覺宗、觀音宗、總和宗、
　普門宗。
★代表節日：
　農曆 4 月 8 日佛誕節。
★信徒人口：
　占全國的 25%。

儒教文化

★傳入時間：高句麗時期。
★百濟、新羅、高麗、朝鮮等
　歷朝高度重視。
★最具代表的活動：祭孔。

統一新羅時代
↓
後三國時代
（新羅、後百濟、
泰封＝後高麗）
↓
高麗王朝
↓
朝鮮王朝

↓
大韓帝國
↓
韓國獨立
運動時期
↓
南北韓時期

韓國道教

★傳入時間：高句麗時期。
★治國：
　注重道場、祭典、風水理論。
★民間：
　結合巫佛儒，為普遍的民俗
　信仰。

★儒教開始具有宗教性質。

基督教、天主教

★傳入時間：
　朝鮮後期（18 世紀）。
★代表節日：12 月 25 日耶誕節。
★信徒人口：
　占全國的 30%（改新教 19%、
　羅馬天主教 11%）。

曹溪宗　　現代韓國佛教之祖。

教徽：三寶輪

蘊含對佛、法、
僧三寶的信仰
和曹溪宗的禪
教兩宗特點。

曹溪宗的寺
院大多建在
半山腰。

基督教
明洞聖堂

 韓國文化小教室

　　韓國大型宗教團體都有經營事業機構，規模最大的有佛、基督、天主等三教。其經營項
目，如：教育、醫療、文化、生產、傳播、公益慈善、政黨等事業。

UNIT 5-3

韓國的信仰（三）：新興宗教

韓國的新興宗教是因應時代變遷而新成立的宗教或宗派，也是本土文化的一種。

圖解韓國文化

屬於道教、佛教系統的韓國新興宗教

韓國的新興宗教（신흥종교）中，屬於道教形式，最著名的有五個：

一、**天道教（천도교）**：由於韓國在大韓帝國末期政局動盪，社會混亂，造成民眾不安，於是新興宗教出現。天道教為繼承東學而發展成為韓國的新興宗教。朝鮮哲宗 11 年（1860 年），因西學（羅馬天主教）傳入，為了提倡民族主義信仰，並統合儒釋道三教思想，而創立東學來對抗。大韓帝國高宗 42 年（1905 年），才改稱為「天道」。曾經主導三一獨立運動，而積極宣教。

二、**甑山道（증산도）**：創始於1871 年，信奉玉帝，主張天地合德、人類一家，以實踐韓民族開國國祖檀君王儉的偉大業績為典範的民族宗教。

三、**大倧教（대종교）**：創始於1909 年，尊崇韓民族開國國祖檀君王儉為大倧教的始祖而信奉，最初稱為檀君教。曾對三一獨立運動有許多極大貢獻。最具代表的節慶為每年 10 月3 日開天節，是紀念檀君王儉在西紀前2333 年建國檀君朝鮮的國定假日。

四、**大巡真理會（대순진리회）**：創始於 1968 年，源於甑山道，信奉玉帝，主張陰陽合德，道通真境為宗旨，有經營教育事業。

五、**丹世界（단월드）**：創始於1905 年，又稱為「丹瑜珈」，現為精神健身中心，主要推廣韓國民族傳統宗教的身心修練法與瑜珈運動的嶄新結合。

屬於佛教形式，著名的有一個，如：圓佛教（원불교），原為佛教宗派之一，自立創始於 1916 年的本土佛教。以圓形圖案為其象徵，規模頗大，還有經營教育、醫療、文化、生產等事業機構。

屬於基督教系統的韓國新興宗教

韓國的新興宗教中，屬於基督教形式，著名的有四個，其發展過程如下：

一、**統一教（통일교）**：創始於1954 年，正式全名為「世界平和統一家庭聯合」。主張受上帝指派，來拯救世人的救世主。以基督教《聖經》的教義為基礎，致力實現世界和平與天下一家理想。規模頗大，教會遍及全球，也經營教育、醫療、藝術、企業、政治、傳播等事業機構。

二、**天父教（천부교）**：創始於1955 年，屬於改新教，雖然教義以基督教《聖經》為核心，卻標榜是另一種的基督教。因此，以鴿子取代十字架為教徽的象徵。

三、**一神的教會（하나님의 교회）**：創始於 1964 年，正式全名為「一神的教會世界福音宣教協會」，屬於基督教，強調不拜偶像，不用道具。主張上帝就是唯一的神明，萬物皆寄寓於一神。因此，所謂一神就等同於唯一的上帝或天帝。其教會遍布全球。

四、**伊甸聖會（에덴성회）**：創始於 1973 年，正式全名為「韓國基督教伊甸聖會」，與天父教有淵源，卻標榜是基督教的一派。也經營服務、教育慈善等事業機構。

韓國新興宗教創立年表

西紀年	教名	類別	教徵	特色
1860	天道教	道教		★反對西學（羅馬天主教）傳入。 ★提倡信仰民族主義，統合儒釋道三教思想。 ★主導三一獨立運動，積極宣教。
1871	甑山道	道教		★主張天地合德，人類一家。 ★信奉玉帝。
1905	丹世界	道教		★為精神健身中心。 ★推廣韓國民族傳統宗教的身心修練法與瑜珈運動的結合。 ★類似宗教修行加瑜珈運動。
1909	大倧教	道教		★信奉韓民族開國祖檀君王儉。 ★原名「檀君教」，有功於三一獨立運動。 ★代表節慶為 10 月 3 日開天節，紀念檀君王儉朝鮮建國。
1916	圓佛教	佛教		★事業機構規模頗大，包含教育、醫療、文化、生產。
1954	統一教	基督教		★以基督教《聖經》為基礎。 ★致力實現世界和平與天下一家理想。 ★事業機構規模頗大，包含教會、教育、醫療、藝術、企業、政治、傳播。
1955	天父教	基督教		★屬於改新教。 ★教義核心為基督教《聖經》，卻標榜為另一種基督教。 ★以鴿子取代十字架。
1964	一神的教會	基督教		★全名：一神的教會世界福音宣教協會。 ★強調不拜偶像，不用道具。 ★主張上帝是唯一的神明。
1968	大巡真理會	道教		★甑山道。 ★信奉玉帝。 ★主張陰陽合德，道通真境。 ★經營教育事業。
1973	伊甸聖會	基督教		★全名：韓國基督教伊甸聖會。 ★與天父教有淵源，但標榜為基督教的一派。 ★事業機構包括服務、教育慈善等。

韓國文化小教室

韓國人口中，約有高達 48% 的比例沒有宗教信仰，其原因可能是沒有固定的宗教信仰。

UNIT 5-4
韓國的國定假日與重要的國定紀念日

韓國的國定假日（公休日），其中也包含國慶日。此外，還有國定的重要紀念日。

圖解韓國文化

韓國的國定假日

　　韓國的國定假日，韓文稱為「公休日」（공휴일），為國家所制定的假日，如遇週六與週日，可於週一補假一天。補假制度，韓文稱為「代替休日制度」（대체휴일제도）當然包括週休二日，韓文稱為「週五日勤務制」（주오일근무제）的週六與週日。其中，公休日也包括「國慶日」（국경일），是指為了紀念深具歷史意義的日子，依法制定為國家慶典節日，有各種慶祝紀念式與慶祝活動，家家戶戶也必須懸掛韓國國旗太極旗。首先，就韓國的國定假日（公休日），共 11 個節日，表列如下：

序	節日名稱	日期	說明	性質	國旗
1	新正（陽曆）／陽曆新年 （신정〔양력〕／양력설）	1月1日	國曆，新年第一天。	紀念日	不掛
2	舊正（陰曆）／陰曆新年 （구정〔음력〕／설날）	＊1月1日	＊陰曆，新年第一天： 春節，12/30~1/2 三天連假。	民俗日	不掛
3	三一節（삼일절）	3月1日	三一獨立紀念日。	國慶日	須掛
4	釋迦誕辰日（석가탄신일）	＊4月8日	＊陰曆，又名佛誕節。	紀念日	不掛
5	兒童節（어린이날）	5月5日	重視兒童健康幸福成長。	紀念日	不掛
6	顯忠日（현충일）	6月6日	紀念殉國烈士的忠節。	紀念日	半旗
7	光復節（광복절）	8月15日	韓國獨立。	國慶日	須掛
8	秋夕（추석）	8月15日	＊陰曆，中秋節， 8/14~16 三天連假。	民俗日	不掛
9	開天節（개천절）	10月3日	檀君王儉開國。	國慶日	須掛
10	韓文節（한글날）	10月9日	世宗大王創制韓文。	國慶日	須掛
11	基督誕辰日（기독탄신일）	12月25日	聖誕節、耶誕節。	紀念日	不掛

重要的國定紀念日：全國性

　　韓國的國定紀念日是指紀念特定的日子，多達 76 個，屬於全國性，大多沒有放假，筆者列舉其中重要的國定紀念日，共有 6 個節日，如下：

序	節日名稱	日期	說明
1	植木日（식목일）	4月5日	植樹節，重視大自然資源。
2	大韓民國臨時政府樹立紀念日 （대한민국 임시정부 수립기념일）	4月13日	紀念三一獨立運動所建立韓國臨時政府的法統與歷史意義。
3	忠武公李舜臣誕辰日 （충무공 이순신 탄신일）	4月28日	紀念韓國武聖李舜臣將軍在壬倭英勇殉國。
4	勤勞者之日（근로자의 날）	5月1日	全國勞工放假一天。
5	父母節（어버이 날）	5月8日	提倡孝順父母，感謝養育之恩。
6	教師節（스승의 날）	5月15日	提倡尊師重道，感謝師恩。

韓國文化小教室

　　韓國的補休制度：農曆春節、中秋節、兒童節與週六、週日重疊時，在下一週補假。

韓國的國定假日

三一節 陽曆 **3**/1	顯忠日 陽曆 **6**/6	開天節 陽曆 **10**/3

韓文節 陽曆 **10**/9

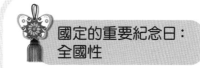

國定的重要紀念日：
全國性

植木日 陽曆 **4**/5

忠武公 李舜臣誕辰日 陽曆 **4**/28	父母節 陽曆 **5**/8	教師節 陽曆 **5**/15

UNIT 5-5
韓國的民俗紀念日與歲時節日

韓國傳統的民俗紀念日與歲時節日，為全國性的民間習俗，各有其節日的特色。

韓國的民俗紀念日

韓國傳統的民俗紀念日，韓文稱為「名節」（명절），皆以陰曆為主，屬於全國性質的節日，共 14 個，表列如下：

序	節日名稱	日期	說明
1	新年 / 舊正（설날 / 구정）	1 月 1 日	陰曆新年第一天：春節。
2	正月大望月（정월 대보름）	1 月 15 日	元宵節、上元。開始耕作。
3	靈登日（영등날）	2 月 1 日	季節風靈登神來人間，雨來豐收，風來則凶年。
4	重三日（삼짇날）	3 月 3 日	又名三巳日、重三。燕子回來日。
5	初八日（초파일）	4 月 8 日	又名釋迦誕辰日、佛誕節。
6	端午（단오）	5 月 5 日	迎夏，插秧，祈願豐收。
7	流頭（유두）	6 月 15 日	溪邊洗頭，除厄運。
8	七夕（칠석）	7 月 7 日	牛郎織女相會。
9	百中（백중）	7 月 15 日	又名中元。祭祖魂。
10	秋夕（추석 / 한가위）	8 月 15 日	又名中秋。秋收後回鄉團圓。
11	重陽節（중양절）	9 月 9 日	登山。
12	十月望月（시월보름）	10 月 15 日	又名下元。消災求平安。
13	冬至（동지）	12 月 22 日	開始晝短夜長。
14	臘月晦日（섣달그믐）	12 月 30 日	除夕，燕子飛來，象徵吉祥。

韓國的歲時節日

韓國傳統民俗的歲時（세시）節日，多以陰曆為主，屬於全國性質的節日，共有 8 個，表列如下：

序	節氣（歲時）名稱	日期	說明
1	農工日（머슴날）	2 月 1 日	慰勞農工，開始耕作。類似勞動節。
2	中和節（중화절）	2 月 1 日	紀念農作開始。
3	寒食（한식）	約 2~3 月間	掃墓。約陽曆 4 月 5~6 日。
4	芒種（망종）	約 5 月	梅雨季開始。約陽曆 6 月 6 日。
5	伏日（복날）	約 6~7 月間	即三伏：初伏（夏至）、中伏、末伏（立秋）。指陰曆 6~7 月間的庚日（約陽曆 7~8 月），最熱開始。
6	午日（말날）	約 10 月間	指陰曆 10 月中的午日，為製醬吉日，並祭拜家宅神。
7	降神日（강신일）	約 10 月間	天神降臨之日，祭拜天神。
8	臘日（납일）	12 月 22 日後	冬至後，第三未日，祭拜天地之神，為年終祭。

韓國文化小教室

韓國的立春，為陰曆一月初的節氣，是春天的開始，象徵新的一年，約在陽曆 2 月下旬。一般會張貼「立春大吉」四字的春聯在大門、柱子，來迎接這個吉日。同時，在農事方面，也是開始耕種的最佳日子，因此，如此重要的日子，應該也列入民俗紀念日。

韓國的民俗紀念日

| 靈登日 | 陰曆 | 2/1 |

| 重三日 | 陰曆 | 3/3 |

| 流頭 | 陰曆 | 6/15 |

韓國的歲時節日

| 伏日 | 陰曆 | 約 6-7 月間 |

| 寒食 | 陰曆 | 約 2-3 月間 |

| 午日 | 陰曆 | 約 10 月間 |

UNIT 5-6
韓國的禁忌（一）

禁忌是一種依照迷信觀念或社會習慣，而禁止某種言行的侵犯，以免遭受負面的影響，也就是忌諱。韓國文化中，也有禁忌的習俗，列舉重要如下。

圖解韓國文化

家庭方面

序	禁忌（금기）內容	說明
1	如果在晚上掃地的話，會壞了事。	掃光累積的財富。
2	建造廁所時，要看方位，不可隨便移動。	會有厄運。
3	把紙鈔當壁紙貼在牆上的人，會變成鬼。	因炫耀而惹禍。
4	如果在廁所摔倒的話，會生病。	身體健康出了問題。
5	如果夫妻的四柱八字不合的話，丈夫會夭壽。	須同步相合，禍福相同。
6	如果平時倒過來睡覺的話，會壞了事。	平時頭腳方向應該合乎床頭床腳位置。
7	搬家的第一天倒過來睡覺的話，鬼不會進來。	僅限適應新環境的第一天。
8	不可在別人面前炫耀自己的小孩。	自己小孩會夭壽。
9	用掃把往外掃地的時候，會不好。	應往內掃，福氣才往內進來。
10	如果把門檻切割來睡的話，嘴巴會歪斜。	對家宅神不敬。
11	如果抓青蟒蛇的話，會家破人亡。	青蟒蛇是保護家宅的福蟒。
12	祭祀前的食物供品，不能事先吃。	招來霉運，也對神明不敬。
13	如果在飯桌講很多廢話的話，福氣會走掉。	用餐時，應該安靜。

人身方面

序	禁忌內容	說明
1	女子在晚上照鏡子，會遭到冷落。	表示不守婦道。
2	女子在陰天時，不洗頭。	長髮難乾，影響健康。
3	如果在晚上剪指甲的話，會不好。	容易失魂落魄、剪掉好運。
4	如果做好夢，隔日說出的話，會不好。	天機不可洩漏。
5	在眼睛下面有痣是不好。	為哭痣，象徵凶事。
6	如果晃腳的話，福氣會出去。	俗語說：男抖窮，女抖賤。
7	小孩如果抽菸的話，骨頭會酥掉。	抽菸有害發育成長。
8	初一當天，不可洗頭。	會洗淨財運與福氣。
9	如果用破碗吃東西的話，會諸事不順。	考試落榜，升官無望，前功盡棄。
10	如果光著腳向人問候的話，會不好。	與人見面必須服裝儀容整潔得體。
11	如果在三煞方蓋房子的話，人會死去。	三煞方：歲煞、劫煞、災煞為不吉方位。
12	如果偷別人的東西的話，會打嗝。	表示不打自招、心虛。
13	不可用紅筆寫名字。	象徵霉運、死亡、絕交等含意。

韓國文化小教室

韓國與其他漢字文化圈的國家，都很忌諱數字「四」，因為發音同「死」，而認為不吉利，厭惡、排斥或敏感而加以迴避，西方稱之為「恐四症」。其實，任何數字都是好的。

家庭方面

禁忌內容
如果在晚上掃地的話，會壞了事。

說明
掃光累積的財富。

禁忌內容
把紙鈔當壁紙貼在牆上的人，會變成鬼。

說明
因炫耀而惹禍。

禁忌內容
如果在廁所摔倒的話，會生病。

說明
身體健康出了問題。

人身方面

禁忌內容
如果用破碗吃東西的話，會諸事不順。

說明
考試落榜，升官無望，前功盡棄。

禁忌內容
女子在晚上照鏡子，會遭到冷落。

說明
表示不守婦道。

禁忌內容
如果光著腳向人問候的話，會不好。

說明
與人見面必須服裝儀容整潔得體。

183

UNIT 5-7
韓國的禁忌（二）

禁忌是避免破壞傳統民俗的規範。韓國文化中，也不例外，列舉重要如下。

動物、植物與自然現象方面

圖解韓國文化

序	禁忌（금기）內容	說明
1	如果月出或月落呈現紅色的話，會有旱災。	紅色的月亮意味隱伏的災劫。
2	如果伏日下雨的話，紅棗農作會有凶年。	紅棗不耐水霧。
3	如果日出呈現紅色的話，會有旱災。	紅色的日出意味隱伏的災劫。
4	如果野狗吠叫的話，會有凶年。	異常叫聲，意味暗示有災劫。
5	如果夢到三次豬的話，會有挨罵發生。	老祖先的說法，屬於凶夢。
6	如果夢中夢到牛（祖先）的話，會有不吉的事。	預示將發生災劫，需要倍加小心。
7	如果從家中出現蟒蛇與蛇的話，會有不好的事。	預示將發生災劫。
8	如果吃花蟹又吃糖果的話，會死亡。	食物相剋。
9	如果烏鴉叫的話，感冒會蔓延。	象徵不吉利，預示將發生流行感冒。
10	即使是畜生，也不可以叫出惡毒的聲音。	異常叫聲，意味預知災劫。
11	如果蟾蜍進入家裡的話，會下大雨。	蟾蜍會引發大雨。
12	如果夢中夢到狗（雞）的話，會有壞事。	異常叫聲，意味暗示有災劫。
13	不可用杏仁、桃子祭祀。	杏、桃是逐鬼驅魔之用。

各種處世與事物方面

序	禁忌內容	說明
1	如果夢到沾血的話，會有殺人的事。	意味平時言行須小心。
2	如果夢到死人帶走活人的話，會死掉。	預示將有意外事故或疾病而死。
3	如果在夢中乘坐轎子的話，會死掉。	老祖先的說法，凶夢。
4	如果在夢中吃食物的話，會有不好的事。	表示處於焦慮，又缺乏力量。
5	如果在夢中蓋新房子的話，會死掉。	預示將有意外事故或疾病而死。
6	如果在夢中笑的話，白天會發生哭的事情。	預示有不幸的消息。
7	如果在房間裡挖井的話，主人會早死。	破壞風水。
8	遞接物品時，須用右手，不能用左手。	傳統觀念「右尊左卑」。
9	如果先穿別人的衣服的話，反而會死掉。	意味要找替死鬼的替身。
10	如果年初的夢是凶惡的話，會有不好的事。	過年一切以吉祥為主。
11	吃飯時，不能端起飯碗來吃。	碗一定要放在桌上，否則象徵貧窮。
12	正月前三天不能掃地、倒垃圾。	會掃掉與丟掉財運與福氣。
13	不能戴著帽子吃飯。	表示一生貧窮。

 韓國文化小教室

　　禁忌如同法律，違反的話，必須受到天譴及詛咒，可以古朝鮮國王箕子所制定的《八條法禁》為佳例。如：「相殺，以當時償殺；相傷，以穀償。…」其實就是要求民眾平時必須遵守老祖先所傳承的生活經驗法則，否則違反者必須遭到嚴厲處罰。

動物、植物與自然現象方面

禁忌內容

如果夢到三次豬的話,會有挨罵發生。

說明

老祖先的說法,屬於凶夢。

禁忌內容

如果烏鴉叫的話,感冒會蔓延。

說明

象徵不吉利,預示將發生流行感冒。

禁忌內容

如果從家中出現蟒蛇與蛇的話,會有不好的事。

說明

預示將發生災劫。

各種處世與事物方面

禁忌內容

如果在房間裡挖井的話,主人會早死。

說明

破壞風水。

禁忌內容

不能戴著帽子吃飯。

說明

表示一生貧窮。

禁忌內容

如果夢到沾血的話,會有殺人的事。

說明

意味平時言行須小心。

UNIT **5-8**
韓國的生活禮節（一）

韓國是以儒教為生活禮節的依據，敬老愛幼，長幼有序，男女有別，規範個人言行，塑造個人良好的形象，建立彬彬有禮的社會。以下，列舉重要實例，韓國民眾都能切實做到。

人際方面：對長輩的禮節

序	對長輩的禮節（예절）內容
1	用餐時，應先為長輩盛飯，擺好湯匙筷子，待長輩動筷後，其他晚輩才能開動。
2	長輩邀約的聚會，晚輩必須參加，否則缺席就是失禮。
3	用餐時，不可中途離席。用餐時，也不可比長輩早起身。
4	長輩勸酒時，晚輩至少必須喝下一些，否則會很失禮。
5	長輩幫晚輩倒酒時，晚輩必須用雙手拿杯子，表示謝意。
6	喝酒時，必須相互倒酒，以表示友誼與尊重。不能替自己倒酒，有自大之意。
7	不能在長輩面前吸菸、喝酒。而吸菸必須立即弄熄；喝酒必須側身。
8	席地盤腿而坐時，晚輩與長輩同坐，坐姿要端正。不可單腿或雙腿伸直。
9	交談時，對長輩或同輩應該使用敬語語尾。如對方提議說半語，可不使用敬語。
10	晚輩在路上遇到長輩時，應鞠躬問候。同時，站在一旁，讓長輩先行，以示敬意。
11	面對長輩，必須摘除墨鏡（太陽眼鏡），以示尊敬。
12	長輩光臨時，晚輩必須前去接送陪同。長輩離開時，晚輩也必須陪同前去。
13	長輩光臨或離開時，晚輩都要起立，以示尊敬。

人際方面：對他人的禮節

序	對他人的禮節內容
1	以手指指人是失禮的，應該五指併攏來指示指引。
2	遞交物品時，以左手掌扶著伸出的右手臂給予對方。
3	男性朋友之間見面時，要互相打招呼、鞠躬點頭，同時握手。
4	使用雙手接受禮物，而不要當面立刻打開。
5	饋贈禮物時，最好的是酒類，其次是咖啡。不可贈送外國香菸。
6	男性大多喜歡名牌紡織品、領帶、皮帶、皮夾、打火機、電動刮鬍刀等禮品。
7	女性大多喜歡化妝品、手提包、圍巾類物品、廚房用的調味料用品等禮品。
8	若要拜訪對方，必須事先約定。
9	不可在別人面前打噴嚏或打嗝，應該轉身背對，並表示歉意。
10	稱呼對方，須稱呼對方的職稱頭銜，或姓名後加氏（씨），不可直呼對方姓名。
11	不喜歡過分主動，如果過分慇勤或熱情，很可能會造成對方不悅。
12	聊天時，提及對方家族狀況，表示關心。
13	朋友見面時，會依照交情深淺，以喝咖啡、茶為主，其次為可樂等碳酸飲料。

 韓國文化小教室

　　韓國人都使用鐵製湯匙與筷子。湯匙是用來吃飯與喝湯；筷子是扁的，用來夾菜，而不可夾飯吃。扁筷的作用是好夾花生等圓形食物。碗盤不能捧起，所以，匙、筷都很長。

人際方面：對長輩的禮節

長輩幫晚輩倒酒時，晚輩必須用雙手拿杯子，表示謝意。

席地盤腿而坐時，晚輩與長輩同坐，坐姿要端正。不可單腿或雙腿伸直。

面對長輩，必須摘除墨鏡（太陽眼鏡），以示尊敬。

人際方面：對他人的禮節

以手指指人是失禮的，應該五指併攏來指示指引。

遞交物品時，以左手掌扶著伸出的右手臂給予對方。

饋贈禮物時，最好的是酒類，其次是咖啡。不可贈送外國香菸。

UNIT 5-9
韓國的生活禮節（二）

國深受儒教的影響，對於生活禮節都有規範。尤其，必須首先以身作則，然後才能維持社會秩序與融洽。以下，列舉重要實例，在韓國普遍可見，顯示韓國國民素質極高。

圖解韓國文化

場所方面：在家庭的禮節

序	在家庭的禮節（예절）內容
1	早晨起床、用餐前後，子女都要向父母問安。
2	用餐時，應先為長輩盛飯，擺好湯匙筷子，待長輩動筷後，其他晚輩才能開動。
3	用餐完畢後，須將湯匙筷子整齊放在桌面上，不可放在碗盤上。放在碗盤上表示沒吃飽。
4	用餐時，不可左右兩手同時使用湯匙與筷子，非常失禮。
5	子女上學／上班／外出出門前、下課／下班／回來到家後，都向父母問安。
6	父母外出、回來，子女都要問安。
7	拜訪友人的家時，應帶食品類的小禮物。
8	到對方家裡做客時，不可隨便到處走動參觀。
9	客人吃光盤子裡的全部食物，象徵客人還沒吃飽。
10	進入家庭住宅或韓式的公共場所，必須脫鞋。
11	進入室內時，女性不可走在男性的前面。坐下時，女性應該坐在男性的後面。
12	拜訪對方時，必須穿上襪子，如果光腳，非常失禮。
13	由於男尊女卑的原因，在家庭中，男主外，女主內。家事都由婦女一人負責。

場所方面：在公共場所的禮節

序	在公共場所的禮節內容
1	用餐時，不可隨便發出聲響，更不許大聲交談，要輕聲細語。
2	用餐時，不可談論不潔事物，以免讓人感覺不適。也不可將餐具碰撞，發出聲響。
3	吃麵條時，發出聲音，代表好吃，以及對廚師的尊敬。
4	付帳時，應該把錢交到對方手中。若直接放在櫃檯或桌上，有將對方視為乞討的意味。
5	購買國貨與使用國貨，不喜歡外國貨、舶來品。
6	在公共場所中，應該使用韓國語，不可說日語。對日語沒有好感。
7	走路、搭乘手扶梯時，以靠左側為主。
8	公共場所、大眾交通工具、室內等，都全面禁止吸菸。
9	嚴禁異性之間在公共場所過分親暱，會被長輩訓斥。
10	必須使用「大韓民國」或「韓國」。不可使用「南韓」，因為具有卑稱之意味。
11	對國旗、國歌、國花必須尊敬。公共場所放映國歌時，必須起立立正。
12	在公共場所或大眾交通工具，必須讓位給年長、病弱、孕婦、幼童、障礙者等。
13	駕駛行經路口、巷口，以及轉彎時，必須禮讓行人優先通行。行人優先。

韓國文化小教室

韓國有「男女七歲不同席」的傳統文化。即男女七歲以上，不能在一起坐、睡、吃飯等規定，是一種「男女有別」的道德規範，以致早期有男女分校、分班。現已逐步改革。

場所方面：在家庭的禮節

進入室內時，女性不可走在男性的前面。坐下時，女性應該坐在男性的後面。

用餐完畢後，須將湯匙筷子整齊放在桌面上，不可放在碗盤上。放在碗盤上表示沒吃飽。

用餐時，不可左右兩手同時使用湯匙與筷子，非常失禮。

場所方面：在公共場所的禮節

付帳時，應該把錢交到對方手中。若直接放在櫃檯或桌上，有將對方視為乞討的意味。

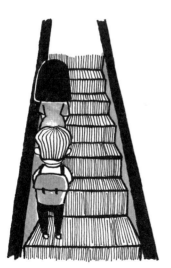

走路、搭乘手扶梯時，以靠左側為主。

大韓民國 〇　韓國 〇　南韓 ✕

必須使用「大韓民國」或「韓國」。不可使用「南韓」，因為具有卑稱之意味。

UNIT 5-10
韓國的鬼神

韓國的「鬼」稱為鬼神，因為「鬼」也是神的一種。韓國民俗中，對「鬼」的觀念，比較單純淡薄，一向不會過度渲染、醜化、挑釁，汙名化，並且保持敬畏之心。

圖解韓國文化

鬼神：妖怪

　　韓國的鬼神（귀신），就是一般的「鬼」之意，因為鬼也是神的一種，即「陰神」，分為「妖怪」與「鬼怪」。

　　在妖怪方面，有八種最著名。而最有名的就是**獨角妖怪**（도깨비）：常見於韓國《傳來童話》（전래동화）故事中，具有人的特質，擁有施展法術的能力。其長相為頭上長一隻角，隨身帶著有尖刺的木棍，並戴著竹編斗笠。全身蓬頭多毛，以男性面貌為主。獨角妖怪是從樹木等自然界的事物變成的，個性淘氣，但喜歡與人類為友，樂於助人，不會害人。獨角妖怪嫉惡如仇，會施展法術來剷除邪惡之徒，伸張公理正義。此外，具有明辨是非與善惡的能力，也會獎善懲惡，報恩復仇。可是，有時還會找人嬉戲說笑。其次是**獨角妖怪火**（도깨비불）或**魂火**（혼불）：即鬼火，以藍光的火球型態飄浮在空中，時常出現在墳墓邊。是由獨角妖怪變身而成的，或由人死後的魂變成的。

　　九尾狐（구미호）：為天界的千年妖怪，有九條白色尾巴的大狐狸。遇到人類時，會變成年輕漂亮的女子，尤其會迷惑男子。雖然九尾狐很可怕，但不會害人，只是一心想成為人類，如果與男子結婚，百日後可變成人類，如果被發現則無法如願而會離去。

　　大蟒蛇（이무기／구렁이）：一心想成為龍，必須在水中等待一千年才會變成龍，但是變身之前會捉弄人類。變成龍之後，其叫聲與如意珠結合一起，

可呼風喚雨，同時飛上天空。**蜈蚣**（지네）：形體巨大的千年妖怪，主要生活在有身分地位的人家屋頂，會以毒液攻擊人家的女兒，使其得病。

　　金剛山／白頭山（금강산／백두산）的**老虎**：軀體巨大而蒼白，為千年妖怪所變成，喜歡吃人肉。**白頭山山蔘**（백두산삼메산이）：住在白頭山，幫助孝子的善良靈物，是由千年山蔘變身為十歲少年的形象。**黑龍**（흑룡）：住在白頭山的黑色大龍，原為住在天上的龍，性格暴戾，因經常惹事生非，被玉帝逐到白頭山，時常欺負當地住民與動物。以上，只有獨角妖怪、九尾狐、白頭山山蔘不會害人，其他五種都會害人，可是害人的妖怪也會被制伏而滅亡。

鬼神：鬼怪

　　韓國的鬼怪不少，有五種可為代表。**處女鬼神**（처녀귀신）：未婚而死的女子，身著白服，披頭散髮，嘴裡流血，喜歡找男子。其次是**總角**（몽달〔총각〕귀신）：即處男鬼神，未婚而死的男子，身著粗布衣，喜歡找女子。**水鬼神**（물귀신）：即溺水而死的人，通常長相是圓形而浮腫。由於其魂魄被囚禁在水中，因此，會找尋在水中的替死鬼，才能投胎轉世。**錢鬼神**（돈귀신）：時常喜歡在有錢人家的門外，以隱約地以影子出現，附著在錢上而生活，以錢為家，一心想變成有錢的鬼。**餓鬼／乞鬼**（아귀／걸귀）：由於飢餓或貧窮而死，以及乞丐死掉後，皆成為鬼怪，其形象是身材瘦弱，肚子凸出。

韓國的妖怪舉隅

獨角妖怪
淘氣,喜歡與人為友,
嫉惡如仇。

九尾狐
遇到人類時,會變成年輕漂亮的女子,與
男子婚後百日,沒被發現即可變成人。

大蟒蛇
一心想成為龍。必須在水中等待
一千年。

韓國的鬼怪舉隅

水鬼神
溺水而死的人。

處女鬼神
未婚而死
的女子。

餓鬼/乞鬼
飢餓或貧窮而死,
或乞丐死後。

處男鬼
未婚而死
的男子。

UNIT 5-11
韓國的神明

韓國的神明大多來自巫俗與宗教，種類很多，皆具有超能力與主宰力。

圖解韓國文化

天界神

一般而言，神明比鬼神地位崇高，也可以掌管與控制鬼神，因此具有驅鬼避邪的守護神性格。韓國的神明大多來自儒佛禪（道）與土俗的薩滿教，再經過長期的融合過程，而成為韓國的本土神明。最具代表的天界神共有 23 位。如下：

桓因：為天帝、上帝、太陽神，桓雄的父親，古朝鮮開國始祖檀君王儉的祖父，也是佛教的帝釋神。

桓雄：為天帝子、天王、天王郎。桓因的兒子，檀君王儉的父親。曾經率領三位得力助手風伯釋提羅、雨師王錦營、雲師陸若飛，以及三千名臣子從天降到地球，以「弘益人間」精神，在太白山神檀樹的神市建國，國號倍達國。如此，天地人三位一體，為韓半島民族與國家的起源。其中的風伯釋提羅、雨師王錦營、雲師陸若飛也是天神。

熊女王后（웅녀왕후）：為檀君王儉的母親。

玉皇上帝／大帝（옥황상제／대제）：即玉帝，為道教最高的神明。

解慕漱：為天神或天神之子。高句麗建國始祖東明聖王朱蒙的父親。曾經與河神河伯的女兒柳花相識而生子朱蒙。

麻姑主神（마고주신）：即聖母天王、創世女神。為天與地所生的女神，住在麻姑大城，曾經出生兩女，兩女又出生兩男兩女，這兩對男女相互結婚後，形成人間。

仙女（선녀）：專門侍奉玉帝的女性天人，可以和天上的男性神人結婚，如果與人間的男性結婚，會失去神力。

神將（신장）：護衛主神，如玉帝的將軍。同時也維持上天與人間的秩序，剷除惡魔的侵犯。

十二支神（십이지신）：即十二神將／王，就是十二生肖，如：鼠、牛、虎、兔、龍、蛇、馬、羊、猴、雞、狗、豬，護衛人類的本命年。

地界神

地界神可以區分為四類，如：山神、水神、地神、冥府（地獄）神。最具代表的地界神共有 17 位。如下：

山神方面，有**催眠婆婆**（다자구할매）：為守護山區與打擊山賊的女神。**山神靈**（산신령）：掌管山區所有事物。水神方面，有河伯。

地神方面，有**柳花**：有農業女神、東國聖母之稱。**產神**（산신）：掌管嬰兒出生的女神。**三神婆婆**（삼신할머니）：為保護嬰兒出生前後與成長的三位女神。**乞粒神**（걸립신）：祈求給予雜穀。**屈枉神**（굴왕신）：守護墳、洞窟、舊宅，類似地基神。**城隍神**（성황신／서낭신）：掌管與守護村落一切事務。**石頭爺**（돌하르방）：原為濟州島的守護神，現為全國的守護神。**五方神**（오방신）：保護東西南北與中央等五個方向，也剷除惡魔的侵犯。**牛頭神**（소머리신）：掌管農業、商業、醫藥、占術。冥府神方面，有**陰曹道令**（소爺，강님도령）：為閻羅王的傳令，陰間使者中地位最高者。**巴里公主**（바리공주）：守護死者的地獄路的女神。**魂大神**（넋대신）：傳達死者遺言給上天。**大神**（대신）：媒介於占卜與地獄之間的神。

天界神舉隅

桓因

桓雄

熊女

地界神舉隅

催眠婆婆

三神婆婆

柳花

石頭爺

河伯

UNIT 5-12
韓國的守護神

守護神屬於神明的一種,通常有韓國歷代建國始祖與家族祖先的始祖神;也有崇拜歷代國王的王神;以及歷史英雄人物的英雄神,保護自家的家宅神。

始祖神、王神與英雄神

韓國的守護神大都是韓國史的有名人物,尊奉為神明祭祀,以保佑國家與民族,乃至於家庭與個人,目的都是在祈福避邪。

在始祖神(시조신)方面,是由韓國史上歷朝開國、建國始祖,即國祖為主,如:古朝鮮的檀君王儉、箕子;高句麗的高朱蒙;新羅的朴赫居世、昔脫解、金閼智三姓始祖,及伽倻的金首露;高麗太祖的王建;渤海國的大作榮;朝鮮太祖的李成桂等,皆屬於地界神。

王神(왕신)方面,崇拜歷朝的國王。恭愍王神:高麗第 11 代國王王祺。大王神:又稱「太祖大王神」(태조대왕신),朝鮮太祖李成桂。端宗大王神(단종대왕신):朝鮮第 6 代王。米櫃大王神(뒤주대왕신):朝鮮英祖之子思悼世子(莊祖),被英祖放入米櫃而餓死,民間祭祀其冤魂。江華道令神(강화도령신):即朝鮮第 25 代王哲宗,曾被流放到江華島而被戲稱為江華道令(少爺)。

英雄神(영웅신)方面,多為歷代具有偉大功績的將軍,也稱為「將軍神」(장군신)。金庾信為新羅名將,有功於新羅統一。崔瑩為麗末鮮初名將,曾經立功於擊退紅巾賊、倭寇之立亂與收復被蒙古統治的濟州島,而被譽為民族英雄。南怡為朝鮮初期名將,曾經有功於平定李施愛之亂與擊退女真族入侵。慶業為朝鮮中期名將,曾經在丙子胡(滿族)亂擊退清軍入侵。李舜臣為朝鮮後期名將,曾經在壬辰倭亂擊退日本入侵,被譽為「武聖」與民族英雄。關公神(관공신):首爾鐘路有列為史蹟寶物的東關王廟(東廟),為壬辰倭亂時所建,而信仰「武聖」關公。

家宅神

家宅神(가택신)也稱居神、家神,保佑整個家屋、家屋地基、家人,以及包括家內一切物品的一群神明,可說是與人類最親近的神明,也是家庭的守護神,各司其職。蓋房子時,須有地主神(터주신,地基神),又稱「地神婆婆」(지신할매)。建築物則有城主神(성주신)。廚房有竈王神(조왕신/부엌신/아궁이신),為女神。廁所浴室有後間神(뒷간신),又稱廁間神、廁夫人,為女神。水井有水井神(우물신)。祈求農作豐收、長壽、福氣有七星神(칠성신),是巫俗引用佛教的神。祈求健康長壽、豐衣足食、幸福美滿的有帝釋神(제석신),也是巫俗引用佛教的神,即桓因天神。若要祈求生活平安,則家的後院會放置醃醬缸的天龍神(천룡신/철륭신),即醃醬缸代表天龍神,屬於地神。保管家的倉庫、穀倉與錢財的有業神(업신)。此外,家中有 4 代以上,就有祖上神(조상신),具有保佑子孫的靈力。阻止惡鬼與厄運則有大門神(대문신)。

始祖神舉隅

檀君王儉 　　　 箕子

王神舉隅

恭愍王神 　　　 米櫃大王神

英雄神舉隅

崔瑩

南怡

家宅神舉隅

天龍神

地基神

韓國文化小教室

韓國歷史人物的神格化後，要賦予類型時，大多可以互跨重複，而沒有絕對性。

UNIT 5-13
韓國的貨幣文化

韓國的貨幣使用，歷史悠久，在箕子朝鮮、三韓時代就有貨幣的雛型。

圖解韓國文化

韓國貨幣的發展

　　在古朝鮮的箕子朝鮮與三韓時代就有貨幣的雛型。到了三國時期（西紀前57年）就已經趨於成熟階段，開始使用貨幣，屬於鐵製的「形圓孔方」貨幣，即圓形的中央是空心的四方形。圓形象徵「天」，而中央空心的四方形則象徵「地」。高麗成宗15年（西紀996年），開始正式製造金屬貨幣，為韓國最早的銅製貨幣，但是民眾仍以物易物，並不習慣使用。爾後，貨幣日益重要，以銀製造，稱為「銀瓶」。朝鮮太宗時期，發行「楮貨」，為韓國最早的紙製貨幣。朝鮮世宗5年（西紀1423年），再次發行銅錢，但使用率也不高。朝鮮仁祖11年（西紀1633年），由於工商業發達，便開始廣泛使用貨幣。到了近代時期，朝鮮高宗25年（西紀1888年），在首爾設置京城典圜局，以先進機器，開始製造新式貨幣。

　　1950年時，韓國政府設置中央銀行，稱為「韓國銀行」（한국은행），正式發行銅錢與紙幣兩種。而韓國貨幣的名稱也有變革，即1945到1953年是使用「圓」（원），可定義為舊韓圓。1953年2月到1962年6月是使用「圜」（환），可定義為韓圜。1962年6月以後使用「圓」（원），可定義為新韓圓。但是不使用漢字「圓」，而以韓文「원」（WON）做為貨幣單位的正規名稱。其代碼為「KRW」，符號為「₩」。而新舊貨幣的兌換比率為舊韓圓（圓）：韓圜（圜）＝ 100：1；韓圜（圜）：新韓圓（원）＝ 10：1。

現行流通的韓國貨幣樣式與使用

　　韓國貨幣，以中文而言，也稱為「韓幣」或「韓圓」。發行的幣值，在銅錢方面有四種：₩ 10、₩ 50、₩ 100、₩ 500；在紙幣方面也有四種：₩ 1000、₩ 5000、₩ 10000、₩ 50000。其圖案與顏色的設計如下：

　　銅錢方面，一、₩ 10：為橙色，正面為佛國寺多寶塔圖，背面為10圓文字。二、₩ 50：為銀色，正面為稻穗圖，背面為50圓文字。三、₩ 100：為銀色，正面為李舜臣肖像，背面為100圓文字。四、₩ 500：為銀色，正面為白鶴圖，背面為500圓文字。在紙幣方面，一、₩ 1000：為藍色，正面為退溪李滉肖像，背面為溪上靜居圖。二、₩ 5000：為紅色，正面為栗谷李珥肖像，背面為草蟲圖。三、₩ 10000：為綠色，正面為世宗大王肖像，背面為渾天儀圖。四、₩ 50000：為橙色，正面為申師任堂肖像（栗谷李珥之母），背面為月梅風竹圖。

　　共同特色為幣值越大，貨幣的面積越大，因此，銅錢四種和紙幣四種的大小都不一樣，使用韓幣時，比較容易辨識，不會拿錯。使用韓幣購物或消費時，一般消費者都會殺價。由於韓國是非常講究人情的國家，商家大多會通融，給予優待。重點是必須使用韓國語來溝通，才能成功殺價。如果有標示不二價（韓文稱為正札價格〔정찰가격〕）的話，如：便利超商等就屬例外，則無法優待。

韓國貨幣的發展

古朝鮮與三韓時代	有雛型

↓

三國時期	推出「形圓孔方」鐵製貨幣。

↓

高麗成宗15年	推出銅幣、銀幣（銀瓶）。

↓

朝鮮太宗時期	發行「楮貨」，韓國最早的紙製貨幣。

朝鮮世宗5年	發行銅錢

↓

朝鮮仁祖11年	廣泛使用貨幣

↓

朝鮮高宗25年	在首爾設置京城典圜局，製造新式貨幣。

↓

1950年	韓國政府設置中央銀行，正式發行銅錢與紙幣。

現行流通的韓國貨幣樣式說明

一、銅錢（鑄貨）				
序	幣值	色澤	正面圖像	反面文字	備註
1	₩ 10	橙色	佛國寺多寶塔	10 圓	位於慶北，新羅古都慶州
2	₩ 50	銀色	稻穗	50 圓	象徵繁榮與和平
3	₩ 100	銀色	李舜臣	100 圓	朝鮮名將，韓國民族英雄
4	₩ 500	銀色	白鶴	500 圓	象徵延年長壽

二、紙幣（銀行券）				
序	幣值	色澤	正面人物	反面圖像	備註
1	₩ 1000	藍色	退溪李滉	溪上靜居	朝鮮儒學家，李珥的老師
2	₩ 5000	紅色	栗谷李珥	草蟲	朝鮮儒學家，李滉的學生
3	₩ 10000	綠色	世宗大王	渾天儀	朝鮮「訓明正音」創制者
4	₩ 50000	橙色	申師任堂	月梅風竹	李珥的母親

韓國文化小教室

　　韓國銀行貨幣博物館，2001 年設立，位於首爾市中區南大門路，建築物為韓國銀行本部，是國家指定的史蹟，館藏韓國貨幣發展的歷史文化相關資料。

UNIT **5-14**
韓國民俗的趣味現象（一）

韓國現代生活中，仍然維持著傳統的民俗風情。其中，具有許多有趣的社會人文現象。
就購物消費與飲食功能方面，列舉重要實例，如下。

韓國民俗的趣味現象：購物消費方面

序	現象 ⇨ 說明
1	常見站著吃東西 ⇨ 小吃攤、便利商店。
2	路邊常見的零食，魚形雞蛋糕 ⇨ 餡料多為紅豆或一顆蛋。
3	學生放學後，最喜歡的路邊小吃：辣炒年糕 ⇨ 也是國民飲食。
4	月付房租無須押金、免簽約，租金含水電 ⇨ 居住方便，沒有違約的問題。
5	住宿平價旅館時，一般不用登記身分證 ⇨ 居住方便，沒有個人資料外洩的問題。
6	男性不喜歡去美容院剪髮 ⇨ 認為是女性消費者的場所。
7	購物時，多以使用黑色塑膠袋為主 ⇨ 深色有保護作用。
8	民俗紀念品種類普遍、多樣又精緻 ⇨ 重視民族文化，文化創意的先驅者。
9	彩券中獎絕不渲染 ⇨ 避免引起覬覦。
10	對方不說或語意不明時，都能正確知道對方想法 ⇨ 心有靈犀。
11	消費購物時，叫「저기요．」或「여기요．」時，服務人員馬上到 ⇨ 辨識聲音方位強。
12	餐廳用餐時，必有供應茶水 ⇨ 可以去辣。
13	雞蛋種類，只有販賣褐色蛋殼，白色蛋殼則少見 ⇨ 據說褐色蛋比較營養。

韓國民俗的趣味現象：飲食功能方面

序	現象 ⇨ 說明
1	參加考試前，會送考生麥芽糖 (엿)、糯米糕 (찰쌀떡) ⇨ 象徵考取之意。
2	孕婦喝海帶湯 (미역국) ⇨ 象徵順利生產之意。
3	參加考試前，不能喝海帶湯 ⇨ 象徵滑落榜、不及格之意。
4	女性喜歡吃蛹 (번데기) ⇨ 具有美容效果。
5	立冬吃紅豆粥 (팥죽) ⇨ 象徵長一歲。
6	冬天喜歡吃冰果類食品 (빙과류 식품，冰品) ⇨ 實踐以冷治冷的原理。
7	大熱天 (夏天) 喜歡蔘雞湯 (삼계탕) ⇨ 實踐以熱治熱的原理。
8	朋友相聚，喜歡共食 ⇨ 各自湯匙齊下，而獨自一人吃，則會感到丟臉。
9	平時不吃稀飯 ⇨ 病人才吃。
10	女性喜歡吃原味爆米花、爆米餅 (뻥튀기) ⇨ 熱量低、飽足感，具減肥效果。
11	沒有炒蔬菜的料理 ⇨ 蔬菜以醃製為主，養分才不會流失。
12	菜餚多使用小碗碟盛裝 ⇨ 樣樣如小菜滿桌。
13	自動販賣機多 ⇨ 以現煮咖啡居多，其次為現煮茶類、其他罐裝飲料。

韓國文化小教室

韓國人生日當天早上要喝海帶湯，表示對母親的敬意。同時，也是紀念母親生育過程的
痛苦，並且必須送禮物給母親，以感謝母親含辛茹苦的養育之恩。

韓國民俗的趣味現象：購物消費方面

常見站著吃東西
➡ 小吃攤、便利商店。

雞蛋種類，只有販
賣褐色蛋殼，白色
蛋殼則少見
➡ 據說褐色蛋
較營養。

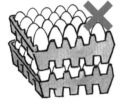

購物時，多以使用黑色
塑膠袋為主
➡ 深色有保護作用。

韓國民俗的趣味現象：
飲食功能方面

孕婦喝海帶湯
(미역국)
➡ 象徵順
利生產之意。

大熱天（夏天）喜歡蔘雞湯（삼계탕）
➡ 實踐以熱治熱的原理。

冬天喜歡吃冰果類食品（빙과류 식품，冰品）
➡ 實踐以冷治冷的原理。

UNIT 5-15
韓國民俗的趣味現象（二）

韓國現代生活中，依舊維持著傳統的民俗文化。其中，在人與人之間的互動方面，也會產生一些有趣的狀況。就生活習慣方面，列舉重要實例，如下。

韓國民俗的趣味現象：生活習慣方面（一）

序	現象 ⇨ 說明
1	喜歡盤腿而坐 ⇨ 地上、椅子上。
2	走在路上，對方有急事超越別人，都會說「미안합니다」(不好意思) ⇨ 很有禮貌。
3	與北韓民眾見面時，大多不苟言笑，面無表情 ⇨ 長久分裂敵對之故。
4	在餐廳喝飲料時，女性朋友必會先替男性朋友插吸管 ⇨ 體貼。
5	說話間斷、起頭時，喜歡發「ㄎ」或「ㄍㄚ」的聲音 ⇨ 相當於中文的「嗯」。
6	思考後說話時，喜歡發「ㄙ」的聲音 ⇨ 相當於「讓我想想」之意。
7	喜歡使用否定句子問人 ⇨ 如：沒有人在家嗎？不能打折嗎？
8	喜歡問路 ⇨ 由於以往韓國地址沒路名，難找又不便利，現在地址已改為路名。
9	喜歡頭頂物品 ⇨ 省力。如：棉被、枕頭、紙箱、餐點、籃子等。
10	人來人往行走時，如果相互擦撞肩膀，雙方都不會生氣 ⇨ 習以為常。
11	剪刀的手勢，喜歡使用拇指與食指 ⇨ 如：比「7」的樣子。
12	行人喜歡靠左側走路 ⇨ 面向來車，比較科學與安全。
13	流行揹後背包 ⇨ 小中高的學生書包；大學也流行，一般社會也普遍。

韓國民俗的趣味現象：生活習慣方面（二）

序	現象 ⇨ 說明
1	電視節目字幕少，不普遍 ⇨ 訪問對方時，才偶而有。
2	喜歡閱讀書籍、報章雜誌 ⇨ 文史類圖書最多，休閒時尚居次。
3	端飲食給對方時，喜歡使用小茶几、餐盤 ⇨ 防止燙傷、湯水溢出。
4	餐具(碗筷匙、餐盤、杯子)以鐵製居多 ⇨ 衛生、方便消毒、耐用、環保。
5	慶賀幼兒滿周歲生日宴時，舉行歲抓周(돌잡이) ⇨ 判斷幼兒性向與未來的職業。
6	結婚、過農曆年時，包白包(白色信封套) ⇨ 自古崇尚白色，象徵太陽、光明。
7	子女領到第一份薪水後，買內衣給父母 ⇨ 表示已成年，同時表示感恩心與孝敬心。
8	搬入新家，親友來訪常送衛生紙、洗衣粉等日常用品 ⇨ 喬遷之喜(집들이)。
9	為了升學、就業，喜歡居住首爾與其周邊的首都圈 ⇨ 首爾中心主義形成。
10	商家、賣場打折或促銷時，常見勁歌熱舞 ⇨ 派幾位年輕小姐，身穿啦啦隊制服助興。
11	非常喜歡儲蓄 ⇨ 為日後購屋著想。
12	名字叫「永一」(영일)多，流行於 1945 年 ⇨ 金、朴、申、高、孟、王等姓曾有。
13	重視族譜、宗親會 ⇨ 具有家族團結與共同體文化的特色，也是擇偶條件。

韓國文化小教室

　　韓國生活中非常重視共同體文化，以「우리」（我們）為主，強調國家、民族、家族、地域、血緣等，而「我們」也相當於「大韓民國」的代名詞。

韓國民俗的趣味現象：生活習慣方面（一）

喜歡盤腿而坐
➡ 地上、椅子上。

在餐廳喝飲料時，女性朋友必會先替男
性朋友插吸管 ➡ 體貼。

剪刀的手勢，喜歡使用拇指與食指
➡ 如：比「7」的樣子。

 韓國民俗的趣味現象：
生活習慣方面（二）

端給對方飲食
時，喜歡使用小
茶几、餐盤 ➡
防止燙傷、湯水
溢出

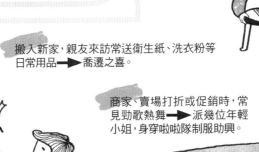

搬入新家，親友來訪常送衛生紙、洗衣粉等
日常用品 ➡ 喬遷之喜。

商家、賣場打折或促銷時，常
見勁歌熱舞 ➡ 派幾位年輕
小姐，身穿啦啦隊制服助興。

ON SALE

UNIT 5-16
韓國民俗的趣味現象（三）

在韓國當今社會生活中，也會形成許多有趣的現象，形成「現代的文化習慣」。就大眾交通，以及建築物與街道方面，列舉重要實例，如下。

韓國民俗的趣味現象：大眾交通方面

序	現象 ⇨ 說明
1	搭乘公車有轉乘優惠，後門下車前須再刷卡 ⇨ 才有優惠。
2	搭乘公車，嚴格執行前門上車，後門下車 ⇨ 方便乘客上車與下車：「前上後下」。
3	搭乘長途公車，嚴格執行繫上安全帶 ⇨ 乘客都能配合遵守。
4	公車行駛時，必定廣播站名，提醒到站 ⇨ 方便乘客下車。
5	地下鐵行駛時，必定廣播站名，提醒到站、預告開門方向 ⇨ 方便乘客下車。
6	搭乘長途公車，車程兩小時後，必換司機駕駛 ⇨ 避免司機過勞，以維護行車安全。
7	搭乘公車時，如果零錢不足，司機會通融，讓乘客搭乘 ⇨ 但不能差太多。
8	公車、地下鐵等車廂內，常見推銷商品、要求捐款、傳教等情形 ⇨ 特殊的搭車文化。
9	道路斜坡多 ⇨ 由於丘陵地形多，現在逐漸加以改善鋪平。
10	搭乘公車，緊急煞車時，站立不穩時，喜歡抓住他人背後或肩膀 ⇨ 年長者居多。
11	人行道上，票亭多，麻雀雖小，五臟俱全 ⇨ 加值、零食、飲料、報紙、彩券等。
12	公車內經常播放電臺節目 ⇨ 可以解除司機與乘客一天忙碌的壓力。
13	警察有觀光警察，負責景點巡邏 ⇨ 如：直排輪警察、自行車警察、騎馬警察。

韓國民俗的趣味現象：建築物與街道方面

序	現象 ⇨ 說明
1	建築物沒有騎樓 ⇨ 北方建築特色，很少下雨。
2	公共建築物，如：餐廳、網咖、練歌房、補習班等的廁所，多在樓梯間 ⇨ 利用空間。
3	公共建築物，商家招牌多又擁擠 ⇨ 五顏六色，眼花撩亂，具有熱鬧感覺。
4	拜訪對方家宅，通常不敲門，而喜歡直接轉動門把（喇叭鎖）⇨ 通常不會反鎖門。
5	物品不用時，喜歡放在路邊，讓人撿去使用 ⇨ 具有再回收利用的概念，也省錢。
6	選舉活動，街道沒有布條、旗幟 ⇨ 注重市容整潔。
7	庭院、路邊、公園的木製涼亭或平臺多 ⇨ 方便聚會、休息。
8	大學周邊寄宿家庭、考試院（考生住宿）多 ⇨ 方便學生住宿。
9	注重垃圾、廢棄物分類、再回收等措施 ⇨ 落實環境保護。
10	不流行裝鐵窗，公寓一樓的樓梯間大門多半不鎖 ⇨ 治安良好。
11	公寓一樓多建設為停車場 ⇨ 解決路邊停車位不足的問題。
12	KTV（練歌房）多在地下室 ⇨ 可防止噪音影響周邊安寧。
13	二樓多為店面（非商業大樓）⇨ 開店興盛，往二樓發展，空間利用效益大。

韓國文化小教室

　　韓國首都圈（首爾與京畿道）的公車車身有顏色區分，如：黃色僅限首爾市內運行；紅色為首都圈內運行；藍色為中長途幹線運行；綠色為支線運行，並與地下鐵接駁運行。

韓國民俗的趣味現象：大眾交通方面

公車、地下鐵等車廂內，常見推銷商品、要求捐款、傳教等情形 ➡ 特殊的搭車文化。

搭乘公車，嚴格執行前門上車，後門下車 ➡ 方便乘客上車與下車：「前上後下」。

搭乘公車，緊急煞車時，站立不穩時，喜歡抓住他人背後或肩膀 ➡ 年長者居多。

韓國民俗的趣味現象：建築物與街道方面

二樓多為店面（非商業大樓）
➡ 開店興盛，往二樓發展，空間利用效益大。

公寓一樓多建設為停車場
➡ 解決路邊停車位不足的問題。

KTV（練歌房）多在地下室
➡ 可防止聲音影響周邊安寧。

UNIT 5-17
韓國民俗的趣味現象（四）

圖解韓國文化

現代韓國的進步繁榮，主要可歸功於教育的成功。再者，男女兩性問題也是現代的新課題，兩者都有既定觀念的趣味性存在。就學校教育，以及女性與男性，列舉重要實例，如下。

韓國民俗的趣味現象：學校教育方面

序	現象 ⇨ 說明
1	最受歡迎的職業是公務員、國營企業、學校老師 ⇨ 非常重視職業類別與穩定性。
2	企業界最愛的大學：SKYS ⇨ 首爾大、高麗大、延世大、西江大。
3	私立大學多，國公立大學少 ⇨ 名門大學以私立大學居多。
4	就業以大學教授、教師、公務員、醫生、律師等為志願 ⇨ 不易取得，家族榮耀。
5	在社會、團體組織中，喜歡使用家族稱謂 ⇨ 如同一家人，展現共同體文化。
6	大學教授在社會地位居高不下 ⇨ 受人尊重，具影響力。
7	大學教授和藹可親 ⇨ 嚴謹之中，具有親和力，如同父母，亦師亦友。
8	大學國文系、中文系、歷史系多 ⇨ 重視人文社會學術領域。
9	大學各科系大多都有設置碩、博士班 ⇨ 重視學術研究、提升人才學歷。
10	大學校園、社區、公共場所等處常見布條懸掛 ⇨ 宣導活動之用。
11	韓國的教育熱潮高漲，世界聞名 ⇨ 只有讀書才有前途。
12	望子成龍，望女成鳳 ⇨ 考取名門大學（SKYS：首爾大、高麗大、延世大、西江大）。
13	家長注重小學、中學、高中子女的課外、家教等補習 ⇨ 教育熱潮，升學競爭。

韓國民俗的趣味現象：女性與男性方面

序	現象 ⇨ 說明
1	女性參加重要宴會必穿傳統韓服 ⇨ 正式禮服，表示禮貌。
2	大學教授性別，人文科男老師居多，理工科則女老師較多 ⇨ 學生也有類似現象。
3	男性上班、教書必穿西裝、西裝褲、襯衫、皮鞋 ⇨ 重視形象，表示慎重。
4	一般女大學生大多不穿裙子上課 ⇨ 喜歡穿著長褲或短褲。
5	女性上班、教書多穿褲裝、高／低跟鞋 ⇨ 重視形象，表示慎重，但裙裝少見。
6	女大學生流行化妝 ⇨ 表示莊重與禮貌。
7	一般外出穿著皮鞋或休閒鞋，而不穿球鞋、運動鞋 ⇨ 運動時才穿。
8	身高而言，一般女性比男性稍高 ⇨ 女性身材高大的比例逐漸增多。
9	肥胖少見 ⇨ 韓國飲食大多少油膩，也重視養身。
10	男女婚姻講究「宮合」（궁합）算命 ⇨ 須合四柱八字才能門當戶對。
11	女性喜歡去公共澡堂洗澡 ⇨ 手提籃子，內放置沐浴用品。
12	交往男女朋友時，不喜歡長男 ⇨ 長男責任重大，尤其負責家族祭祀時最吃力。
13	清潔隊員的職稱文雅好聽，稱為「環境美化員」 ⇨ 受人尊敬，比較沒有歧視感。

韓國文化小教室

韓國孩子出生後，如果性別是男生，會在門外懸掛草繩，綁上紅色辣椒；如果是女生，則在門外懸掛草繩，綁上木炭。

韓國民俗的趣味現象：女性與男性方面

女性參加重要宴會必穿傳統韓服 ➡ 正式禮服，表示禮貌。

一般女大學生大多不穿裙子上課 ➡ 喜歡穿著長褲或短褲。

女性喜歡去公共澡堂洗澡 ➡ 手提籃子，內放置沐浴用品。

女性上班、教書多穿褲裝、高／低跟鞋 ➡ 重視形象，表示慎重，但裙裝少見。

男性上班、教書必穿西裝、西裝褲、襯衫、皮鞋 ➡ 重視形象，表示慎重。

身高而言，一般女性比男性稍高 ➡ 女性身材高大的比例逐漸增多。

大學教授性別，人文科男老師居多，理工科則女老師較多 ➡ 學生也有類似現象。

UNIT 5-18
韓國語文的民間文學（一）：慣用語

韓國語文中，有生活習慣用語，為固定短句，具有生動有趣的引申含義，可以表現出韓語文化的智慧性，屬於民間文學，運用在現代民俗生活中。列舉重要短句，如下。

韓文慣用語（관용어）：身體部位方面

序	韓文原句	韓文原意	中文翻譯
1	귀가 얇다	耳朵薄	耳根子軟
2	귀가 어둡다	耳朵黑暗	耳背、耳聾
3	귀가 빠지다	耳朵掉	生日
4	귀가 가렵다	耳朵癢	背後講壞話
5	낯이 익다	臉熟	面熟
6	눈에 들다	進入眼睛	看上眼
7	눈이 높다	眼睛高	眼光高
8	눈이 맞다	眼睛對上	對上眼
9	눈이 어둡다	眼睛黑暗	視力差
10	마음을 먹다	把心吃	下定決心
11	마음에 들다	進入心	滿意
12	목이 빠지다	脖子掉	昂首期盼
13	발이 넓다	腳寬	人脈廣闊

序	韓文原句	韓文原意	中文翻譯
14	발을 끊다	腳斷	絕交
15	배가 부르다	肚子叫	吃飽
16	배꼽을 잡다	抓住肚臍	捧腹大笑
17	손발이 맞다	手腳對上	有默契
18	손이 크다	手大	大方
19	어깨를 펴다	展開肩膀	抬頭挺胸
20	입이 가볍다	嘴巴輕	嘴不牢靠
21	입에 맞다	合於嘴巴	合口味
22	입을 모으다	聚集嘴巴	異口同聲
23	입이 무겁다	嘴巴重	口風緊
24	입이 짧다	嘴巴短	挑食
25	코를 찌르다	把鼻子刺	令人鼻酸
26	한턱을 내다	繳一個下巴	請客

韓文慣用語：狀況方面

序	韓文原句	韓文原意	中文翻譯
1	겁을 먹다	吃害怕	吃驚、害怕
2	국수 먹다	吃麵條	喝喜酒
3	기가 막히다	力氣被堵	氣結
4	기가 죽다	力氣死亡	沮喪
5	기를 쓰다	使用力氣	拚命
6	더위를 먹다	吃暑熱	中暑、糊塗
7	대박이다	是大舶	太棒了
8	됐거든	因為可以了	算了吧
9	말을 놓다	把話放置	使用半語
10	맛이 갔다	味道走了	走樣了
11	바가지 쓰다	使用瓢瓜	上當
12	바람 넣다	放入風	引誘、慫恿
13	바람 맞다	對上風	爽約

序	韓文原句	韓文原意	中文翻譯
14	바람 피우다	吸風	外遇
15	약을 올리다	藥上升	火大
16	열을 받다	接受熱	氣死了
17	애를 쓰다	使用心思	費心
18	잘 나가다	好好地出去	很順利
19	죽인다	被殺	了不起
20	줄이 있다	有繩子	有背景
21	총맞다	挨槍	腦有病
22	팔자 좋다	八字好	好命
23	팔자 피다	八字開花	走運了
24	피가 보다	見血	毀了、完了
25	쏜다	發射	請客
26	쪽이 팔려	側邊被賣	丟臉

韓國文化小教室

　　韓國年輕人新創的單詞流行語，也屬於韓國現代文化的現象。主要是流行在網路與綜藝節目。大多具有詼諧趣味的符號，而並非正式用字，不適合用於國際溝通禮節。

韓文慣用語：身體部位方面

韓文原句
귀가 빠지다
韓文原意
耳朵掉
中文翻譯
生日

韓文原句
눈이 높다
韓文原意
眼睛高
中文翻譯
眼光高

韓文原句
눈이 어둡다
韓文原意
眼睛黑暗
中文翻譯
視力差

韓文原句
마음을 먹다
韓文原意
把心吃
中文翻譯
下定決心

韓文原句
배가 부르다
韓文原意
肚子叫
中文翻譯
吃飽

韓文原句 손이 크다
韓文原意 手大
中文翻譯 大方

韓文慣用語：狀況方面

韓文原句
줄이 있다
韓文原意
有繩子
中文翻譯
有背景

韓文原句 총맞다
韓文原意 挨槍
中文翻譯 腦有病

韓文原句 팔자 피다
韓文原意 八字開花
中文翻譯 走運了

韓文原句
국수 먹다
韓文原意
吃麵條
中文翻譯
喝喜酒

韓文原句
바가지 쓰다
韓文原意
使用瓢瓜
中文翻譯
上當

韓文原句 바람 피우다
韓文原意 吸風
中文翻譯 外遇

UNIT 5-19
韓國語文的民間文學（二）：繞口令

韓國語文中，有繞口令的遊戲，是一種訓練發音與口才的技能，將發音相似的單字組成一句或多句，內容活潑有趣，屬於民間文學，也流行於民俗裡。列舉重要短句，如下。

韓語繞口令（잰말놀이）（一）：短句部分

序	主題	內容
1	얼음 冰塊	어른이 얻은 얼음을 얼린 아이 . 得到大人冰鎮的冰塊的小孩。
2	한국관광공사 韓國觀光公社	한국관광공사 곽진광 관광과장 . 韓國觀光公社郭鎮光觀光科長。
3	칠월칠일 七月七日	칠월칠일은 평창친구 친정 칠순 잔짓날 . 七月七日是平昌朋友娘家七旬宴會日。
4	허과장 許科長	서울특별시 특허허가과 허가과장 허과장 . 首爾特別市特許許可科許可科長許科長。
5	깡통 罐頭	상표 붙인 큰 깡통은 깐 깡통인가 ? 안 깐 깡통인가 ? 已經貼商標的大罐頭是打開好的罐頭嗎？還是沒打開好的罐頭嗎？

韓語繞口令（二）：長句部分

序	主題	內容
1	팥죽콩죽 紅豆粥黑豆粥	옆집 팥죽은 붉은 팥죽이고 , 뒷집 콩죽은 검은 콩죽이다 . 隔壁紅豆粥是紅色的紅豆粥，而後一家黑豆粥是黑色的黑豆粥。
2	백화점 百貨店	백합 백화점 옆 백화 백화점 , 백화 백화점 옆 백합 백화점 . 百合百貨店隔壁是白花百貨店，白花百貨店隔壁是百合百貨店。
3	법학박사 法學博士	저기 계신 저분이 박 법학박사이시고 여기 계신 이분이 백 법학 박사이시다 . 在那裡的那位是朴法學博士，而在這裡的這位是白法學博士。
4	공장장 工場(工廠)長	간장 공장 공장장은 강 공장장이고 된장 공장 공장장은 공 공장장이다 . 醬油工廠工廠長是姜工廠長，而大醬工廠工廠長是孔工廠長。
5	그린그림 麒麟(長頸鹿) 圖畫	목이 긴 기린 그림은 니가 그린 기린 그림인가 ? 목이 짧은 기린 그림은 니가 그린 기린 그림인가 ? 脖子長的長頸鹿圖畫是你畫的長頸鹿圖畫嗎？ 脖子短的長頸鹿圖畫是你畫的長頸鹿圖畫嗎？

韓國文化小教室

韓國民俗文化中，有韓語文字接龍（끝말잇기）的遊戲。參加者兩人以上，首先，按照順序，由第一位開始說出一個兩個字以上的名詞單詞。第二位則接著第一位所說的單詞的最後一個字，來做為開頭的單詞，依此類推，也屬於民間文學。例如：성형（成形）→형광（螢光）→광고（廣告）→고대（古代）→대우（大宇）→우표（郵票）。

韓語繞口令（一）：短句部分

깡통 罐頭

상표 붙인 큰 깡통은 깐 깡통인가? 안 깐 깡통인가?
已經貼商標的大罐頭是打開好的罐頭嗎?
還是沒打開好的罐頭嗎?

韓語繞口令（二）：長句部分

백화점 百貨店

백합 백화점 옆 백화 백화점,
백화 백화점 옆 백합 백화점.

百合百貨店隔壁是白花百貨店,
白花百貨店隔壁是百合百貨店。

공장장 工場（工廠）長

간장 공장 공장장은 강 공장장이고
된장 공장 공장장은 공 공장장이다.

醬油工廠工廠長是姜工廠長,
而大醬工廠工廠長是孔工廠長。

그린그림 麒麟（長頸鹿）圖畫

목이 긴 기린 그림은 니가 그린 기린 그림인가?
목이 짧은 기린 그림은 니가 그린 기린 그림인가?

脖子長的長頸鹿圖畫是你畫的長頸鹿圖畫嗎?
脖子短的長頸鹿圖畫是你畫的長頸鹿圖畫嗎?

UNIT 5-20
韓國語文的民間文學（三）：俗諺之一

韓國現代生活中，經常使用的俗語或諺語，韓文稱為「俗談」，句子內容簡潔而非常有趣，具有高度的智慧與深刻的含意。以下，就自然界類與勵志類方面，列舉重要的名言佳句。

韓文俗諺（俗談〔속담〕）：自然界類

序	韓文原文 ⇨ 韓文原意 ⇨ 中文引申意義
1	가는 세월 오는 백발 ⇨ ⇨ 走去的歲月，來到的白髮 ⇨ 歲月不饒人。
2	고래 싸움에 새우 등 터진다 ⇨ 鯨魚打架後，蝦子背部破裂 ⇨ 池魚之殃。
3	금강산도 식후경 ⇨ 金剛山也是飯後的景色 ⇨ 民以食為天。
4	꿩 먹고 알 먹기 ⇨ 吃野雞又吃蛋 ⇨ 一箭雙鵰。
5	내 코가 석자 ⇨ 我的鼻子是三尺 ⇨ 自顧不暇；自身難保。
6	닫는 말에 채찍질 ⇨ 鞭策奔跑的馬 ⇨ 快馬加鞭。
7	독안에 든 쥐 ⇨ 進到甕裡的老鼠 ⇨ 甕中之鱉。
8	돈만 있으면 귀신도 부릴 수 있다 ⇨ 若只要有錢，也能使喚鬼神 ⇨ 有錢能使鬼推磨。
9	소잃고 외양간 고친다 ⇨ 失去牛，又修補牛棚 ⇨ 亡羊補牢。
10	쇠귀에 경 읽기 ⇨ 對牛念經 ⇨ 對牛彈琴。
11	우물 안 개구리 ⇨ 水井裡面的青蛙 ⇨ 井底之蛙。
12	하늘의 별을 따기 ⇨ 摘取天上的星星 ⇨ 非常困難；遙不可及；難如登天。
13	호랑이도 제 말하면 온다 ⇨ 如果老虎也按我說的話而來到 ⇨ 說曹操曹操到。

韓文俗諺：勵志類

序	韓文原文 ⇨ 韓文原意 ⇨ 中文引申意義
1	가는 날이 장날 ⇨ 去的日子是市集日 ⇨ 來得早，不如來得巧。
2	가물에 단비 ⇨ 旱災後，甜的雨 ⇨ 久旱逢甘雨。
3	고생 끝에 낙이 온다 ⇨ 苦生結束後，樂就來 ⇨ 苦盡甘來。
4	낫 놓고 기역자도 모른다 ⇨ 放下鐮刀，也不知韓文第一個字母是ㄱ字 ⇨ 目不識丁。
5	누워서 떡먹기 ⇨ 躺着吃年糕 ⇨ 易如反掌。식은 죽 먹기 ⇨ 吃涼掉的粥 ⇨ 易如反掌。
6	들으면 병, 안들으면 약 ⇨ 如果聽就生病，如果不聽就是藥 ⇨ 耳不聞，心不煩。
7	벼는 익을 수록 고개를 숙인다 ⇨ 稻穗越成熟就越低頭 ⇨ 越懂越要謙虛，才有成就。
8	백 번 듣는 것이 한 번 보는 것만 못하다 ⇨ 聽百次不如看一次 ⇨ 百聞不如一見。
9	시작이 반이다 ⇨ 開始是一半 ⇨ 好的開始是成功的一半。
10	입에 쓴 약이 몸에 좋다 ⇨ 在嘴巴的苦藥，對身體好 ⇨ 良藥苦口。
11	천리 길도 한걸음 부터 ⇨ 千里之路，也從第一步開始 ⇨ 千里之路，始於初步。
12	티끌 모아 태산 ⇨ 塵埃聚集成泰山 ⇨ 積沙成塔；積少成多。
13	하늘이 무너져도 솟아날 구멍이 있다 ⇨ 即使天塌，也有迸出的洞 ⇨ 天無絕人之路。

 韓國文化小教室

韓國也有韓文漢字的成語，以四字為主，稱為四字成語，但也有五字以上。大多與中文的成語相同，如：人山人海、百戰百勝等；而少數是韓國自創，如：山海珍味、烏飛梨落等。

韓文俗諺：自然界類

韓文原句 꿩 먹고 알 먹기
韓文原意 吃野雞又吃蛋
中文翻譯 一箭雙鵰

韓文原句 고래 싸움에 새우 등 터진다
韓文原意 鯨魚打架後，蝦子背部破裂
中文翻譯 池魚之殃

韓文原句
독안에 든 쥐
韓文原意
進到甕裡的老鼠
中文翻譯
甕中之鱉

韓文俗諺：勵志類

韓文原句 누워서 떡먹기
韓文原意 躺者吃年糕
中文翻譯 易如反掌

韓文原句 들으면 병 , 안들으면 약
韓文原意 如果聽就生病，如果不聽就是藥
中文翻譯 耳不聞，心不煩

韓文原句 천리 길도 한걸음 부터
韓文原意 千里的路，也從第一步開始
中文翻譯 千里之路，始於初步

UNIT 5-21
韓國語文的民間文學（四）：俗諺之二

韓國俗諺是民間流傳久遠的格言，含有先民的生活經驗與知識傳承的結晶，反映出韓國先民的智慧成果，極具教育的功能。以下，就現象類與人為類方面，列舉重要的名言佳句。

韓文俗諺（俗談〔속담〕）：現象類

序	韓文原文 ⇨ 韓文原意 ⇨ 中文引申意義
1	가물에 콩 나듯 ⇨ 在旱災，好像生出豆子 ⇨ 寥寥無幾。
2	강 건너 불 구경 ⇨ 渡江觀看火 ⇨ 隔岸觀火。
3	계란으로 바위 치기 ⇨ 用雞蛋攻打岩石 ⇨ 以卵擊石。
4	꿀 먹은 벙어리 ⇨ 吃蜂蜜的啞巴 ⇨ 啞巴吃黃蓮，有苦難言。
5	누이 좋고 매부 좋고 ⇨ 又喜歡妹妹，又喜歡妹夫 ⇨ 兩全其美；皆大歡喜。
6	도토리 키 재기 ⇨ 測量橡實（橡果）高度 ⇨ 半斤八兩。
7	동에 번쩍 서에 번쩍 ⇨ 在東閃爍，在西閃爍 ⇨ 神出鬼沒。
8	병 주고 약 준다 ⇨ 給病，又給藥 ⇨ 打巴掌，又給糖吃。
9	불난 집에 부채질한다 ⇨ 對著火的家搧扇子 ⇨ 火上加油。
10	싼 게 비지떡이다 ⇨ 便宜的東西是豆渣餅（比喻劣貨）⇨ 一分錢，一分貨。
11	아니 땐 굴뚝에 연기 날까 ⇨ 煙囪冒煙不是時候 ⇨ 無風不起浪。
12	작은 고추가 맵다 ⇨ 小的辣椒很辣 ⇨ 人不可貌相。
13	잔디 밭에 바늘 찾기 ⇨ 在草地中，尋找細針 ⇨ 大海撈針。

韓文俗諺：人為類

序	韓文原文 ⇨ 韓文原意 ⇨ 中文引申意義
1	걱정도 팔자다 ⇨ 擔心也是八字 ⇨ 庸人自擾。
2	난거지 든부자 ⇨ 出去的乞丐，進來的有錢人 ⇨ 外窮內富。
3	남의 떡이 커 보인다 ⇨ 別人的糕餅看起來大 ⇨ 別人的東西總是最好的。
4	누워서 침 뱉기 ⇨ 躺著吐口水 ⇨ 自作自受。
5	눈에는 눈 , 이에는 이 ⇨ 眼睛對眼睛，牙齒對牙齒 ⇨ 以牙還牙，以眼還眼。
6	눈 가리고 아웅 ⇨ 用遮住眼睛偷看 ⇨ 掩耳盜鈴；自欺欺人。
7	다리를 뻗고 자다 ⇨ 伸展兩腿而睡覺 ⇨ 高枕無憂。
8	도적에게 열쇠를 주다 ⇨ 給盜賊鑰匙 ⇨ 開門請盜賊進來；引狼入室。
9	도둑이 제발 저리다 ⇨ 小偷自己的腳發麻 ⇨ 作賊心虛。
10	뛰는 놈 위에 나는 놈 있다 ⇨ 跑的傢伙上面，有飛的傢伙 ⇨ 人外有人，天外有天。
11	배보다 배꼽이 더 크다 ⇨ 肚臍比肚子更大 ⇨ 本末倒置。
12	세 살 버릇 여든까지 간다 ⇨ 三歲習性直到八十 ⇨ 江山易改，本性難移。
13	웃음속에 칼을 품다 ⇨ 在笑聲裡，懷抱刀子 ⇨ 笑裡藏刀。

韓國文化小教室

　　韓國也有猜謎語（수수께기）的遊戲，題目多為影射某種人事時地物，答案則多為同音異字，如：星星中，最悲傷的星是？答：離別（韓文「星」〔별〕，音同「別」〔별〕）。

韓文俗諺：現象類

韓文原句
계란으로 바위 치기
韓文原意
用雞蛋攻打岩石
中文翻譯
以卵擊石

韓文原句 불난 집에 부채질한다
韓文原意 對著火的家搧扇子
中文翻譯 火上加油

韓文原句 잔디 밭에 바늘 찾기
韓文原意 在草地中，尋找細針
中文翻譯 大海撈針

韓文俗諺：人為類

韓文原句 눈 가리로 아웅
韓文原意 用遮住的眼睛偷看
中文翻譯 掩耳盜鈴；自欺欺人

韓文原句 다리를 뻗고 자다
韓文原意 伸展兩腿而睡覺
中文翻譯 高枕無憂

韓文原句
도둑이 제발 저리다
韓文原意
小偷自己的腳發麻
中文翻譯
作賊心虛

UNIT 5-22
韓國的民間神話與傳說故事

韓國的神話與傳說故事皆屬民間文學，也是韓國的重要文化財產，其傳承方式有兩種，一是文獻紀錄；二是口耳相傳。在日常生活上或學術研究領域上，都具有極高的價值。

圖解韓國文化

韓國的神話（신화）故事

韓國神話故事的類型，依據歷史的文獻紀錄，主要可以區分為創世神話、建國神話、英雄神話三種。

就創世神話而言，主要有七篇最具代表，如：「檀君王儉朝鮮王朝開國」（記載於《三國遺事》）；「東明聖王朱蒙高句麗建國」（記載於《三國遺事》）；「金首露王金官伽倻建國」（記載於《三國遺事》）；「朴赫居世新羅建國」（記載於《三國遺事》）；「昔脫解新羅建國」（記載於《三國史記》）；「金閼智新羅（雞林）建國」（記載於《三國史記》）；「三姓神話（高乙那、良乙那、夫乙那，濟州島耽羅建國）」（記載於《高麗史》）等皆是，以上也可稱為宇宙神話，因為檀君神話中的洞穴、朱蒙的卵生、金首露王的卵生、出自匏瓜的朴赫居世、昔脫解的卵生、出自金盒的金閼智、三姓神話的卵生之中的「洞穴」、「卵生（蛋）」、「金盒」，都可說是象徵宇宙的形體。就建國神話而言，上述都屬於建國神話的範圍。其次還有兩篇：即「王建高麗王朝建國」（記載於《編年通錄》）；「李成桂朝鮮王朝建國」（記載於《龍飛御天歌》），以上也可稱為建國始祖神話或國祖神話。就英雄神話而言，建國始祖就是為國族做出偉大貢獻的英雄，也是民族英雄，因此，上述皆可稱為民族英雄神話。綜上所述，韓國的創世（宇宙）、建國（始祖、國祖）、英雄（民族英雄）等神話三種類型的界定，大致上都可相通，同時都列記載於韓國正史之中，而流傳於民間。

韓國的傳說（전설）故事

韓國的傳說故事主要是來自於民間社會口耳相傳的題材內容，有時也有添加一些神話的性質。其類型眾多，包括人物、神仙、妖精、魔鬼、宗教、動植物、天地、大自然現象等。最具代表的韓國傳說，如：《樹木少爺》、《孝女沈清》、《二十兩錢》、《三年山岡》、《洪吉童傳》、《冬天的香瓜》、《老虎與柿餅》、《非常貪心的奶奶》、《太陽與月亮》、《韓石峰與母親》、《延烏郎與細烏女》、《紅豆粥的汗珠》、《柴伕與仙女》、《興夫傳》、《土豆姑娘與紅豆姑娘》、《智慧的善德女王》、《朝鮮國王李成桂與無學大師》、《桔梗花少女》、《許生傳》、《幼年的縣官》、《妖術扇子》、《獨角鬼與農夫》、《鵝與珍珠》、《國王的驢耳朵》等。

韓國神話與傳說是韓國自古以來流傳至今的寶貴經典。其價值具備了歷代祖先高度的文明、智慧與藝術。具有勸人為善，即獎善懲惡、善有善報、惡有惡報、邪不勝正的永恆真理；並且充滿活潑生動、睿智詼諧、妙趣昂然的特色；也具有寓教於樂、啟發人性、深度意涵等的功能。然而，其意義深長永久，令人深思警覺，含有發人深省的人生啟示與歷史教訓。

因此，這可說是代表著韓民族的優良傳統文化的結晶。再者，透過韓國民間神話與傳說故事的內容情節，也可了解韓國民族的社會發展、生活習慣、風俗民情等概觀。其實，神話與傳說非常相似，關係極為密切，於是也有合稱為「神話傳說」一詞。

韓國的神話故事

故事	出處	神話類別		
檀君王儉朝鮮王朝開國	《三國遺事》	創世／宇宙神話	國祖神話	民族英雄神話
東明聖王朱蒙高句麗建國	《三國遺事》			
金首露王金官伽倻建國	《三國遺事》			
朴赫居世新羅建國	《三國遺事》			
昔脫解新羅建國	《三國史記》			
金閼智新羅（雞林）建國	《三國史記》			
三姓神話（高乙那、良乙那、夫乙那，濟州島耽羅建國）	《高麗史》			
王建高麗王朝建國	《編年通錄》	X		
李成桂朝鮮王朝建國	《龍飛御天歌》	X		

 韓國的傳說故事

故事	意涵	故事	意涵	故事	意涵
《二十兩錢》	據理力爭	《孝女沈清》	捨己救父	《許生傳》	布施教化
《三年山岡》	轉念心寬	《延烏郎與細烏女》	日月光明	《智慧的善德女王》	料事如神
《土豆姑娘與紅豆姑娘》	為富不仁	《非常貪心的奶奶》	一夜致貧	《朝鮮國王李成桂與無學大師》	寬以待人
《太陽與月亮》	日月由來	《洪吉童傳》	劫富濟貧	《樹木少爺》	善有善報
《冬天的香瓜》	強人所難	《紅豆粥的汗珠》	欲蓋彌彰	《獨角鬼與農夫》	轉禍為福
《幼年的縣官》	年輕有為	《柴伕與仙女》	終成眷屬	《興夫傳》	獎善懲惡
《老虎與柿餅》	以小搏大	《桔梗花少女》	希望不滅	《韓石峰與母親》	孟母三遷
《妖術扇子》	貪小失大	《國王的驢耳朵》	隔牆有耳	《鵝與珍珠》	失而復得

 韓國文化小教室

　　韓民族為了達成人生勝利的目標，一向追求第一，奉行所謂「第一主義」，大概意謂必須「勤勞不懈、積極奮鬥、認真負責、全力以赴」，而設定如此「第一」的超高標準，來做為警惕與勉勵之用。

UNIT 5-23
韓國的世界紀錄遺產與無形文化遺產

韓國的世界紀錄遺產屬於歷史資料；而韓國無形文化遺產則屬於古典藝術與技藝。

圖解韓國文化

韓國的世界紀錄遺產

聯合國教科文組織認證的世界遺產，共有「世界文化遺產」、「世界自然遺產」，以及「世界紀錄遺產」與「世界無形文化遺產」等四種。其中，世界紀錄遺產是保存珍藏史料文獻的文物。目前，韓國擁有的世界紀錄遺產如下：

一、《訓民正音解例本》，記錄朝鮮王朝世宗大王創制文字經緯；二、《朝鮮王朝實錄》，記錄朝鮮王朝 472 年歷史（1392~1863），共 1893 卷，888 冊；三、《承政院日記》，朝鮮王朝最大機密巨著；四、《直指心體要節》，學僧學術研究的教科書；五、《海印寺高麗八萬大藏經板與諸經板》，13 世紀東亞佛教經典的集大成木製史料，反映高麗王朝政治、文化、思想；六、《朝鮮王朝儀軌》，記錄朝鮮王朝重大典制儀式；七、《東醫寶鑑》，朝鮮王朝神醫許浚總結東亞醫學的百科全書；八、《日省錄》，記錄朝鮮歷代國王每天言行的日記；九、《518 民主化運動紀錄物》，記錄 518 光州民主化運動過程與韓國民主化成果；十、《亂中日記》，記錄朝鮮王朝李舜臣將軍在壬辰倭亂的日記；十一、《新村運動紀錄物》，記錄朴正熙大統領推行農村開發運動的成就（1970~1979）；十二、《韓國的儒教冊版》，製作朝鮮王朝共 718 種的儒教書籍；十三、KBS 特別直播《尋找離散家族》紀錄物，KBS 為了韓國失散家庭而製播（1983 年 6 月 30 日至 1983 年 11 月 14 日）的特別節目。以上，都是珍貴史料，價值極高。

韓國的無形文化遺產
——人類非物質文化遺產

聯合國教科文組織認證的世界無形文化遺產（人類非物質文化遺產），是保存珍藏語言、文學、神話、意識、樂舞、技藝、習慣等無形文化的文物。目前，韓國擁有的無形遺產如下：

一、「宗廟祭禮與宗廟祭禮樂」，舞歌唱樂蹈祭典；二、「韓國板索里清唱」，傳統說唱故事；三、「江陵端午祭」，山神祭；四、「強羌水越來」，秋夕傳統樂蹈慶典；五、「男寺黨遊藝」，流浪男團傳統跳舞表演；六、「靈山齋」，祈福亡靈的佛教儀式；七、「濟州七頭堂靈燈跳神」，春季迎接靈燈風神；八、「處容舞」，宮廷假面舞；九、「歌曲」，朝鮮時期傳統演唱聲樂；十、「鷹獵」，以鷹獵物；十一、「大木匠」，建造房屋匠人；十二、「走繩」，走跳繩索技藝表演；十三、「跆跟」，傳統腳戲武術；十四、「韓山苧麻編織」，夏季傳統苧麻編織技藝；十五、〈阿里郎〉，韓國最具代表的傳統民謠；十六、「泡菜醃製」，越冬醃製泡菜；十七、「農樂」，歲時名節的傳統演奏樂舞；十八、「拔河」，傳統民俗遊戲；十九、「海女」，濟州島女性傳統潛海採撈海產物作業。

韓國的世界紀錄與無形文化遺產登錄年表

登錄年	項目	世界紀錄遺產	無形文化遺產
1997	《訓民正音解例本》	✔	
	《朝鮮王朝實錄》	✔	
2001	《承政院日記》	✔	
	《直指心體要節》	✔	
	「宗廟祭禮與宗廟祭禮樂」		✔
2003	「韓國板索里清唱」		✔
2005	「江陵端午祭」		✔
2007	《海印寺高麗八萬大藏經板與諸經板》	✔	
	《朝鮮王朝儀軌》	✔	
2009	《東醫寶鑑》	✔	
	「強羌水越來」		✔
	「男寺黨遊藝」		✔
	「靈山齋」		✔
	「濟州七頭堂靈燈跳神」		✔
	「處容舞」		✔
2010	「歌曲」		✔
	「鷹獵」		✔
	「大木匠」		✔
2011	《日省錄》	✔	
	《518 民主化運動紀錄物》	✔	
	「走繩」		✔
	「跆跟」		✔
	「韓山苧麻編織」		✔
2012	〈阿里郎〉		✔
2013	《亂中日記》	✔	
	《新村運動紀錄物》	✔	
	「泡菜醃製」		✔
2014	「農樂」		✔
2015	《韓國的儒教冊版》	✔	
	KBS 特別直播《尋找離散家族》紀錄物	✔	
	「拔河」		✔
	「海女」		✔
	《龍飛御天歌》	✔	

 韓國文化小教室

朝鮮民主主義人民共和國（北韓）擁有兩項世界無形文化遺產，即朝鮮民謠〈阿里郎〉（2014 年）、「泡菜製作」（2015 年）。

第 5 章 韓國現代的民俗文化

UNIT 5-24
韓國的傳統民俗藝術與技藝

韓國現代生活中，仍然保存與公演許多歷史悠久的傳統民俗藝術與技藝，展現文化強國。

圖解韓國文化

韓國的傳統民俗藝術：音樂、舞蹈、民謠

韓國現代生活中，經常可以在各種公開表演的場合，欣賞韓國的傳統民俗藝術與技藝。

就傳統民俗藝術而言，韓國傳統音樂可以分成兩種：一、**正樂**：為宮廷的音樂，又有雅樂（儒教的禮樂）、唐樂（唐宋時期的世俗音樂）與《鄉樂》（韓國的本土音樂）的另稱；二、**俗樂**：為民間的音樂（庶民的音樂），包括薩滿教音樂、佛教音樂、民謠、農樂（農村音樂）、散調（器樂演奏）、盤索里（板聲，說唱擊鼓）、唱劇（劇歌）等。主要的伴奏樂器有三類，即第一類是弦樂器，如玄鶴琴、伽倻琴、洋琴、奚琴等；第二類是管樂器，如笛子、短簫等，第三類是打擊樂器，如杖鼓、鑼鈸、編鐘、編磬等。

韓國傳統舞蹈的由來，最早是源自於史前時代的薩滿教祭祀活動，而流傳到現在，可以區分為宮廷舞蹈與民間舞蹈。宮廷舞蹈最具代表的是：劍舞、鶴舞、處容舞，目的在展現王室的神聖、尊貴與威嚴，具有禮儀與娛樂的功能；而民間舞蹈，則是反映民間生活的各種狀況與批判，最具代表的是：假面舞、太平舞、扇子舞、長鼓舞。

在民謠方面，韓國民謠是一種源自於在地民眾之間口耳相傳，而流行在民間的歌謠，具有民族性格。著名的有〈阿里郎〉、〈桔梗花〉、〈太平歌〉、〈鳥打令〉、〈強羌水越來〉等。當然，也包括童謠，目的在展現庶民日常生活的一種地方向心力，也具有娛樂的功能。

韓國的傳統民俗技藝：武術、童玩、製陶、書畫

在武術方面，著名的韓國民俗武術有：射箭、手搏、摔角、跆跟、花郎道、海東劍道。在童玩方面，主要是流行在庶民階層兒童之間的餘興遊戲，具有教育與娛樂的功能，著名的有：跳繩、毽子、沙包、陀螺、紙牌、風箏、跳格子、捉迷藏、滾鐵圈、投壺、擲柶（尤茨）、猜拳、將棋（象棋）等。

在製陶方面，區分有四種類：

一、**青瓷**：韓國史前時代就有陶器的使用，經由歷代的陶冶，陶器的品質也逐漸精緻，雕刻的紋樣色彩也多樣。高麗時代，將陶器上含鐵釉藥，使瓷器發展超越了陶器，品質更加精緻，紋樣色彩也更多樣化，雕刻技術也日益精湛，更為堅固耐用，而達到陶瓷藝術的巔峰，稱為「高麗青瓷」（淺綠色）。二、**白瓷**：到了朝鮮時代，為陶瓷器的全盛期，使用白色釉藥，稱為「朝鮮白瓷」。三、**粉青沙瓷器**：即在青瓷表面上，再塗一層白色泥土而成。四、**陶瓷器皿**：即從古至今，用來做為醃製泡菜、豆醬等發酵食品的缸與甕，儲藏醬菜糧食之用。著名的韓國民俗製陶，主要在利川、驪州、光州等的陶藝村。

在書畫方面，韓國民俗書畫主要包括具有民族傳統藝術風格的書法與繪畫，如：歷代的碑文、壁畫，以及歷代書畫家的作品，都非常有名。

韓國傳統樂器舉隅

伽倻琴

玄鶴琴

奚琴

杖鼓

韓國傳統舞蹈舉隅

處容舞（宮廷舞蹈）

假面舞（民間舞蹈）

韓國文化小教室

　韓國民俗畫（風俗畫）為記錄一般社會日常生活的各種樣貌的圖畫。從最古代的古墳壁畫，一直到以宮廷與民間為題材的都有。著名畫家為朝鮮後期的金弘道與申潤福。

UNIT 5-25
韓國民俗節慶的飲食與慶祝活動

韓國至今仍然保存許多歷史悠久的傳統民俗文化慶典，其最終目的都是在祈福。

圖解韓國文化

韓國的春夏兩季
（陰曆 1 月到 6 月）

韓國民間生活中，最著名的全國性民俗節慶，依據陰曆的四季節氣，共有七大主要傳統節日。在春夏兩季方面，從陰曆 1 月到 6 月的民俗節慶與其祈福項目，包括有風俗、飲食與慶祝活動（民俗遊戲），共有四個，如下：

一、陰曆新年（春節）：陰曆 1 月 1 日，迎接春天的來到；風俗有穿新衣、茶禮、祭祖、拜年、牆掛福笊籬祈福；飲食有年糕湯、屠蘇酒、食醯、水正果；慶祝活動則有擲尤茨遊戲、放風箏、踩翹板、弓箭投壺。

二、正月大滿月（元宵節）：陰曆 1 月 15 日，迎接月圓的來到；風俗有吃堅果類防皮膚病；飲食有五穀飯、藥飯、聰耳酒、松糕、包福飯；慶祝活動則有拔河、鼠火遊戲、踏橋、迎月。

三、端午節：陰曆 5 月 5 日，迎接夏天的來到；風俗有用菖蒲草洗頭除病、貼符驅邪；飲食有醍醐湯、艾糕、菖蒲酒、櫻桃花菜、狗舌草糕；慶祝活動則有盪鞦韆、摔角、踩翹板、射箭。

四、流頭節：陰曆 6 月 15 日；風俗有向東以流水洗頭，去除不吉；飲食有流頭麵、霜花餅、水團（湯圓）、流頭酒；慶祝活動則有龍神祭，祈求豐年。

韓國的秋冬兩季
（陰曆 7 月到 12 月）

在秋冬兩季，從陰曆 7 月到 12 月的韓國民俗節慶與祈福項目，包括風俗、飲食與慶祝活動，共有三個，如下：

一、七夕：陰曆 7 月 7 日，源自「牛郎與織女」的傳說，屬於婦女的節日，祈求縫紉技術靈巧；飲食有小麥麵、南瓜煎餅、白米發糕；慶祝活動則有以「牛郎與織女」為題材作詩，也有向北斗七星祈求長壽與幸福。

二、秋夕（中秋節）：陰曆 8 月 15 日；風俗有家族團圓、祭祖、感謝秋收的茶禮；飲食有松餅、芋頭湯、當季水果；慶祝活動則有「強羌水越來」繞圓舞、摔角、迎月、拔河、織布。

三、冬至：陰曆 11 月，每年日期不一（陽曆多在 12 月 21 或 22 日左右）；風俗有煮紅豆粥或加湯圓、贈送新年月曆、貼符驅邪，同時有冬至溫和則次年多疾病。冬至多下雪而寒冷，則為豐年的徵兆傳說。慶祝活動則有吃紅豆粥象徵杜絕厄運；吃年糕湯與紅豆粥則象徵又多一歲的年紀。

以上的七大主要傳統節日的祈福目的，都是在招福納吉、豐收豐年、健康平安、長命百歲、除惡避邪，而達到幸福美滿的生活。再配合各地方的傳統特色，就會衍生出許多當地風俗、飲食與慶祝活動的類型，而成為韓國現代生活當中的民俗文化，多彩多姿，極具特色。再者，韓國各種民俗節慶的慶祝活動，最常見的是農樂、走繩索、假面舞、風燈遊戲（慶尚道）、豐魚祭（忠清道）、鬥雞、鬥牛等。而唱歌、跳舞、飲酒則是最普遍的民俗文化現象。

韓國七大主要民俗節慶

序	民俗節慶	日期	風俗	飲食	慶祝活動（民俗遊戲）
1	陰曆新年（春節）	陰曆1月1日	迎春、穿新衣、茶禮、祭祖、拜年、牆掛福笊籬祈福。	年糕湯、屠蘇酒、食醢、水正果	擲尤茨遊戲、放風箏、踩翹板、弓箭投壺。
2	正月大滿月（元宵節）	陰曆1月15日	迎月圓、吃堅果類防皮膚病。	五穀飯、藥飯、陳菜食、聰耳酒、松糕、包福飯。	拔河、鼠火遊戲、踏橋、迎月。
3	端午節	陰曆5月5日	迎夏、用菖蒲草洗頭除病、貼符驅邪。	艾糕、菖蒲酒、櫻桃花菜、狗舌草糕。	盪鞦韆、摔角、踩翹板、射箭。
4	流頭節	陰曆6月15日	向東以流水洗頭祛凶。	流頭麵、霜花餅、水團、流頭酒。	龍神祭：祭祀龍王，祈求豐年。
5	七夕	陰曆7月7日	出自於「牛郎與織女」的傳說，屬於婦女的節日，祈求縫紉技術靈巧。	小麥麵、小麥煎餅、南瓜煎餅、白米發糕。	以「牛郎與織女」為題材作詩；向北斗七星祈求長壽與幸福。
6	秋夕（中秋節）	陰曆8月15日	團圓、祭祖、感謝秋收的茶禮。	松餅、芋頭湯、當季水果。	採收當季水果水果祭祀、強羌水越來祝祭、摔角、迎月、拔河、織布
7	冬至	陰曆11月（陽曆12月21、22日）	煮紅豆粥、新年月曆贈送、貼符驅邪。	年糕湯、紅豆粥、紅豆粥加湯圓熬煮。	吃紅豆粥象徵杜絕厄運；吃年糕湯與紅豆粥象徵又多一歲。

韓國文化小教室

韓國的地方民俗節慶

1月	2月股	3月	4月	5月	6月
城山日出祭（濟州）	戰遊戲祝祭（全南）	幸州大捷祝祭（京畿）明洞祝祭（首爾）	水安堡溫泉祭（忠北）	春香祭（全北）	江陵端午祭（江原）

7月	8月	9月	10月	11月	12月
海雲臺祝祭（釜山）	春川木偶祝祭（江原）	強羌水越來祝祭（全南）高句麗文化祝祭（忠北）	仁寺洞祝（首爾）旌善阿里郎祭（江原）光州泡菜大祝祭（全南）大伽倻祝祭（慶北）新羅文化祭（慶北）百濟文化祭（忠南）	柑橘大宴會（濟州）	嶺東柿餅祝祭（忠北）

UNIT 5-26
韓國高麗開城王氏宗親的由來與文化活動

韓國開城王氏可溯自古朝鮮建國始祖檀君王儉，以及傳承高句麗的渤海與高麗，並統合原屬開城王氏的江陵與海州的王氏，還有濟南王氏，以利宗親、族譜與文化祭祀活動。

圖解韓國文化

起源自韓國高麗王朝的
開城王氏的由來

　　韓國開城王氏（개성왕씨），是以韓國高麗王朝建國始祖暨太祖王建的王族為基礎，所成立的宗親，為韓國的姓氏之一。開城王氏始祖為王建的曾祖父王國祖（왕국조），又名王寶育。王建的祖父是王作帝建（왕작제건），父親則是王隆（왕융）。其故鄉在北韓黃海北道開城特級市。而開城王氏實際始祖應為太祖王建，原因是開城王氏區分有五個支派，皆以高麗太祖王建的後孫為基準，可以證明。

　　例如：一、**東陽君派**：派祖王垣，太祖（第1代）的第十五王子；二、**平壤公派**：派祖王基，顯宗（第8代）第四王子；三、**襄陽公派**：派祖王恕，神宗（第20代）第二王子；**四、安慶公派**：派祖王滄，高宗（第23代）第二王子；**五、侍中公派**：派祖王濟，忠定王（第30代）第一王子。

　　再者，開城王氏也有渤海國的後裔，即渤海國國王大諲譔的王子大光顯，在契丹國消滅了渤海國（西紀926年）後，帶領數萬名的遺民越過鴨綠江，逃到高麗王朝歸順。高麗太祖王建便賜姓大光顯為王氏，以示嘉勉之意，而姓名改為王繼。

　　此外，韓國還有其他王氏宗親，有三個，如：一、**江陵王氏**：以太祖王建之子王裕為始祖；二、**海州王氏**：以太祖王建的建國功臣為王儒始祖；三、**濟南王氏**：由中國山東省濟南出身，而在朝鮮時期進入的王以文為始祖。

　　以上的韓國王氏大多與高麗王朝建國始祖暨太祖王建有密切關係，應該將開城王氏、江陵王氏、海州王氏及濟南王氏等宗親，統合在高麗開城王氏宗親之中，以高麗太祖王建為主要始祖，並且依據韓國史的「國史即族譜」的原則，可以追溯到古朝鮮王朝建國始祖檀君王儉（단군왕검），以及高句麗（고구려）建國始祖東明聖王高朱蒙、高句麗繼承者渤海國建國始祖大作榮為歷代始祖。因為高麗太祖王建也是高句麗的繼承者，才會訂國號為「高麗」。如此，高麗開城王氏的族譜紀錄也一併統合為一部完備的《韓國高麗開城王氏族譜》。

韓國開城王氏的文化活動：
高麗王室祭典

　　目前韓國開城王氏的世居地在韓國的釜山市；朝鮮（北韓）開城王氏的世居地則在開城市。有關韓國開城王氏的文化活動，其重要項目，如：開城王氏宗親會在每年陰曆4月17日，都會在江原道三陟市，舉行高麗恭愍王陵的祭禮，對曾經復興高麗自主獨立的恭愍王王祺表示感恩之意。此外，也會在每年春秋兩季，在位於京畿道漣川郡的崇義殿（朝鮮時代，史蹟第223號）各舉行一次祭祀高麗王朝時代貢獻最大的高麗四王，即太祖、玄宗、文宗、元宗，以及高麗16名忠臣的祠堂，這活動從朝鮮時代開始實施，至今已經約數百年，歷史非常悠久。

韓國開城王氏的由來

成立基礎	韓國高麗王朝建國始祖 ✚ 太祖王建的王族宗親。
始祖	★ 王建的曾祖父：王國祖（王寶育） ★ 祖父：王作帝建 ★ 父親：王隆
故鄉	朝鮮（北韓）黃海北道開城特級市。
實際始祖	太祖王建。 原因：開城王氏有五支派，皆以太祖王建的後孫為基準可證。如： ❶ 東陽君派：派祖王垣。 ❷ 平壤公派：派祖王基。 ❸ 襄陽公派：派祖王恕。 ❹ 安慶公派：派祖王滄。 ❺ 侍中公派：派祖王濟。

其他韓國王氏宗親

多與太祖王建有密切關係，統合為高麗開城王氏宗親
➡ **主要始祖：太祖王建。**

王

❶ 渤海國的後裔	王繼（大光顯）➡太祖王建賜姓 ➡屬開城王氏
❷ 江陵王氏	始祖王裕 ➡太祖王建之子 ➡屬開城王氏
❸ 海州王氏	始祖王儒 ➡太祖王建的建國功臣 ➡屬開城王氏
❹ 濟南王氏	始祖王以文（朝鮮時期） ➡中國山東省濟南出身

　　高麗末期大將李成桂建立朝鮮王朝後，為了鞏固政權，曾經剷除前朝高麗王朝的王氏貴族，使得王氏貴族紛紛改姓，以求自保與生存，如：玉、全、琴、田、車、申、馬、乃、龍、金等姓。同時，還有柳、李、林等三姓中，也有王氏貴族。以致至今，韓國王姓只有近三萬人。據說減少了十萬人左右。以上改姓的後孫們，目前似乎沒有恢復王姓的意願。此外，韓國還有位於仁川市的松島王氏，為華僑所歸化，不屬於開城王氏。

第6章
結論：韓國文化的特色

有自主獨立的國家，才有自己國家的文化，因此，韓民族擁有自己國家所發展出來的文化。雖然韓國已經邁向現代化的優勢，但是仍然保持具有固有傳統的優點。所以，韓國文化也具有自主獨立的特色，以及注重文化的保存與永續發展。

6-1　韓國文化的自主獨立

6-2　韓國文化的固有傳統

6-3　韓國文化的保存永續

UNIT 6-1 韓國文化的自主獨立

韓國文化是韓國民族自古以來所創造出來而自然形成的民族文化，到了現代社會，仍然繼續保持著自主獨立的韓國文化特性，而應用於生活當中。

圖解韓國文化

韓國文化的自主特色

自古以來，大韓民國在韓半島的歷史發展過程上，雖然一向與中國維持著密切的往來，使得韓國文化深受中國文化的薰陶，但是韓國文化仍舊保持著正統韓民族特性的韓國民族文化。同時，韓國文化是由韓民族自己所創造出來而自然發展的，因此韓國文化是具有自主性。

最明顯的例子，就是韓國現代社會的食衣住行育樂的基本生活項目了。如：食的方面，由於韓國冬天氣候寒冷，古代農產不興，為了保存食物，多以醃製涼拌為主。如：泡菜（김치）、醬瓜、海鮮醬、豆醬等發酵食品便成為最具代表性的韓國料理。同時，營養價值頗高。而現代農業科技進步，冬天農產則大興。衣的方面，韓服是韓國民族的傳統服飾。從古至今，歷久不衰，最具濃厚的韓國民族風格。韓服線條講究曲線美與直線美，女性韓服是短上衣與長裙，男性則是短背心搭配長褲。現代韓國社會，雖然是穿著洋式服裝，但是在重大節慶時，如：春節、端午、中秋、宴會、婚禮等，特別是女性都會穿著韓服。住的方面，由於韓國冬天氣候寒冷，傳統住屋稱為「韓屋」，室內以暖炕為其代表，即溫突。行的方面，現代韓國社會，大眾交通工具發達，有地下鐵（捷運）、火車、公車、計程車等，十分便利。這些都是由韓國自行研發製造的國產車種。育的方面，重視家庭、學校、社會的傳統儒教倫理與秩序，愛國愛族、敬老愛幼、禮讓和諧等為特色。樂的方面，注重運動、休閒、養生，名勝古蹟與旅遊景點，都充滿著韓國文化的氣息。

韓國文化的獨立特色

韓國雖然長期受到中國文化的影響，然而韓國文化歷史悠久，依然維持著韓民族獨特的韓國文化，並且是由韓民族自創的、獨有的，可知韓國文化是具有獨立性的。此處的所謂獨立，可說是指韓民族一貫主張的「身土不二」（신토불이）的愛國家的愛國精神與愛民族的民族意識。

現代韓國社會雖然也接受許多外來文化，才能具備世界觀與國際視野。無論是自國或他國的文化，好的保持，不好的淘汰，去蕪存菁，弘益人間。如此，無論是韓國文化或他國的文化，都是可以發展成為高度先進文化，代代相傳，永續經營。所以，韓民族保存自身的民族文化之外，也吸收外來文化，加以消化，兼容並蓄，成為韓民族自身的文化，而且絕對不會喪失自身的文化，反而強化自身的文化，增強自身民族的自信心。

過去的韓國雖然曾經遭受到女真、蒙古與日本的侵略，但是韓國在民族意識方面及民族文化方面都是處於自主獨立的狀態，毫無留下殖民痕跡，也絲毫不受影響，而更加珍惜、振興與發揚韓國文化，如此的自主獨立精神，實在難能可貴，值得效法。

韓國文化的自主特色

大 韓 民 國 ＝ 半島歷史發展 ➡ 深受中國文化 ➡ 保持韓國文化 ＝ 正統的韓民族特性 ✚ 韓國民族文化。

韓國文化　　韓民族自創 ✚ 自然發展 ➡ 具有自主性。

韓國現代社會　食衣住行育樂 ➡ 自主的韓國文化。

★ 食：泡菜。★ 衣：韓服。★ 住：韓屋 ＝ 溫突。★ 行：地下鐵。
★ 育：儒教。★ 樂：文化氣息。

 韓國文化的獨立特色

韓國文化	❶ 獨特性。 ❷ 自創的、獨有的、自然形成的、具有獨立性。 ❸「身土不二」主旨：韓民族自主獨立 ➡ 愛國家的愛國精神與愛民族的民族意識。
現代韓國社會	❶ 接受外來文化 ➡ 具備世界觀 ✚ 國際視野 ＝ 韓國文化 ➡ 去蕪存菁、弘益人間 ➡ 高度先進文化。 ★ 結果：代代相傳，永續經營。 ❷ 韓民族 ➡ 保存自身民族文化 ✚ 吸收外來文化 ＝ 加以消化、兼容並蓄 ➡ 成為韓民族自身的文化。 ★ 結果：絕無喪失自身文化、進而強化自身文化、增強自身民族自信心。
獨立的韓國文化證明	❶ 韓國史上曾遭蒙古、日本侵略 ✚ 統治 ➡ 韓國民族意識、民族文化更加提升。 ★結果：自主獨立。 ❷ 韓國文化的珍惜、振興、發揚韓國文化 ➡ 自主獨立精神。 ★結果：難能可貴，值得效法。

 韓國文化小教室

韓國的合氣道與跆拳道的道服，就是源自白色傳統韓服。

UNIT 6-2
韓國文化的固有傳統

韓國文化的固有特色深受儒家文化的影響，這在韓國社會與韓國語言當中，顯而易見。
再者，韓國文化的傳統特色是屬北方民族性格，強烈又保守。因此，一向堅忍不拔。

圖解韓國文化

韓國文化的固有特色

韓國自古以來就是屬於東亞儒家文化圈，儒家思想或儒教一直深植在韓國社會生活中，而且十分濃厚。因此，韓國在歷史上，素有被讚譽為「禮儀之邦」的固有美德。由於學習一個國家的語文，最能直接體驗一個國家的文化。現在就以韓國語文為例，論述韓國文化的固有特色。

韓國語言的單字方面，雖然使用漢字語的單字數量很多，但是固有的語言單字也不少，也就是土著語，稱為「固有語」，一般口語都稱為「純韓文」，或是「純韓國語」（순한국어）、「純我們的話」（순우리말）。這在東亞儒家文化圈的國家中的語言，應該都有類似的現象，即有漢字語，也有固有語。

在韓國，當固有語的數量不足以運用表達時，就必須借用漢字語，以便順利表達意思。但是也會產生重覆現象，即一個相同意思有漢字語及固有語的講法，可以互通。例如：「國家」的固有語是「나라」，漢字語是「국가」。「語言」的固有語是「말글」，漢字語是「언어」（言語）。「姓名」的固有語是「이름」，漢字語是「성명」。「學習」的固有語是「배움」，漢字語是「학습」。「年齡」的固有語是「나이」，漢字語是「연령」。「衣服」的固有語是「옷」，漢字語是「의복」。「老人」的固有語是「늙은이」，漢字語是「노인」。「太陽」的固有語是「해」，漢字語是「태양」。「智慧」的固有語是「슬기」，漢字語是「지혜」。「歌曲」的固有語是「노래」，漢字語是「가곡」等。

韓國語言的語尾方面，有三種層次的基本變化，就是對上／長輩（高級敬語）、對中／平輩（中級敬語）、對下／晚輩（半語）。依照對方的身分或年紀來使用。這種現象也是韓國語言的固有特色，具有類似儒家思想長幼有序的階級觀念。例如：「謝謝」是고맙습니다 .（高級敬語）；고마워요 .（中級敬語）；고마워（半語）。「真的嗎？」是정말입니까？（高級敬語）；정말이에요？（中級敬語）；정말이야？（半語）。

此外，還有漢字語單字變成固有語單字，為數不少，例如：「抽屜」的固有語是「서랍」，漢字語是「설합」（舌盒）。「烏賊」的固有語是「오징어」，漢字語是「오적」。

韓國文化的傳統特色

韓國在民族性格方面，普遍具有北方民族性格，豪邁奔放，有強悍激烈的個性，也有固執與保守的觀念。由於韓民族好強好勝好面子，經常為了面子而競爭，使得與前述素有「禮儀之邦」美稱的韓民族有些矛盾，但其實以儒家思想的「君子之爭」而言，就沒有矛盾，就是該競爭、該輸贏時，必須有君子一般的修養，在過程與結束後，都要保持風度與禮節，形成良性的典範。換言之，在強悍激烈中，必須遵守君子之爭，在固執與保守的個性之下，也必須具備君子風範。同時，韓民族具有濃厚的家族中心意識，進而形成社會團體意識，再擴展形成強烈的民族團結意識。

韓國固有語和漢字語的重覆現象

序	中文	固有語	漢字語	序	中文	固有語	漢字語
1	國家	나라	국가	6	衣服	옷	의복
2	語言	말글	언어 (言語)	7	老人	늙은이	노인
3	姓名	이름	성명	8	太陽	해	태양
4	學習	배움	학습	9	智慧	슬기	지혜
5	年齡	나이	연령	10	歌曲	노래	가곡

韓國的敬語

序	中文	高級敬語	中級敬語	半語
1	謝謝	고맙습니다 .	고마워요 .	고마워 .
2	真的嗎？	정말입니까 ?	정말이에요 ?	정말이야 ?

漢字語單字變成固有語單字

序	中文	固有語	漢字語
1	抽屜	서랍	설합 (舌盒)
2	烏賊	오징어	오적

韓國文化的傳統特色

❶ 民族性格方面：北方民族性格 ➜ 個性強悍激烈 ➕ 觀念固執保守
　　　　　　　　➜ 好強、好勝、好面子 ➕ 豪邁奔放。
❷ 面子競爭 ◀━━▶ 素有「禮儀之邦」美稱 ➜ 相互矛盾？
　　1. 沒有矛盾：具儒家思想「君子之爭」 ➜ 競爭、輸贏時 ➜ 具備君子修養
　　　　➜ 過程與結束 ➜ 保持風度禮節 ➜ 良性典範。
　　2. 強悍激烈中 ➜ 須遵守君子之爭 ➜ 在固執保守個性下 ➜ 具備君子風範。
❸ 具有濃厚家族中心意識 ➜ 形成社會團體意識 ➜ 擴展成為強烈的民族團結意識。

 韓國文化小教室

　在韓國，現代社會的日新月異，求新求變，求發展，求進步，是必然現象，所以產生了現代的新文化。同時，好的新文化應與好的固有文化結合，融會貫通，相得益彰。

UNIT 6-3
韓國文化的保存永續

韓國文化的保存與永續，象徵韓國的民族與歷史博大精深。同時，也代表韓民族愛國家與愛民族的濃厚意識，因此能將韓國文化的發展成果，展現給全世人與全世界。

圖解韓國文化

韓國文化的保存特色

　　大韓民國已經成為已開發國家之列的現代化國家，雖然現代建築林立，每件事物都在現代化，但是所到之處，都可以看見許多的歷史古蹟與歷史文物，古色古香，多彩多姿。可知，韓國至今仍是具有濃厚文化氣息的國家，這表示韓國致力於保存祖先遺留下來的古代文化資產的決心，也就是實踐維護歷史，尊重傳統為重要的目標。如此，韓國歷代珍貴稀有的民族文化得以保存下來，使得古今融合，成果豐碩。

　　保存文化，人人有責，也是愛國家、愛民族的表現，但個人能力有限，必須由國家政府制定相關的韓國文化保存政策及規範，以此來執行與推展，才能達成保護韓國文化資產為目標。因此，韓國政府於 1962 年所制定《文化財保護法》，將文化財分為有形文化財、無形文化財、民俗物質、紀念建築物與傳統結構等五項。最重要的文化資產應該加以保護，同時指定為國家瑰寶、重要有形或無形文化財、歷史性物質或自然遺跡等。有了法源依據，韓國政府便提供大量資金，實施保存維護與修復重建歷史古蹟與歷史文物。每十年定期保養，給予韓國文化的生存空間。所以，韓國是環繞著歷史古蹟與歷史文物而成長，換言之，韓國保存歷史古蹟與歷史文物的資產，就是在維護韓國歷史文化的延續性。韓國在歷史上，雖然遭受許多外力侵略，但是韓國文化一直屹立不搖，證明古今的韓民族都很注重韓國文化的保存之道。

韓國文化的永續特色

　　為了將韓國文化的保存成果傳承下去，韓國文化的永續經營十分重要。韓國政府的《文化財保護法》，將具有特殊文化、歷史悠久、藝術價值的珍貴歷史文物、遺跡與建築等，經過鑑定程序後，認定為國家級重要的有形文物財，同時加以編號列冊，施行有系統的管理，也就是韓國的國寶。首先，將「崇禮門」（숭례문，即南大門〔남대문〕）編入有形文物財的第 1 號。至今已經有 310 件物件編列入韓國國寶名冊中。

　　1964 年，韓國政府開始收錄韓半島各地方的傳統技藝，也是透過鑑定程序後，認定為國家級重要的無形文物財，並且加以編號列冊，施行有系統的管理，也屬於韓國的國寶。於是將「宗廟祭祀音樂」（朝鮮王朝王室舉行宗教與祭祖慶典專用音樂）編入無形文物財的第 1 號。至今已經有 119 件事物編列入名冊中。1997 年，韓國政府也制定《文化憲章》，來保護韓國文化財產。2000 年以後，韓國政府對於現代復舊還原而完成之歷史古蹟與歷史文物，也納入為指定的文化財。特別是以人為主的無形文化遺產，必須以人力傳承，因此，在 2004 年，韓國政府經由審查程序後，認證了音樂、舞蹈、戲劇、工藝、飲食等傳統文化，總計有 109 項為「無形文化財」，從事以上無形文化遺產的各項優秀人才，共有 120 位被授予「人間國寶」的殊榮。以上，運用法律落實韓國文化的保存，便能永久地延續給後世，承先啟後，繼往開來。

韓民族重視自身的民族文化

古今並存	為已開發現代化國家 ➡ 現代建築林立 ✚ 歷史古蹟與文物 ➡ 到處可見。
維護 歷史傳統	韓國具濃厚文化氣息國家 ➡ 保存祖先文化資產 ✚ 重要目標 ＝ 致力維護歷史、尊重傳統。
保存 民族文化	韓國古今融合 ➡ 成果豐碩。

韓國的文化保護政策

| 1962 年
《文化財保護法》 | ★ 將文化財分為：有形文化財、無形文化財、民俗物質、
　紀念建築物與傳統結構等。
★ 最重要的文化資產應該加以保護，同時指定為：
　國家瑰寶、重要有形或無形文化財、歷史性物質或自
　然遺跡等。 |
| 1997 年
《文化憲章》 | ★ 現代復舊之歷史古蹟文物，納入指定文化財。
★ 特別是以人為主的無形文化遺產，必須以人力傳承。
★ 2004 年，經由審查認證傳統文化（音樂、舞蹈、戲劇、
　工藝、飲食）等，計有 109 項為「無形文化財」。
★ 對從事無形文化遺產的優秀人才授予殊榮，共 120
　位「人間國寶」。 |

 韓國文化小教室

韓國的人間國寶制度是積極實踐傳統文化，即重要無形文化財的永久保存與傳承。

附　錄

朝鮮民主主義人民共和國（北韓）文化簡介

一、朝鮮（北韓）的國旗與地圖

圖解韓國文化

朝鮮（北韓）的國旗

朝鮮（北韓）國旗的象徵

❶ 旗面中央的紅色寬帶：象徵愛國主義精神與奮鬥精神。

❷ 上下各有一條藍邊：象徵自由、友誼、和平。

❸ 上下紅藍之間各有一條白色細條：象徵單一民族國家、祖國統一、民族團圓。

❹ 左側紅色五星在一個白色圓形：白色圓形象徵陰陽；紅色五星則象徵革命傳統、共產主義。

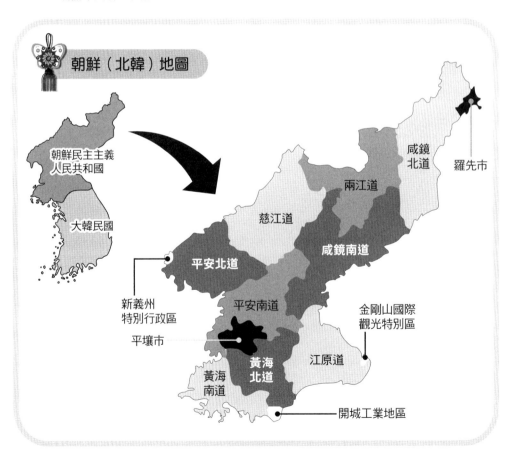

朝鮮（北韓）地圖

朝鮮民主主義人民共和國

大韓民國

咸鏡北道

羅先市

兩江道

慈江道

咸鏡南道

平安北道

新義州特別行政區

平安南道

平壤市

金剛山國際觀光特別區

黃海北道

江原道

黃海南道

開城工業地區

二、朝鮮民主主義人民共和國（北韓）基本資料

序	項目	漢字	韓文
1	正式國名	朝鮮民主主義人民共和國	조선민주주의인민공화국
2	國名簡稱	朝鮮（北韓）	조선 (북한)
3	英文國名	The Democratic People's Republic of Korea	
4	國旗名稱	1. 共和國旗 2. 藍紅色共和國國旗 3. 紅藍五角星旗	1. 공화국기 2. 남홍색공화국국기 3. 홍람오각별기
5	國歌	愛國歌	애국가
6	國花	杜鵑花（金達萊花）	진달래꽃
7	歷代國家 領導人	國防委員會第一委員長： 金日成、金正日、金正恩	국방위원회제일위원장： 김일성 · 김정일 · 김정은
8	國家領導人 所在機關	錦繡山紀念宮殿	금수산기념궁전
9	語言系統	阿爾泰語系，滿——通古斯語族， 韓國（朝鮮）語	알타이어계 · 만 - 퉁구스어족 · 한국 (조선) 어
10	文字	韓（朝鮮）文	한 (조선) 글
11	主體民族	1. 古代＝濊貊族 2. 現代＝韓（朝鮮）民族	1. 고대＝예맥족 2. 현대＝한 (조선) 민족
12	人口	2千500多萬名	이천 오백여만명
13	民族、歷史、 文化、風俗、 姓氏、宗教	朝鮮（北韓）＝韓國（南韓）	조선 (북한) ＝한국 (남한)
*14	教育	托兒所（1年）、小學（5年）、中學（3年）、高中（3年），共12年為義務教育；大學多為產業技術類型為主，以金日成綜合大學（平壤）最著名，其次為金策工業綜合大學（平壤）、平壤建築綜合大學（平壤）。	
*15	貨幣 （₩/KPW）	1. 紙幣：5圓、10圓、15圓、100圓、200圓、500圓、1000圓、2000圓、5000圓。 2. 硬幣：1錢、5錢、10錢、50錢、1圓。	

三、朝鮮（北韓）的行政區劃分

序	漢字		韓文	位置
1個直轄市；2個特別市；9個道。				
1	直轄市（首都）直할시（수도）	平壤市	평양시	平南
2	特別市（直轄市）특별시（직할시）	南浦市	남포시	平南
3		羅先市	나선시	咸北
4	特級市（直轄市）특급시（직할시）	開城市	개성시	黃北
5	道（省級）도（성급）	平安北道	평안북도	（西部）
6		平安南道	평안남도	（西部）
7		黃海北道	황해북도	（西部）
8		黃海南道	황해남도	（西部）
9		江原道	강원도	（東部）
10		慈江道	자강도	（西部）
11		兩江道	량강도	（東部）
12		咸鏡北道	함경북도	（東部）
13		咸鏡南道	함경남도	（東部）
14	特別行政區특별행정구	開城工業地區	개성동업지구	黃北
15		金剛山國際觀光特別區	금강산국제관광특별구	江原
16		新義州特別行政區	신의주특별 행정구	平北

四、朝鮮民主主義人民共和國（北韓）的節日

序	節日	韓文	日期
1	陽曆年	양력설	1 月 1 日
2	光明聖節	광명성절	2 月 16 日（金正日生日）
3	太陽節	태양절	4 月 15 日（金日成生日）
4	朝鮮人民軍創建日	조선인민군 창건일	4 月 25 日
5	國際勞動節	국제로동절	5 月 1 日
6	祖國解放戰爭勝利之日	조국해방전쟁승리의 날	7 月 27 日
7	祖國光復之日	조국광복의 날	8 月 15 日
8	朝鮮民主主義人民共和國創建日	조선민주주의인민공화국 창건일	9 月 9 日
9	朝鮮勞動創建日	조선로동당창건일	10 月 10 日
10	金正淑之生日	김정숙의 생일	12 月 24 日（金日成之妻）
11	朝鮮民主主義人民共和國社會主義憲法節	조선민주주의인민공화국 사회주의헌법절	12 月 27 日
12	陰曆新年	설 명절	陰曆 1 月 1 日民俗節日
13	元宵	정월대보름	陰曆 1 月 15 日民俗節日
14	清明節	청명절	陰曆 4 月 4 日民俗節日
15	端午	단오	陰曆 5 月 5 日民俗節日
16	秋夕	한가위	陰曆 8 月 15 日民俗節日

韓民族的歷史文化發展過程

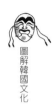

韓民族的歷史文化發展過程									
韓民族的歷代族稱與現代民族	南方社會	濊貊民族	韓族	新羅族	新羅族	高麗族	朝鮮族	韓民族	韓民族
				百濟族					
	北方社會		高句麗族	高句麗族	渤海族				朝鮮民族
時代區分		古朝鮮時代	三韓時代	三國時代	統一新羅時代	高麗王朝時代	朝鮮王朝時代	近代	現代
韓民族的歷代王朝與現代國家	南方社會	檀君王儉朝鮮	辰國 / 辰韓 / 馬韓 / 弁韓	新羅王朝 / 百濟王朝	統一新羅王朝	高麗王朝	朝鮮王朝	大韓帝國	大韓民國
	北方社會	箕子朝鮮 / 衛滿朝鮮	扶餘 / 東濊 / 沃沮	高句麗王朝	渤海國				朝鮮民主主義人民共和國

參考書目

一、韓國語言學

（一）韓文字典

01. 申琦徹、申瑢徹：《우리말 큰사전》，韓國三省出版社
02. 高麗大學校民族文化研究院：《中韓辭典》，韓國高麗大學校民族文化研究院
03. 高麗大學校民族文化研究院：《韓中辭典》，韓國高麗大學校民族文化研究院
04. 戴郁軌：《韓華大辭典》，五洲
05. 劉辰潔等：《韓國語新語袖珍詞典》，外研社
06. 王永一：《韓文漢字常用常用字檢索》，統一
07. 王永一：《韓國韓文漢字檢索》，鼎力科貿
08. 王永一：《越南語漢字音與韓國語漢字音對照比較研究》，渤海文教

（二）韓文句型文法與教材著作

01. 姜玉：《韓國語語法講座與測試》，上海交通大學
02. 金光洙：《韓國語基礎語法》，外文
03. 都元淑：《韓國語初級語法精講與精練》，外語教學與研究
04. 朴淑子：《簡明韓國語語法》，中國宇航
05. 朴善姬：《常用韓語句型精解》，世界圖書（北京）
06. 白峰子：《白峰子韓國語語法詞典》世界圖書（北京）
07. 邵依：《韓語語法輕鬆學》，統一
08. 孫麟淑：《無師自通零起點掌握標準韓國語語法》，世界圖書（上海）
09. 楊人從：《韓語語法：句法、構詞、音韻篇》，明文
10. 楊人從：《韓語語法：虛辭篇》，明文
11. 禹仁惠：《韓國語語法入門》，外語教學與研究
12. 劉沛霖：《韓國語語法》，商務印書
13. 王永一：《基礎韓國語》，統一
14. 王永一：《觀光韓國語》，統一
15. 王永一：《韓國語文句型研究》，渤海文教
16. 王永一：《韓國社會文化概論》，渤海文教
17. 王永一：《韓國語言學概論》，渤海文教
18. 王永一：《韓國俗譚研究》，渤海文教
19. 王永一：《韓國語觀光旅遊實錄》，渤海文教
20. 王永一：《韓國語韓語系初級一講》，渤海文教

21. 王永一：《韓國語韓語系初級二講》，渤海文教
22. 王永一：《韓國語通識課程基礎》，渤海文教
23. 王永一：《韓國語通識課程進階》，渤海文教
24. 王永一：《韓國高麗大學校博士王永一教授的基礎韓文》，韓國學術研究中心
25. 李敬姬：《韓國語語法精講與訓練》，北京大學
26. 李得：《韓國語語法教程》，上海外語教育
27. 李倫珍：《哇！這就是我要的韓國語語法》，世界圖書（北京）
28. 李姬子：《初級韓國語詞尾 · 助詞詞典》，世界圖書（北京）
29. 任曉麗：《標準韓國語語法》，大連理工大學
30. 林從綱：《韓國語概論》，北京大學
31. 韋旭升：《新編韓國語實用語法》，外語教學與研究
32. 張文麗：《韓國語基礎語法速成》，大連理工大學
33. 張善粉：《韓國語語法一點通〔初級、中級〕》，大連
34. 陳艷平：《韓語常用句型大全》，北京大學
35. 韓國延世大學韓國語學堂：《韓國語教程句型解析及例句翻譯〔1-5〕》，世界圖書（北京）
36. 許東振：《韓國語實用語法詞典》，外語教學與研究

二、韓國文化

（一）韓國文化史史料

01.（高麗）金富軾：《三國史記》
02.（高麗）一然法師：《三國遺事》
03.（高麗）李奎報：《東國李相國集》
04.（高麗）李承休：《帝王韻紀》
05.（朝鮮）柳得恭：《渤海考》
06.（朝鮮）徐相雨：《渤海疆域考》
07.（朝鮮）鄭麟趾：《高麗史》
08.（朝鮮）鄭麟趾：《高麗史節要》
09.（朝鮮）鄭麟趾：《龍飛御天歌》
10.（朝鮮）權近：《東國史略》
11.（朝鮮）徐居正：《東國通鑑》
12.（朝鮮）安福鼎：《東國綱目》
13.（朝鮮）崔恒：《經國大典》
14.（朝鮮）李肯翊：《燃藜室記述》
15.（朝鮮）朴殷植：《韓國痛史》
16.《朝鮮王朝實錄》

17. 《二十五史・東夷傳、高句麗傳、百濟傳、新羅傳、朝鮮傳、高麗傳、渤海傳、北狄傳、外國傳、外夷傳、屬國傳》
18. （清）唐晏：《渤海國志》
19. （清）金毓黻：《渤海國志長編》

（二）韓國古代文化

01. 文定昌：《檀君朝鮮史記研究》，柏文堂，1966
02. 朴成壽：《檀君紀行》，教文社
03. 李基白：《檀君神話論集》，새文化
04. 姜舞鶴：《檀君朝鮮의 實存》，柏文堂
05. 千寬宇：《古朝鮮 ・ 三韓史》，一潮閣
06. 金小南：《辰韓國馬韓史》，蓋馬書院
07. 韓國古代史研究會：《三韓 ・ 社會 ・ 文化》，新書苑
08. 盧泰敦：《高句麗史研究》，四季節（韓文版）
09. 韓國東北亞歷史財團：《古朝鮮 ・ 檀君 ・ 扶餘》，韓國東北亞歷史財團
10. 韓國高句麗史研究財團：《韓國高句麗史研究論文集》，韓國高句麗史研究財團
11. 文定昌：《百濟史》，人間社
12. 李基東：《百濟史研究》，一潮閣
13. 申瀅植：《高句麗史》，韓國梨花女子大學校
14. 申瀅植：《百濟史》，韓國梨花女子大學校
15. 申瀅植：《新羅史》，韓國梨花女子大學校
16. 申瀅植：《統一新羅史研究》，韓國學術情報
17. 申瀅植：《韓國古代史新研究》，一潮閣
18. 申瀅植：《韓國의 古代史》，三英
19. 李基白：《韓國古代史論》，一潮閣
20. 李丙燾：《韓國古代史研究》，一潮閣
21. 金哲埈：《韓國古代史研究》，韓國首爾大學校
22. 鄭璟喜：《韓國古代社會文化研究》，一志社
23. 盧泰敦：《高句麗史研究》，臺灣學生（中文版）
24. 王承禮：《渤海簡史》，黑龍江人民
25. 王承禮：《中國東北的渤海國與東北亞》，吉林文史
26. 黃林福：《渤海史話》，黑龍江人民
27. 孫玉良：《渤海史料全編》，吉林文史
28. 楊保隆：《渤海史入門》，青海人民
29. 魏國忠：《渤海國史》，中國社會科學
30. 林桂萍：《中韓東明王朱蒙始祖神話研究》，東吳大學中國文學系研究所碩士學位論文

241

（三）韓國高麗時代文化

01. 金恩澤：《高麗太祖王建》，韓國文化社
02. 金庠基：《高麗時代史》，東國文化
03. 朴龍雲：《高麗時代史》，一志社
04. 柳在河：《高麗王朝史》，學文社
05. 閔賢九：《高麗政治史論》，韓國高麗大學校
06. 閔賢九：《韓國中世史散策》，一志社

（四）韓國朝鮮時代文化

01. 李源鈞：《朝鮮時代史研究》，韓國國學資料院
02. 李成茂：《朝鮮王朝史》，東方
03. 李成茂：《朝鮮兩班社會研究》，一潮閣
04. 潘允洪：《朝鮮時代史論講》， 文社
05. 王永一：《建州女真的形成時期》，國立政治大學民族學系研究所，碩士論文
06. 王永一：《李之蘭에 대한 研究——朝鮮建國과女真勢力》，韓國高麗大學校大學院
　　　　　　史學科，博士學位論文
07. 王永一：《韓國與女真族關係研究》，渤海文教
08. 王永一：《韓國與中國東北邊政研究》，渤海文教

（五）韓國近現代文化

01. 姜萬吉：《韓國近代史》，創作과 批評社
02. 姜萬吉：《韓國現代史》，創作과 批評社
03. 金行善：《韓國近現代史講義》，선인
04. 朴槿惠；藍青榮等譯：《我是朴槿惠》，高寶國際
05. 辛勝夏：《中國안의 韓國獨立運動》，韓國檀國大學校
06. 任永泰：《大韓民國史（1945-2008）》，들녘
07. 千敬化：《韓國獨立運動史》，大旺社
08. 李在方：《韓國崛起——駐韓大使旅韓 20 年的觀察與見證》，賽尚圖文
09. 李永禧：《激動의 韓國近代史》，韓國翰林大學校
10. 李炫熙：《韓國開化百年史》，韓國學術情報
11. 洪萬杓：《韓國近代史》，創文閣
12. 柳洙鉉：《韓國近現代史》，韓國教育文化院
13. 韓國近代史學會：《韓國近代史講義》，韓蔚
14. 國史編纂委員會：《韓國獨立運動史》，國史編纂委員會
15. 李太健：《21 世紀北韓學特講》，人間愛
16. 李東薰：《北韓學》，博英社

17. 柳永玉：《北韓學概論》，學文社

18. 劉順達：《你好嗎？我是朴槿惠：韓國最美麗的力量、真心真愛真幸福》，時英

19. 孫鍾國：《北韓學》，學文社

20. 王茹：《一鳴驚人韓國人》，花神

21. 王德復：《韓國地區經濟發展論》，遼寧民族

22. 王永一：《中國近現代史論綱——並論韓國》，鼎力

23. 王永一：《中國文化史論綱——並論韓國》，鼎力

24. 王永一：《歷史（一）：中國文化史綱要——並論韓國》，鼎力

25. 王永一：《歷史（二）：中國近現代史綱要——並論韓國》，鼎力

26. 朱松柏：《南北韓的關係與統一》，臺灣商務

27. 李明：《南北韓政經發展與東北亞安全》，五南

28. 吳家興：《韓國的經濟發展與政策》，臺灣商務

29. 林秋山譯：《韓國近代史》，中華叢書編審委員會

30. 林秋山：《韓國綜論》（政經外交篇（上、中、下）、教育文化篇、南北韓關係篇、中韓關係篇），水牛

31. 林秋山：《韓國憲政與總統選舉》，臺灣商務

32. 陳寧寧：《韓國研究導論》：中國文化大學

33. 張少文：《韓國外交與對外關係》，臺灣商務

34. 張宏杰：《滾滾韓流：中國人比韓國人少了什麼》，知本家文化

35. 張慧智：《北韓：神秘的東方晨曦之國》，香港城市大學

36. 千敬化：《韓國獨立運動史》，大旺社

37. 楊瑪利：《韓國，佔線中：從經濟破產到文化征服》，天下雜誌

38. 蔡茂松：《韓國近世思想文化史》，東大

39. 潘世偉：《投身亞太新合縱的韓國》，三聯

40. LG 經濟研究院：《2010 年韓國大趨勢》，麥田出版

41. 孔柄淏：《挑戰韓國大趨勢》，天下雜誌

42. 李明博：《1% 的可能：韓國首爾：李明博的夢想奇蹟》，達觀出版

43. 李明博：《總經理治國：南韓總統李明博的視野與格局》，商周文化

44. 朴成祚：《南北韓統一必亡》，允晨文化

45. 金文學：《醜陋的韓國人》，大地

46. 董向榮：《韓國》，社會科學文獻

47. 趙甲濟：《文在寅의 正體》趙甲濟닷컴

48. 拓墣產業研究所：《亞洲新勢力：躍升中的數位韓國》，拓墣科技

49. 約瑟夫・波丹斯基：《北韓危機：金日成之死與核武威脅的效應》，新新聞文化

50. 豐田有恆原：《韓國的挑戰》，前程企管

51. 鐸木昌之：《北朝鮮：社會主義與傳統的共鳴》，月旦

（六）韓國文化通論

01. 李基白：《韓國史新論》，一潮閣
02. 李丙燾：《韓國史大觀》，乙酉文化
03. 金聲均：《韓國史入門》，啟明社
04. 閔賢九：《韓國史學의 成果와 展望》，韓國高麗大學校
05. 國史編纂委員會：《韓國史》（全‧新版），國史編纂委員會
06. 國史編纂委員會：《韓國史》（全‧舊版），國史編纂委員會
07. 國史編纂委員會：《韓國史論》（全），國史編纂委員會
08. 震檀學會：《韓國史》，乙酉文化
09. 裵勇一：《韓國史概論》，大旺社
10. 韓佑劤：《韓國通史》，乙酉文化
11. 韓永愚：《國史》，韓國首爾大學校
12. 韓永愚：《우리 歷史》（全），經世院
13. 邊太燮：《韓國史通論》，三英社
14. 아카데미：《韓國史大系》（全），아카데미
15. 高麗出版：《韓國史大事典》，高麗出版
16. 韓國史研究會：《韓國史研究入門》，知識產業社
17. 一志社：《史料로 본 韓國文化史》（全）
18. 文東錫：《文化로 본 우리歷史》，想像博物館
19. 池明觀：《韓國文化史》，一志社
20. 金哲埈：《韓國文化史論》，韓國首爾大學校
21. 韓國高麗大學校民族文化研究院：《韓國文化史大系》，韓國高麗大學校民族文化研究院
22. 李基白：《民族과 歷史》，一潮閣
23. 金鎬逸：《韓國民族史》，螢雪
24. 孫晉泰：《韓國民族史概論》，乙酉文化
25. 一中堂編輯部：《韓民族의 歷史》（全），青化
26. 韓國學中央研究院：《韓國民族文化史大百科事典》，韓國學中央研究院
27. 韓國人의 族譜編纂委員會：《韓國人의 族譜》，日新閣
28. 韓國姓氏總鑑編纂委員會：《韓國姓氏總鑑》（上／下卷），韓國姓氏總鑑編纂委員會
29. 李秀健：《韓國人의 姓氏와 族譜》，首爾大
30. 中央日報：《姓氏의 故鄉：韓國姓氏大百科》，中央日報社
31. 崔德教，李勝羽：《韓國姓氏大觀》，創造社
32. 王澎宇：《也是歷史：韓國政治‧經濟‧民俗‧歷史掌故》，武陵
33. 朱立熙：《韓國史》，三民
34. 李酒揚：《韓國歷史的傳真》，新文豐
35. 李酒揚：《韓國通史》，中華文化事業

36. 李丙燾：《韓國史大觀》，正中
37. 林秋山譯：《韓國史新論》，國立編譯館
38. 邵毅平：《韓國的智慧》，國際村文庫
39. 詹卓穎：《韓國史大觀》，幼獅
40. 簡江作：《韓國歷史與現代韓國》，臺灣商務
41. 簡江作：《韓國歷史》，五南
42. 扈貞煥：《韓國的民俗與文化》，臺灣商務
43. 林泰輔：《朝鮮通史》，臺灣商務
44. 王永一：《圖解韓國史》，五南
45. 王永一：《韓國社會文化概論》，渤海文教
46. 王永一：《韓國史論綱》，渤海文教
47. 王永一：《中國文化史論綱——並論韓國》，鼎力
48. 王永一：《韓國研究論文志》，渤海文教
49. 王永一：《韓國與中國東北民族研究》，渤海文教
50. 王永一：《韓國韓文東亞時事短文閱讀》，鼎力
51. 王永一：《韓國語言與文化導論》，渤海文教
52. 王永一：《韓國與東亞概況》，渤海文教
53. 王永一：《韓國民族姓氏研究》，渤海文教
54. 王永一：《韓國王永一博士個人族譜研究》，渤海文教
55. 王永一：《韓國經濟貿易概論》，渤海文教
56. 林桂萍：《韓國神話傳說故事》，渤海文教
57. 林桂萍：《韓國神話傳說故事》，統一
58. 林桂萍：《韓國民間童話故事》，韓國學術研究中心

（七）韓國百科全書

01. 國立民俗博物館：《韓國民俗大百科事典》，國立民俗博物館
02. 斗山東亞：《斗山世界大百科事典》，斗山東亞
03. 韓國學中央研究院：《韓國民族文化大百科事典》，韓國學中央研究院

（八）韓國網站資料

01. 다음（DAUM）
02. 네이버（NAVER）
03. 네이트（NATE）
04. 한국관광공사（韓國觀光公社）
05. 《동아일보》（韓國《東亞日報》）
06. 《조선일보》（韓國《朝鮮日報》）

07.《중앙일보》(韓國《中央日報》)

08.《한국일보》(韓國《韓國日報》)

09.《존 한자사전》(韓國《JOHN 漢字字典》)

10. 維基百科（中文／韓文版）

作者後序

韓國學術研究領域的學思歷程

　　《圖解韓國文化》為繼《圖解韓國史》之後，傾注心力所撰寫的學術研究論著，也是筆者在韓生活多年的親身經歷心得。由於筆者自幼自主獨立自修白山族屬的大韓民族與女真民族兩大課題，因此，筆者擔任的「民族政策韓國學術研究領域中心」(민족정책한국학술연구영역중심，簡稱：韓國學術研究領域中心)一直秉持為民族學、韓國語文教育、韓國史學、韓國學、朝鮮學(朝鮮〔北韓〕、中國朝鮮族)、女真學、東亞學、史學、韓中‧涉外關係學，民族建國始祖研究、中國東北民族等學術研究領域為主，並且闡明族屬白山朝鮮民族與女真民族的密切關係。為此，撰寫相關專書論著多種，均為學術研究著作、大學以上用書，以及秉持著「一書一研究計畫案」、「一篇即一研究計畫案」為理念。如同上述所言，可說是學術研究與教學並重的書作。

　　近年來，在國內許多大學，以及社會學術團體之中，都有成立「韓國(學)研究中心」，其中，筆者榮幸獲邀擔任其中學術團體的副秘書長，以及執行長、理監事、發起人等多職，負責推展韓國研究與文化交流等事務。尤其，渤海文教事業集團是國內最早成立韓研中心，即「民族政策韓國學術研究領域中心」，筆者獲邀擔任中心執行長一職，並且統合於筆者目前執掌三處的「韓研中心」，其出版部簡稱為「韓研中心工作室」。其間，經常往返如同第二故鄉的韓國，並在母校高麗大學校近處建置在韓的「韓國學術研究中心」，以便於往返高大研修，同時研考韓國與先世族屬。目的在積極實踐，以應用於相關學術與教學的研究。

　　目前國內「韓文／韓語／韓流／韓國文化社」等社團，普遍於大學校院與高中職，盛況空前，可知韓流強大威力，持續屹立不搖。當然，其中，筆者也非常榮幸獲邀擔任指導教師，主旨為韓國語文與韓國學、韓流與韓國文創產業政策等課題並重。再者，許多大學也在語言中心或推廣教育中心設有韓國語文與韓國學課程(通識／推廣)，筆者也擔任教授，如：入門、基礎、進階等階段，以及韓國學。

　　尤其是韓文(한글)，即韓國語(한국어)的興起，是由於 21 世紀初，席捲全球的韓流與韓國成功的「文化立國」政策，於是韓國成為文化創意產業的新興鼻祖，使得韓國崛起，再造韓國奇蹟，如此，韓國已經成為世界的流行、時尚、創意、創新、品牌、名品、品質保證的指標與代名詞了，使得韓國語文的學習熱潮持續升溫，前往韓國經商、觀光、遊學、深造日益增加，以及韓國教育、韓國學術研究、韓國時事與社會文化等項目，也受到世人青睞與重視，這些種種情勢，目的就是在學習韓國，效法韓國，而韓文，即韓國語也就非常重要，成為世界熱門語言之一了，主要分析，如下列六項：

一、緣由：韓國語文與韓國學的重要性與意義

1997年，亞洲金融風暴期間，四小龍之一的大韓民國（韓國）全國人民上下一心，共體時艱，戰勝危機，造就「韓流」的旋風，使韓國語文的學習成為全球的熱潮。大韓民國政府於是大力推廣「文化立國」政策。如此，全球風靡韓國語文與韓國學課程，極受世人歡迎，所以，韓國語文晉升為第二外語之列，韓國語文於是世界化了。於是，大韓民國政府推行了韓國語檢定的考試制度，使全球的習韓者有被認證的制度可循。

現在，韓國在21世紀的地球村，不論是文化、科技、經貿、流行時尚等方面的發展都是突飛猛進，成為著名的文化創意產業鼻祖，而成功提升了國際形象，稱為「韓國形象」（Han-Style），躍登了世界舞臺，成為令世人學習仿效的閃亮新星。因此，為了與韓國接軌，韓國語文與韓國學的學習日益重要，如：韓國語學堂林立、韓語教材也大量出版、相關韓國語文與韓國學的資訊網路也大量普及，這些都是習韓者的福音。如此，韓國語文與韓國學躍升成為熱門與強勢的國際語言與學術研究。

由於筆者自幼一向自主獨立，始終秉持韓民族「身土不二」的精神，無師自通韓國語文，深感韓國語文與韓國學的重要性與意義，於是立志赴韓深造與尋根（古朝鮮王朝建國始祖檀君王儉與高麗王朝建國始祖王建的《韓國開城王姓族譜》＝《韓國高麗開城王姓族譜》研究計畫案）。同時，期許未來實踐韓國語文與韓國學教育為志業。在國立政治大學民族學系研究所畢業，取得民族法學碩士學位之後，在妻族的強力支援下，毅然前往大韓民國留學，在高麗大學史學系畢業，並且榮獲大韓民國政府BK21（21世紀韓國頭腦）優秀獎學金，而取得文學博士學位，成功達成所願。學成回國後，立即在大學專任教授，執教中西歷史、中山學術思想、文化人類學（民族學）、全球化（國際化）、東亞學、韓國語文、韓國社會文化、韓國學，以及韓語系組課程。其間，通過韓國名門學府的西江大學韓國語教育院韓國語教師研修課程的錄取公費審查，接受韓國語教育訓練，取得合格結業證書。因此，西江大的教師們也期望與筆者展開國際學術合作交流。

再者，筆者在多所大學任教時，經常受邀返韓考察、研修、收集相關資訊，以及參與多種相關韓國事務，如：前往多所大學演講、教授各公私機構、擔任口譯翻譯、審查委員、課程委員、參與國科會研究計畫案、撰寫論著與教材、協助韓國多所大學學術合作、擔任學術團體等要職，不勝枚舉。再者，任教之東亞學課程曾經榮獲教學卓越計畫報告。可知，韓國的韓流、韓文與文創已經成為最重要的新興議題。

總之，透過學習韓國語文與韓國學來認識韓國、了解「韓流」的成功因素，有助於做為個人成功之道，即筆者以韓國學術研究為志業，以韓國為第二故鄉。尤其，韓國師友們平時一向視筆者為韓國的一份子，如同摯親，尤其是母校高麗大兩位恩師都不約而同地將筆者視為如同高麗太祖王建之後裔，如：閔教授曾經贈與筆者《高麗太祖王建研究》一書，以及朴教授曾就筆者撰寫有關博士論文《李之蘭研究——朝鮮建國始祖李成桂與女真族關係》時，勉勵筆者與高麗王氏的親緣關係。

二、「大韓民國大統領史」等同於韓流成就

　　20世紀韓國著名的「漢江奇蹟」後，韓國金大中大統領曾經處於金融風暴期間（1997年），以「文化立國政策」，成為新興的文化創意產業的始祖，成功地擊潰危機，再創經濟奇蹟，即「韓流」的出現（文化立國與文創產業之先驅、始祖）。其中，金大中大統領非常重視東亞國際關係，於是與中、日兩國親善；再者，也重視漢字與中國語文教育，更重視韓國語文的推廣與檢定制度，使得韓國語文國際化與世界化，韓國語文因而崛起與盛行了。在對朝鮮（北韓）問題方面，金大中大統領採取了「陽光政策」包容與支援朝鮮，深獲朝鮮信任與博得世界讚賞，因此榮獲諾貝爾和平獎，使韓半島呈現和平共榮的景象。如此，韓國鴻圖大展，開始崛起，邁入已開發國家的行列，舉世矚目，使得韓國成為歐美日等國的競相學習對象。大韓民國前總理韓昇洙博士曾經讚揚金大統領是「現代史上的偉大領袖，一生為民主、人權、和平及民族和解做出貢獻」。

　　筆者赴韓期間，親自目睹金大中大統領執政，體會韓國從逆境崛起，日新又新，一直到達到成功之路，有如筆者心境，感同身受。爾後，再歷任盧武鉉、李明博、朴槿惠、文在寅等大統領的卓越領導，「韓流」持續發威，除了讓經貿鴻圖大展之外，也讓韓國與韓國語文的崛起與盛行，功不可沒。由知，這些經貿發達，國力強大的成果都可以歸功於歷代大統領們的卓越領導，以上的成功發展過程就是一部韓國大統領史，此為筆者在韓國經貿概論中，以獨創的「大韓民國大統領史」為核心主軸來教授時，深獲極多數（99%）學子們的認同。至今，特別是韓流現象持續發威，大韓民國大統領的卓越領導最為重要。

三、韓流與文創時尚的閃耀之星：大韓民國

　　大韓民國（韓國）在邁入21世紀之際，金大中大統領致力以「文化立國」為政策，使「韓流」風潮襲捲全球，也使「韓國」成為世界時尚流行的領航者、代名詞與指標，儼然成為文化創意產業的始祖。韓流現象的迅速擴展與盛行，已經成為韓國經濟起飛、經貿發展的象徵。例如：在產品方面，「飲食」＝韓國料理、各類韓式飲食產品；「醫美」＝韓國整形、韓式美妝用品；「服飾」＝韓服、韓版、韓系、韓風等男女新潮或復古服飾、休閒運動服，其中以各式運動緊身褲、內搭褲、牛仔褲、窄管褲、厚褲襪最為風行；「科技」＝電子、電腦、工業產品等高科技產業，已經成為韓國經濟的主導產業。在文化方面，「影視」＝韓劇、電影；「流行音樂」＝韓國原曲、韓曲翻唱中文；「旅遊」＝韓國觀光業興盛；「運動」＝跆拳道、韓國合氣道、韓式有氧舞蹈、韓式健身健走、韓式摔角、瑜珈、韓流舞蹈等系列；「教育」＝外國人留韓增多、廣設韓國語文的語言學校及補習班、韓國語文教材數量激增而多樣。非韓文系或留韓、遊韓的人士也爭相出版有關韓國的教材書籍或擔任韓語教師，使得韓國語文修習蔚為熱門。有鑑於此，韓國政府便開始實行韓國語檢定考試制度。如此，在日常生活當中的食衣住行育樂等方面，都充滿著韓國製品。綜上所述，韓流的盛行，使得世人喜愛韓國，學習韓國語文的人口數大增，也是一種流行時尚的象徵。

四、南北韓平和統一必勝與韓流雙贏的實現

1948年，南北韓以韓半島38度緯為分斷線，各自建立政權。1950年615韓戰歷時三年結束後，雖然雙方敵對，可是實現統一目標都是一致的。朝鮮民主主義人民共和國（朝鮮、北韓）領導人金日成曾在1980年提出「高麗民主聯邦共和國」（簡稱：高麗國）做為統一的國號。其實在部分國際運動會場合中，南北韓曾經共組一隊，同時使用韓半島旗（統一旗），象徵南北韓統一，而英文則以「KOREA」（簡稱「KOR」）為代表國號。如此，南北韓關係好轉，象徵兩韓統一近在咫尺。再者，大韓民國大統領金大中首先採取「陽光政策」，以平和方式，與朝鮮（北韓）和解合作，最令世人稱許。尤以2000年6月，金大統領親赴朝鮮平壤與領導人金正日舉行史上首次的南北會談，此時南北韓可說是幾近統一了。到了盧武鉉大統領時期，也循此政策，雙方關係更加友好親善，兩韓民眾都樂觀其成。筆者此時在韓國，也長期研究「北韓學（朝鮮學）」，同樣寄予厚望，認為南北韓的平和團結統一意識是一致的、成功的、最終是必勝的！反之，有少數西方人士則抱持反對意見。但是，筆者在大學教授與研究「韓國與朝鮮關係」、「韓國文化創意產業」、「朝鮮半島講座」、「東亞學」等議題當中，一再強調目前韓國以「文化立國」的「韓流」熱潮帶動了韓國經貿繁榮，如此的成功經驗，應該可以促使朝鮮的改革開放，連帶地讓朝鮮受益，以及今日南韓的「韓流奇蹟」加上明日北韓的「韓流奇蹟」，這兩股韓流的結合，勢必造成未來的「超級韓流」，可以強化雙方合作成果與共同利益，也一定能創造出雙贏的局面。同時，南北韓的平和統一一定是必勝的。爾後，在李明博大統領、朴槿惠與文在寅大統領陸續卓越的領導下，「超級韓流」已經實現，甚至「霸王級韓流」也將來臨。

五、「謝絕功名冊」：國內韓國語文與韓國學研究概況

「韓流」大舉襲捲國內之際，筆者曾經致力開拓南部大學通識教育，以及曾經身為第一位參與創系初期韓語組的教授，熱衷與並重於韓國語文與韓國學課程，傾注於研究、教學、服務。同時，以個人有限的財力，主持「韓國學術研究獎學讀書會」的名義，持續贈予獎助金及近數千冊韓文相關書籍，提供完整韓文參考書目與韓文雜誌期刊、審選近萬冊韓文書目，義務輔導教學，贈與韓國紀念品獎勵學子及同好，任勞任怨，回饋認同筆者的一貫理念。值今多年參與多種相關韓國事務，經常受邀返韓考察、研修、收集相關資訊，以及期間，「慕名」受邀參與科技會（國科會）研究計畫、演講、授課（小語種）、出書、邀稿、審稿、推薦師資、審查委員、課程委員、締結姐妹校、輔導補充教學、教授多所公私大學與教育機構、口譯、翻譯、專訪、解題、任教、指導、撰寫論著與教材、協助韓國多所大學學術合作、擔任學術團體要職、受邀授課韓語等⋯⋯不勝枚舉。獨自一人，難以分身。因此，只好透過網路，廣聘韓語師資代勞，以提攜後輩，擠入大學任教。

由知，南臺灣的韓語師資一向不足。筆者一向以南臺灣的大學教授為主，也曾經在北臺灣的大學任教，其間始終北南往返，以及定期回韓研究訪問。數年前，曾經與南臺灣學界與業界共同催生「東亞研究學會」，筆者榮任副秘書長，並且附設「韓國

研究中心」為南臺灣第一個韓國學術研究機構，筆者榮任該中心執行長（爾後移轉到「台日協會東亞研究中心」，續任該中心執行長，同時職掌該中心轄下的「韓國研究部」，新更名為「韓國研究分中心」），其中負責甄審聘任優秀的韓國研究學者，來擔任研究員，或是支援贊助修習筆者所有韓國語文與韓國學課程的學子、專屬教學助理。以上，筆者將兩者統合於前述的「韓國學術研究中心」之中。同時，以上三處若未經筆者同意，是絕對不可任意移轉異動。

綜上所述，筆者因而曾被學生「冊封」為南臺灣韓國語文教育的「開山始祖」，實在愧不敢當，可是仍然感到欣慰。然而由於筆者一人能力有限，對於各方邀約不斷，可謂盛情難卻，而無法一一允諾，只好部分忍痛割愛，實感抱歉。雖然違論功名，但是總是自認功成身退，不敢掠美，尤其面對眾多險象環生，於是擇善固執，拒同流合汙，自比逸士。日前新聞標題：「謝絕功名冊」一文，令人欽佩，有如筆者心境，感同身受，因此引用，聊以論述。

六、結語：筆者的韓國學術研究領域中心的法則

最後，筆者自幼一向自主獨立，無師自通習韓與自學女真之語言文字、歷史文化。至今，始終秉持以韓國（韓民族）史的脈絡，定為韓國學術研究領域中心的法則，即以韓民族的「國史即族譜」宗旨與原則，將韓半島視為第二故鄉，以韓民族「身土不二」的精神自許，並在妻族宗親的強力後援下，赴韓深造，將韓國學術研究領域視為唯一志業，也是一貫理念。尤其是就韓國讀高麗大學校（高大）博士班期間，在指導教授閔教授的推薦下，榮獲大韓民國教育部 BK21（21 世紀韓國頭腦）獎學金。而韓國師友們則視筆者為韓國的一份子，如同摯親，原因是其中曾經榮獲指導教授所贈《高麗太祖王建研究》一書，認定筆者為高麗太祖（開城王姓始祖）王建之後孫，具勉勵之意。並且時常聽到或親眼目睹韓國、朝鮮（北韓）或朝鮮族普遍使用「永一」之名的緣故吧。此外，筆者認為韓國史上，古朝鮮王朝的建國始祖檀君王儉，以及高麗王朝建國始祖王建，均為《韓國開城王姓族譜》的歷代始祖，因此目前致力尋根探究《韓國高麗開城王姓族譜》的研究，當然也包括與其族屬相關的女真族研究，這些獨創見解與印驗成果，散見於拙著多種之中。

綜上所述，筆者的中心法則如下：一、檀君王儉朝鮮的「弘益人間」；二、箕子朝鮮的「東拓遼東與朝鮮」；三、高句麗與渤海國的「自主獨立」；四、高麗王朝建國始祖王建的「統一融合」；五、韓民族聖山白頭山的「屹立萬世」；六、當然也包括族屬的「朝鮮學與女真學」，即朝鮮（北韓）、中國東北朝鮮民族、女真族（含女真族族系的其他中國東北民族）的研究在內。再者，筆者在研考族屬歷程時，完全印證了韓中史料與筆者推論，完全符合脈絡，可謂巧合，而由感而發，獨創以上敘述中心法則來做為筆者的座右銘，也做為筆者家族的家譜、家訓與家教，以自勉之。

〔註〕筆者擔任 1. 渤海文教「韓國學術研究中心（主中心）」= 2. 東亞研究學會「韓國研究中心」= 3.「台日協會東亞研究中心（含：韓國研究分中心）」等三處之執行長，而此三處完全統合於渤海文教「韓國學術研究中心」，以利執行。（拙文引自：韓國高大博士王永一教授〔中華民國臺灣籍〕所撰寫而散見於《韓國語》各種教材之作者序、推薦序、前言與結論之中，再經由增刪修改而集成。）

MEMO

MEMO

國家圖書館出版品預行編目資料

圖解韓國文化／王永一著. ーー初版.ーー
臺北市：五南圖書出版股份有限公司，
2018.04
　　面；　公分
　ISBN 978-957-11-9614-5（平裝）

1.文化　2.韓國

732.3　　　　　　　　　　107002394

1W0A

圖解韓國文化

作　　者 ― 王永一（6.9）

發 行 人 ― 楊榮川

總 經 理 ― 楊士清

總 編 輯 ― 楊秀麗

副總編輯 ― 黃文瓊

責任編輯 ― 吳雨潔、洪禎璐

封面設計 ― 謝瑩君

美術設計 ― 劉好音

出 版 者 ― 五南圖書出版股份有限公司

地　　址：106台北市大安區和平東路二段339號4樓

電　　話：(02)2705-5066　　傳　真：(02)2706-6100

網　　址：https://www.wunan.com.tw

電子郵件：wunan@wunan.com.tw

劃撥帳號：01068953

戶　　名：五南圖書出版股份有限公司

法律顧問　林勝安律師事務所　林勝安律師

出版日期　2018年 4 月初版一刷
　　　　　2021年10月初版二刷

定　　價　新臺幣330元

經典永恆・名著常在

五十週年的獻禮——經典名著文庫

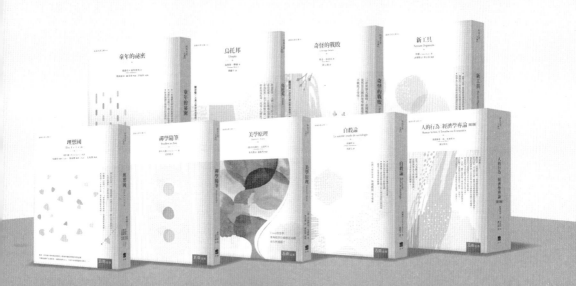

五南，五十年了，半個世紀，人生旅程的一大半，走過來了。

思索著，邁向百年的未來歷程，能為知識界、文化學術界作些什麼？

在速食文化的生態下，有什麼值得讓人雋永品味的？

歷代經典・當今名著，經過時間的洗禮，千錘百鍊，流傳至今，光芒耀人；

不僅使我們能領悟前人的智慧，同時也增深加廣我們思考的深度與視野。

我們決心投入巨資，有計畫的系統梳選，成立「經典名著文庫」，

希望收入古今中外思想性的、充滿睿智與獨見的經典、名著。

這是一項理想性的、永續性的巨大出版工程。

不在意讀者的眾寡，只考慮它的學術價值，力求完整展現先哲思想的軌跡；

為知識界開啟一片智慧之窗，營造一座百花綻放的世界文明公園，

任君遨遊、取菁吸蜜、嘉惠學子！